国家级中等职业改革示范校教材系列
编 委 会

主　任　　潘筑华
副主任　　平文英　　李小明　　商　莹　　王茂明
委　员　　罗文刚　　谢代欣　　黄贵春　　王　刚
　　　　　李　崑　　李一帆　　吴　群　　李光奕
　　　　　郑　曦　　张世荣　　周　颖　　邱桂梅
　　　　　杨　逍　　陶晓晨　　王　璐　　翟　玮
　　　　　侯文亚　　宋容健　　蔡　凯　　马思策
　　　　　门占林　　李晓龙　　皮巧琴　　黄　珍
　　　　　曹姗姗　　孙既斌　　陈婧婧　　张英胜
　　　　　韩　勤　　韩庆靖　　董　晖

财务会计

/ *Financial Accounting* /

王茂明 李光奕/主编

中国科学技术大学出版社

内容简介

本书是国家级中等职业改革示范校教材,也是财经类专业的基础课程教材。本书在编写的过程中严格按照新会计准则的要求编写,内容包括:货币资产、应收及预付款项、存货、固定资产、无形资产、金融资产投资、负债、收入、费用、所有者权益、利润分配、财务会计报告等。

本书对理论知识的介绍紧密联系工作实践需求,通过案例、图示等方法把理论问题趣味化、简单化,在做到深入浅出的同时注重会计实务操作技能的训练。

本书既可作为高职、高专、中职会计专业学生的教材,也可作为财经类专业学生的培训教材。

图书在版编目(CIP)数据

财务会计/王茂明,李光奕主编.—合肥:中国科学技术大学出版社,2014.8
ISBN 978-7-312-03521-0

Ⅰ.财⋯　Ⅱ.①王⋯②李⋯　Ⅲ.财务会计—中等专业学校—教材
Ⅳ.F234.4

中国版本图书馆 CIP 数据核字(2014)第 109409 号

出版	中国科学技术大学出版社
	安徽省合肥市金寨路96号,邮编:230026
	网址:http://press.ustc.edu.cn
印刷	合肥市宏基印刷有限公司
发行	中国科学技术大学出版社
经销	全国新华书店
开本	710 mm×960 mm　1/16
印张	19
字数	352千
版次	2014年8月第1版
印次	2014年8月第1次印刷
定价	32.00元

序

为深入推进国家中等职业教育改革发展示范学校建设,努力适应经济社会快速发展和中等职业学校课程教学改革的需要,贵州省商业学校作为"国家中等职业教育改革发展示范学校建设计划"第二批立项建设学校,按照"市场需求,能力为本,工学结合,服务三产"的要求,针对当前中职教材建设和教学改革的需要,在广泛调研、吸纳各地中职教育教研成果的基础上,经过认真讨论,多次修改,编写了这套系列教材。

这套系列教材内容涵盖"电子商务""酒店服务与管理""会计电算化""室内艺术设计与制作"4个中央财政重点支持专业及德育实验基地特色项目建设有关内容,包括《基础会计》《财务会计》《成本会计》《会计电算化》《电子商务实务》《网络营销实务》《电子商务网站建设》《商品管理实务》《餐厅服务实务》《客房服务实务》《前厅服务实务》《AutoCAD室内设计应用》《3Ds Max室内设计应用》《室内装饰施工工艺与结构》《室内装饰设计》《贵州革命故事人物选》《多彩贵州民族文化》《青少年犯罪案例汇编》《学生安全常识与教育》共19本教材。这套教材针对性强,学科特色突出,集中反映了我校国家改革示范学校建设成果,融实用性与创新性、综合性与灵活性、严谨性与趣味性为一体,便于学生理解、掌握和实践。

编写这套系列教材,是建设国家示范学校的需要,是促进我校办学规范化、现代化和信息化发展的需要,是全面提高教学质量、教育水平、综合管理能力的需要,是学校建设职业教育改革创新示范、提高质量示范和办出特色示范的需要。这套教材紧密结合贵州经济社会发展状况,弥补了国家教材在展现综合性、实践性与特色教学方面的不足,在中职学校中起到了示范、引领和辐射作用。

编 者

2014年6月

前　言

"财务会计"课程的教学用书由《财务会计》主教材和相配套的《财务会计实训指导手册》组成,参编人员主要是贵州省商业学校长期担任"财务会计"及相关课程教学任务的教师。本书以编者多年教学实践积累的资料为基础,并作了深入的调研,充分听取了从事企业会计工作专业人士的意见,坚持会计理论知识够用、系统、知识面及深度适当。本书对理论知识的介绍紧密联系工作实践需求,通过案例、图示等方法使理论问题趣味化、简单化,在做到深入浅出的同时注重会计实务操作技能的训练。

本书在编写过程中依据新的《会计准则》及相关会计制度的规定,对财务会计的基本内容,如货币资产、应收及预付款项、存货、固定资产、无形资产、金融资产投资、负债、收入、费用、所有者权益、利润分配、财务会计报告等进行了详细的讲解,同时还通过设计"案例导入",激发学生的学习兴趣。

本书由王茂明(编写项目一)、李光奕(编写项目三、项目四、项目十一)主编,郑曦(编写项目五、项目六)、梁水(编写项目七、项目八)任副主编,李佩(编写项目九)、张婷(编写项目二)、王露露(编写项目十)、蔡凯(编写项目十二)参编。

由于编者水平有限,书中难免有错误之处,敬请读者批评指正。

编　者

2014 年 7 月

目 录

序 i

前言 iii

项目一 我是"钱",你懂我吗 1
    任务一 拜访出纳,初识库存现金 3
    任务二 跟随出纳,管好银行存款 9
    任务三 追问出纳,其他钱该咋办 12

项目二 几家欢喜几家愁——应收及预付 23
    任务一 应收票据:要买要卖更自在 26
    任务二 应收账款:你欠我的我该收 31
    任务三 预付账款:好东西要提前订 32
    任务四 其他应收款:一个都不能少 35
    任务五 应收款项减值:如果能失而复得 37

项目三 Hold 不住的"三剑客"——金融资产 41
    任务一 金融资产"三剑客",怎么辨认 45
    任务二 交易性金融资产:运动派 48
    任务三 持有至到期投资:宅人派 56
    任务四 可供出售金融资产:两面派 64

项目四 杜十娘的百宝箱——存货 71
    任务一 "百宝箱"的秘密 75
    任务二 宝物一:原材料 80
    任务三 宝物二:库存商品 87
    任务四 周转材料:我也很宝贵 89
    任务五 委托加工物资:勿忘我 92

任务六　宝物如何不"老":清查和减值 ·· 94

项目五　"硬汉"风范——固定资产 ·· 98
　　任务一　固定资产知几何 ·· 104
　　任务二　英雄当问出处:固定资产取得 ·· 106
　　任务三　生无所息:固定资产折旧 ·· 113
　　任务四　老当益壮:固定资产后续支出 ·· 117
　　任务五　英雄白头:固定资产减值、处置及清查 ······························ 120

项目六　惹不起的爷们——长期股权投资 ·· 125
　　任务一　长期股权投资:成本法 or 权益法 ···································· 129
　　任务二　成本法核算长期股权投资 ·· 131
　　任务三　权益法核算长期股权投资 ·· 134
　　任务四　长期股权投资的减值 ·· 138

项目七　"无形"的大象——无形资产和其他资产 ······························ 140
　　任务一　无形资产:你真的看"透"我了吗 ······································ 143
　　任务二　其他资产:明明白白我的心 ·· 149

项目八　"双刃剑"不好使——流动负债 ·· 152
　　任务一　短期借款,适可而止 ·· 157
　　任务二　融资暗器:应付及预收账款 ·· 159
　　任务三　五彩缤纷的应付职工薪酬 ·· 163
　　任务四　唯死亡与纳税不可避免 ·· 168
　　任务五　应付股利及其他应付款 ·· 182

项目九　亲,有借有还再借不难——非流动负债 ······························ 185
　　任务一　长期借款:甜蜜的负担 ·· 189
　　任务二　应付债券:"私人订制" ·· 192
　　任务三　长期应付款:固定资产专属 ·· 196

项目十　"老本"在哪儿——所有者权益 ·· 200
　　任务一　实收资本:"不用还"的钱 ·· 203
　　任务二　资本公积:多多益善 ·· 207

任务三	留存收益:革命果实	211
项目十一	**钱,您从哪儿来,又到哪儿去**	**219**
任务一	收入:人见人爱	222
任务二	费用:收入的"天仙配"	234
任务三	利润 = 收入 - 费用	239
项目十二	**亲,这是您的体检表——财务报告**	**249**
任务一	认识财务报告	253
任务二	资产负债表:时点上的财务状况	254
任务三	利润表:时期内的经营成果	263
任务四	现金流量表:资金运动的足迹	268
任务五	所有者权益变动表:仔细你的"老底"	279
任务六	"附注"中有黄金屋	282

项目一 我是"钱",你懂我吗

 任务书

任务名称	我是"钱",你懂我吗	任务编号	001	时间要求	4课时
要　求	1. 掌握库存现金的核算、清查; 2. 掌握银行存款的核算、核对; 3. 掌握其他货币资金的核算				
培养目标	让学生能够对企业货币资金进行会计核算和账务处理				
教学地点	教室				
教学设备	投影设备、投影幕布、电脑				
训 练 内 容					
1. 掌握库存现金的核算、清查; 2. 掌握银行存款的核算、核对; 3. 掌握其他货币资金的核算					
训 练 要 求					
1. 要求学生能够开展库存现金的核算、清查; 2. 要求学生能够开展银行存款的核算、核对; 3. 要求学生能够解释其他货币资金的内容以及核算					
成果要求及评价标准					
1. 掌握库存现金的核算、清查(50分) 2. 掌握银行存款的核算、核对(30分) 3. 掌握其他货币资金的核算(20分)					

续表

任务产出一	成员姓名与分工	组长	学号	分工
		成员1	学号	
		成员2	学号	
		成员3	学号	
		成员4	学号	
		成员5	学号	
		成员6	学号	
任务产出二	1. 熟悉现金管理制度、库存现金的清查(25分) 2. 掌握现金账务处理(25分) 3. 掌握银行存款的核对及账务处理(10分) 4. 编制银行存款调度表(20分) 5. 掌握银行汇票存款的概念和用处、核算与清查(3分) 6. 掌握本票存款的概念和用处、核算与清查(3分) 7. 掌握信用卡存款的概念和用处、核算与清查(3分) 8. 掌握信用保证金存款的概念和用处、核算与清查(3分) 9. 掌握存出投资款的概念和用处,并能进行存出投资款账务的处理(4分) 10. 掌握外埠存款的概念和用处,并能进行外埠存款核算和清查(4分)			
项目组评价				总分
教师评价				

 案例导入

小出纳　大问题

2008年,宁夏某大药房(国有企业)出纳刘某利用职务便利,分246次从单位银行账户上提现共计239.9万多元据为己有,被检察机关以涉嫌贪污立案并逮捕。

根据银川市检察院指控,2004年10月20日至2008年9月2日,刘某在担任宁夏某大药房出纳期间,利用管理单位现金支票的便利,将部分空白现金支票私自留存,并偷盖了单位财务专用章和法定代表人印章。随后,刘某分246次从药房银

行账户上提取现金239.9万多元据为己有。庭审中,据刘某向检察机关交代,这些款项中,150万元用于炒股,40多万元用于个人消费,其余用于吸食毒品等方面的挥霍。检察机关认为,应以贪污罪追究刘某的刑事责任。

(资料来源:中国新闻网,www.chinanews.com.cn)

背景知识

学长:一个小小的出纳,闹出这么大的事,落得身败名裂、锒铛入狱。对此大家有什么想法?

小美:我要是大药房的出纳,希望自己不要犯错……

小贵:我要是大药房的经理,我希望不要被出纳把钱偷走了!

学长:很好,那你们可要好好学习货币资金的管理啊!

小贵:学长,什么是货币资金呢?

小美:货币资金就是钱吗?

学长:小美说的没错,在企业会计里面,我们把日常使用的"钱"叫做"货币资金";为了便于核算和管理,我们把货币资金分为三类:库存现金、银行存款和其他货币资金。

小美:啊!钱还要分这么多种吗?它们有什么区别呢?

小贵:我来教你怎么理解吧!钱放在保险柜里,就是库存现金;放在银行里,就是银行存款;钱按照规定被放在银行里,比如采购专户中的款项,或为取得银行汇票、银行本票、信用证等存入的款项,就是其他货币资金。银行存款被冻结了,就转成其他长期资产。

学长:嗯,你们说得都有道理。现在我们去拜访拜访贵州茅台的出纳,听听他是怎么说的吧!

任务一 拜访出纳,初识库存现金

傍晚,学长带着小美和小贵一行三人来到了贵州茅台公司的财务部,只见出纳正坐在电脑前一边敲击键盘,一边翻看一些原始凭证。学长告诉出纳小贵和小美正在学习财务会计的进阶课程,想向他请教怎样管理好货币资金。

出纳停下来，笑道：

"好的。刚才学长已经跟你们讲了货币资金是什么了吧？那我就先来给你们讲讲货币资金中的库存现金吧！

为什么要先讲库存现金呢？因为库存现金是每个企业生产经营都离不开的资产，也是企业里流动性最强的资产，所以，管理好库存现金特别重要。要做好出纳工作，首先要熟悉国家的现金管理制度，其次要会进行账务处理。此外，为了保证账实相符，还要会做现金清查。"

小美和小贵一边点头，一边赶紧掏出笔记本做起笔记来。

现金管理制度

根据国务院发布的《现金管理暂行条例》的规定，现金管理制度主要包括以下内容：

1. 现金的使用范围

(1) 职工工资、津贴。

(2) 个人劳务报酬。

(3) 根据国家规定办法给个人的科学技术、文化艺术、体育等的各种奖金。

(4) 各种劳保、福利费用以及国家规定的对个人的其他支出。

(5) 向个人收购农副产品和其他物资的价款。

(6) 出差人员必须随身携带的差旅费。

(7) 结算起点(1 000 元)以下的零星支出。

(8) 中国人民银行确定需要支付现金的其他支出。

除了以上几种情况外，其他款项的支付就要通过银行转账来结算。

2. 现金的限额

现金的限额是指为了保证企业日常零星开支的需要，允许单位留存现金的最高数额。这一限额由开户银行根据单位的实际需要核定，一般按照单位 3～5 天日常零星开支的需要确定，边远地区和交通不便地区开户单位的库存现金限额，可按多于 5 天但不超过 15 天的日常零星开支的需要确定。

核定后的现金限额，开户单位必须严格遵守，超过部分应于当日终了前存入银行。需要增加或减少现金限额的单位，应向开户银行提出申请，由开户银行核定。

 思考

小美:钱每天都在增减变化,实际库存数量就会发生波动……如果今天卖了很多茅台酒,收到了很多现金,保险柜里的钱超过了限额怎么办?

小贵:公司卖出茅台酒收到的现金,可以直接拿去支付原材料的购买价款吗?

3. 现金收支的规定

开户单位现金收支应当依照下列规定办理:

(1) 开户单位收入现金应于当日送存开户银行,当日送存确有困难的,由开户银行确定送存时间。

(2) 开户单位支付现金可以从本单位的库存现金中支付或从开户银行提取,不得从本单位的现金收入中直接支付,即不得"坐支"现金。因特殊情况需要坐支现金的单位,应事先报经有关部门审查批准,由开户银行核定坐支范围和限额。坐支单位应当定期向开户银行报送坐支金额和使用情况。

(3) 开户单位从开户银行提取现金时,应如实写明提取现金的用途,由本单位财会部门负责人签字盖章,并经开户银行审查批准后予以支付。现金支票如图 1.1 所示。

图 1.1 现金支票

(4) 因采购地点不确定、交通不便、抢险救灾以及其他特殊情况必须使用现金的单位,应向开户银行提出书面申请,由本单位财会部门负责人签字盖章,并经开户银行审查批准后予以支付现金。

小美:现金每天都在进进出出,我们要怎样才能做好会计核算呀?

小贵:要设置什么科目呢?要设置哪些账簿?

亲爱的同学们,和小贵、小美一起来学习现金的账务处理吧!

现金的账务处理

为了总括地反映企业库存现金的收入、支出和结存情况,企业应当设置"库存现金"科目,借方登记现金的增加,贷方登记现金的减少,期末余额在借方,反映企业实际持有的库存现金的金额。企业内部各部门周转使用的备用金,可以单独设置"备用金"科目进行核算。

企业应当设置现金总账和现金日记账,分别进行企业库存现金的总分类核算和明细分类核算。库存现金的账务处理如图1.2所示。

图1.2 库存现金的账务处理

现金日记账由出纳人员根据收付款凭证,按照业务发生顺序逐笔登记。每日终了,应当在现金日记账上计算出当日的现金收入合计额、现金支出合计额和结余额,并将现金日记账的账面结余额与实际库存现金额相核对,保证账款相符;月度终了,现金日记账的余额应当与现金总账的余额核对,做到账账相符。

小贵:现金日记账每天都要和现金实际余额核对,以保证账款相符。可是,万一不相符了怎么办呢?

小美:这有好有坏吧,实际余额要是比账面余额多我倒挺开心的,可要是比账面余额少可就糟了……

亲爱的同学们,你们能帮小贵解决他的问题吗?小美的说法你同意吗?来看下一个知识点!

知识点 3

现金的清查

企业应当按规定进行现金的清查,一般采用实地盘点法,对于清查的结果应当编制现金盘点报告单。如果有挪用现金、白条顶库的情况,应及时予以纠正;对于超限额留存的现金,应及时送存银行。如果账款不符,发现有待查明原因的现金短缺或溢余,应先通过"待处理财产损溢"科目核算。

按管理权限报经批准后,分以下情况进行处理:

(1) 如为现金短缺,属于应由责任人赔偿或保险公司赔偿的部分,计入其他应收款;属于无法查明的其他原因,计入管理费用。

(2) 如为现金溢余,属于应支付给有关人员或单位的,计入其他应付款;属于无法查明原因的,计入营业外收入。

小贵:小美,你看,钱比账面数多也不一定是好事,有可能是企业应该付给别人的,只是暂时还没付出去。

小美:是呀!钱比账面数少了也不用慌张,关键是要能查明原因,分清楚责任。报告上级审批后,就能分情况进行账务处理了。

小贵:小美,你弄清楚现金溢缺该怎么做账了吗?

小美:嗯,弄清楚啦。现在你当领导,我当出纳,咱们来练习怎么做现金清查吧!

月底了,按照公司规定,小美要对库存现金进行盘点,并且编制库存现金盘点报告单。下面(表1.1)是小美要填制的库存现金盘点报告单。

表 1.1　库存现金盘点报告单

单位名称：　　　　　　　　　　　编制人：　　　　　　　　　日期：
清查基准日：　年　月　日　　　　复核人：　　　　　　　　　日期：
币种：

清查日清点现金			核 对 账 目	
货币面额	张数	金额	项目	金额
100元			基准日现金账面余额	
50元			加:清查基准日至清查日的现金收入	
20元			减:清查基准日至清查日的现金支出	
10元			减:借条	
5元				
2元			调整后现金余额	
1元			实点现金	
5角			长款	
2角			短款	
1角				
5分				
2分				
1分				
实点合计				

财务负责人：　　　　　　　出纳员：　　　　　　　　　日期：　年　月　日

盘点完毕后,如果出现了现金溢缺,小美打算这样做:
首先,根据现金盘点表入账,先挂"待处理财产损溢"科目上,见图1.3。

---
(1) 如果现金盘亏　　　　　　(2) 如果现金盘盈
　借:待处理财产损溢　　　　　　借:现金
　　贷:现金　　　　　　　　　　　贷:待处理财产损溢

图 1.3　登记"待处理财产损溢"

然后,小美要查找原因。若确实无法查明原因,上报"领导"小贵;等他作出批示后,再进行相关的账务处理,见图1.4。

```
(1) 盘盈,做营业外收入分录          (2) 盘盈,为应付他人款项
    借:待处理财产损溢                  借:待处理财产损溢
    贷:营业外收入                      贷:其他应付款
(3) 盘亏,由责任人赔偿分录          (4) 盘亏,做损失分录
    借:其他应收款                      借:管理费用
    贷:待处理财产损溢                  贷:待处理财产损溢
```

图1.4　结转"待处理财产损溢"

任务二　跟随出纳,管好银行存款

要下班了,出纳准备把当天的现金送存银行,小美和小贵也紧紧跟随。

小贵:您能继续讲讲银行存款业务方面的规定吗?

出纳:好的。这方面的话,企业要根据业务需要,按照规定在所在地银行开设账户,运用所开设的账户进行存款、取款以及各种收支转账业务的结算。银行存款的收付,要严格执行银行结算制度的规定。

小美:银行存款结算制度就像现金的收支要遵守现金管理制度那样吗?

出纳:是的。另外,在会计上银行存款不仅仅是指存放在银行里的钱,还包括存放在其他金融机构里的钱,比如邮政储蓄、保险公司……

知识点1

银行存款的账务处理

为了反映和监督企业银行存款的收入、支出和结存情况,企业应当设置"银行存款"科目,借方登记企业银行存款的增加,贷方登记银行存款的减少,期末借方余额反映期末企业实际持有的银行存款的金额。银行存款的账务处理如图1.5所示。

借	银行存款	贷
期初余额		
本期增加		本期减少
期末余额		

图1.5 银行存款的账务处理

企业应当设置银行存款总账和银行存款日记账,分别进行银行存款的总分类核算和明细分类核算。

企业可按开户银行和其他金融机构、存款种类等设置"银行存款日记账",根据收付款凭证,按照业务的发生顺序逐笔登记。每日终了,应结出余额。

小贵:库存现金每天都要保证账款相符,那银行存款该怎样保证账款相符呢?
出纳:这就涉及银行存款的核对工作啦……
亲爱的同学们,银行存款的核对稍微复杂,你们可要仔细听哦!

银行存款的核对

"银行存款日记账"应定期与"银行对账单"核对,至少每月核对一次。企业银行存款账面余额与银行对账单余额之间如有差额,应编制"银行存款余额调节表"调节相符,如果没有记账错误,调节后的双方余额应相等。银行存款余额调节表只是为了核对账目,并不能作为调整银行存款账面余额的记账依据。

小贵:钱存在银行里不是最安全可靠的吗?为什么还会出现差额呢?
出纳:呵呵,这不是大家工作不认真的问题,而是记账时间差的问题。怎么理解呢?结算凭证在我们企业和银行之间,或者是收款银行和付款银行之间进行传递时需要时间,这就会导致企业记账的时间和银行记账的时间不完全同步。这种一方收到凭证并已入账,但另一方因为没有收到凭证而没有入账的款项,我们叫做未达

账项。

小美:我还是不太明白未达账项是怎么产生的……出现了未达账项又该怎么办呢?

出纳:好的,不要担心,来看一个具体的例子,你们就会明白啦!

亲爱的同学们,快来试试下面的练习,你们也能掌握银行存款核对业务的要诀!

演练1 编制银行存款余额调节表

甲公司2013年12月31日银行存款日记账的余额为5 400 000元,银行转来对账单的余额为8 300 000元。经逐笔核对,发现以下未达账项:

(1) 企业送存转账支票6 000 000元,并已登记银行存款增加,但银行尚未记账。

(2) 企业开出转账支票4 500 000元,但持票单位尚未到银行办理转账,银行尚未记账。

(3) 企业委托银行代某公司购货款4 800 000元,银行已收妥并登记入账,但企业尚未收到收款通知,尚未记账。

(4) 银行代企业支付电话费400 000元,银行已登记企业银行存款减少,但企业未收到银行付款通知,尚未记账。

银行存款余额调节表如表1.2所示。

表1.2　银行存款余额调节表　　　　　　　　单位:元

项　目	金　额	项　目	金　额
企业银行存款日记账余额	5 400 000	银行对账单余额	8 300 000
加:银行已收、企业未收款	4 800 000	加:企业已收、银行未收款	6 000 000
减:银行已付、企业未付款	400 000	减:企业已付、银行未付款	4 500 000
调节后的存款余额	9 800 000	调节后的存款余额	9 800 000

讨论

出纳:小美,你理解了未达账项是怎么产生的了吗?

小美:嗯,理解了。我看到在这个例子当中,发生未达账项具体有四种情况:一是企业已收款入账,银行尚未收款入账;二是企业已付款入账,银行尚未付款入账;三是银行已收款入账,企业尚未收款入账;四是银行已付款入账,企业尚未付款入账。

小贵:小美真会总结!我也理解清楚多啦!

任务三　追问出纳,其他钱该咋办

小美:除了库存现金、银行存款以外,其他货币资金该怎么办呢?

小贵:嗯,我想知道其他"钱"到底有什么……

出纳:你们的思路很好。其他货币资金是指企业除库存现金、银行存款以外的各种货币资金,主要包括银行汇票存款、银行本票存款、信用卡存款、信用证保证金存款、外埠存款等。

你们能说说对于其他货币资金应该怎么进行账务处理吗?

小美:我们之前设置了"库存现金"科目和"银行存款"科目,那这里应该设置"其他货币资金"科目吧?

小贵:在借方登记其他货币资金的增加数,贷方登记其他货币资金的减少数,期末余额在借方,反映企业实际持有的其他货币资金(图1.6)。

借	其他货币资金	贷
期初余额		
本期增加	本期减少	
期末余额		

图1.6　其他货币资金账户的账务处理

出纳:哈哈,你们真会举一反三! 这里的确是设置"其他货币资金"科目,而且还要按种类设置明细科目。现在我们就一个一个地来看其他货币资金具体有哪些,是怎么运用的、怎么核算的……

知识点1

银行汇票存款

1. 银行汇票是什么

银行汇票(图1.7)是指由出票银行签发的,由其在见票时按照实际结算金额无条件支付给收款人或者持票人的票据。银行汇票的出票银行为银行汇票的付款人。单位和个人各种款项的结算,均可使用银行汇票。银行汇票可以用于转账,填明“现金”字样的银行汇票也可以用于支取现金。

付款期限 壹个月

中国建设银行 银行汇票 2

江苏 XX00000000

第　号

出票日期:(大写) 年 月 日　代理付款行:　行号:

收款人:

出票金额 人民币(大写)

实际结算金额 人民币(大写)

千 百 十 万 千 百 十 元 角 分

申请人:　账号或住址:

出票行:　行号:

备注:

凭票付款

出票行签章

多余金额

千 百 十 万 千 百 十 元 角 分

科目(借)

对方科目(贷)

兑付日期: 年 月 日

复核　记账

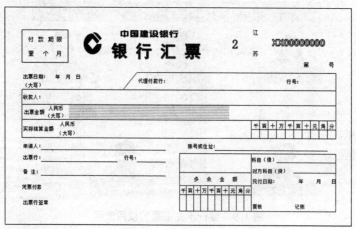

图 1.7　银行汇票

2. 银行汇票怎么用

汇款单位(即申请人)使用银行汇票,应向出票银行填写“银行汇票申请书”(图1.8),填明收款人名称、汇票金额、申请人名称、申请日期等事项并签章,签章为其预留银行的签章。

中国建设银行 汇票申请书(存　根)

申请日期　年　月　日　9855335

申请人		收款人	
账号或住址		账号或住址	
用途		代理收款行	
汇票金额	人民币(大写)		千 百 十 万 千 百 十 圆 角 分

备注:

科目

对方科目

财务主管　复核　经办

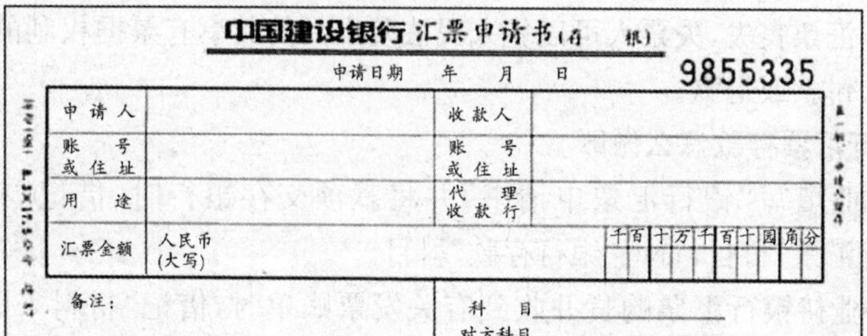

图 1.8　银行汇票申请书

出票银行受理银行汇票申请书,收妥款项后签发银行汇票,并用压数机压印出票金额,将银行汇票和解讫通知一并交给申请人。申请人应将银行汇票和解讫通知一并交付给汇票上记明的收款人。收款人受理申请人交付的银行汇票时,应在出票金额以内,根据实际需要的款项办理结算,并将实际结算的金额和多余金额准确、清晰地填入银行汇票和解讫通知的有关栏内,到银行办理款项入账手续。银行承兑汇票的使用流程如图1.9所示。

图1.9　银行承兑汇票的使用流程

收款人可以将银行汇票背书转让给被背书人。银行汇票的背书转让以不超过出票金额的实际结算金额为准。未填写实际结算金额或实际结算金额超过出票金额的银行汇票,不得背书转让。

银行汇票的提示付款期限为自出票日起一个月内,持票人超过付款期限提示付款的,银行将不予受理。持票人向银行提示付款时,必须同时提交银行汇票和解讫通知,缺少任何一联,银行均不予受理。

若银行汇票丧失,失票人可以凭人民法院出具的其享有票据权利的证明,向出票银行请求付款或退款。

3. 银行汇票存款怎么做账

(1) 企业填写"银行汇票申请书"并将款项交存银行时,借记"其他货币资金——银行汇票"科目,贷记"银行存款"科目。

(2) 企业持银行汇票购货并收到有关发票账单时,借记"材料采购"或"原材料""库存商品""应交税费——应交增值税(进项税额)"等科目,贷记"其他货币资金——银行汇票"科目。

(3) 采购完毕收回剩余款项时,借记"银行存款"科目,贷记"其他货币资金——银行汇票"科目。

(4) 企业收到银行汇票并填制进账单到开户银行办理款项入账手续时,根据进账单及销货发票等,借记"银行存款"科目,贷记"主营业务收入""应交税费——

应交增值税(销项税额)"等科目。

演练 2 银行汇票存款的核算

甲公司是增值税一般纳税人,向银行申请办理银行汇票用以购买原材料,将款项 250 000 元交存银行存款转作银行汇票存款。

根据银行盖章退回的申请书存根联,公司应该如何编制会计分录?

借:其他货币资金——银行汇票
　　贷:银行存款

公司购入一批原材料已验收入库,取得的增值税专用发票上的价款为 200 000 元,增值税税额为 34 000 元,已用银行汇票办理结算,多余款项 16 000 元退回开户银行,公司已经收到开户银行转来的银行汇票第四联(多余款收账通知)。

公司应该如何编制会计分录?

用银行汇票结算材料价款和增值税价款时:

借:原材料
　　应交税费——应交增值税(进项税额)
　　贷:其他货币资金——银行汇票

收到退回的银行汇票多余款项时:

借:银行存款
　　贷:其他货币资金——银行汇票

知识点 2

银行本票存款

1. 银行本票是什么

银行本票(图 1.10)是指银行签发的,承诺自己在见票时无条件支付确定的金额给收款人或持票人的票据。单位和个人在同一票据交换区域需要支付的各种款项,均可使用银行本票。银行本票可以用于转账,注明"现金"字样的银行本票可以用于支取现金。

银行本票分为不定额本票和定额本票两种。定额本票面额为1 000元、5 000元、10 000元和50 000元。

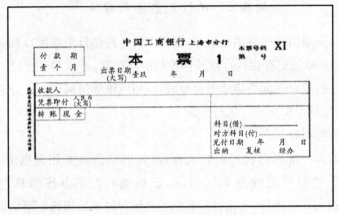

图1.10　银行本票

银行本票的提示付款期限自出票日起最长不得超过两个月。在有效付款期内,银行见票付款。持票人超过付款期限提示付款的,银行不予受理。

2. 银行本票怎么用

申请人使用银行本票,应向银行填写"银行本票申请书"(图1.11)。申请人或收款人为单位的,不得申请签发现金银行本票。出票银行受理银行本票申请书,收妥款项后签发银行本票,在本票上签章后交给申请人。申请人应将银行本票交付给本票上记明的收款人。收款人可以将银行本票背书转让给被背书人。

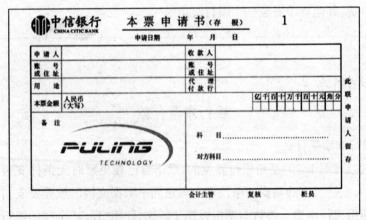

图1.11　银行本票申请书

申请人因银行本票超过提示付款期限或其他原因要求退款时,应将银行本票提交到出票银行并出具单位证明。出票银行对于在本行开立存款账户的申请人,只能将款项转入原申请人账户;对于现金银行本票和未到本行开立存款账户的申请人,才能退付现金。

若银行本票丧失,失票人可以凭人民法院出具的其享有票据权利的证明,向出票银行请求付款或退款。

3. 银行本票存款怎么做账

(1) 企业填写"银行本票申请书"并将款项交存银行时,借记"其他货币资金——银行本票"科目,贷记"银行存款"科目。

(2) 企业持银行本票购货并收到有关发票账单时,借记"材料采购"或"原材料""库存商品""应交税费——应交增值税(进项税额)"等科目,贷记"其他货币资金——银行本票"科目。

(3) 企业收到银行本票并填制进账单到开户银行办理款项入账手续时,根据进账单及销货发票等,借记"银行存款"科目,贷记"主营业务收入""应交税费——应交增值税(销项税额)"等科目。

演练3　银行本票存款的核算

甲公司为取得银行本票,向银行填交"银行本票申请书",并将 10 000 元银行存款转作银行本票存款。公司取得银行本票后,应根据银行盖章退回的银行本票申请书存根联填制银行付款凭证。

公司应如何编制会计分录?

借:其他货币资金——银行本票

　　贷:银行存款

公司用银行本票购买办公用品 10 000 元。根据发票账单等有关凭证,应该如何编制会计分录?

借:管理费用

　　贷:其他货币资金——银行本票

知识点 3

信用卡存款

1. 信用卡是什么

信用卡(图 1.12)是银行卡的一种。信用卡按使用对象分为单位卡和个人卡;按是否向发卡银行交存备用金分为贷记卡和准贷记卡。

图 1.12　信用卡

2. 贷记卡、准贷记卡有哪些区别

贷记卡是指发卡银行给予持卡人一定的信用额度,持卡人可在信用额度内先消费、后还款的信用卡。准贷记卡是指持卡人须先按发卡银行要求交存一定金额的备用金,当备用金账户余额不足支付时,可在发卡银行规定的信用额度内透支的信用卡。

准贷记卡的透支期限最长为 60 天,贷记卡的首月最低还款额不得低于其当月透支余额的 10%。

3. 信用卡怎么使用

凡在中国境内金融机构开立基本存款账户的单位可申领单位卡。

单位卡可申领若干张,持卡人资格由申领单位法定代表人或其委托的代理人书面指定和注销。

单位卡账户的资金一律从其基本存款账户转账存入,不得交存现金,不得将销货收入的款项存入其账户。

持卡人可持信用卡在特约单位购物、消费,但单位卡不得用于 10 万元以上的商品交易、劳务供应款项的结算,不得支取现金。

特约单位在每日营业终了应将当日受理的信用卡签购单汇总,计算手续费和净计金额,并填写汇(总)计单和进账单,连同签购单一并送交收单银行办理进账。

4. 信用卡存款怎么做账

（1）企业应填制"信用卡申请表"，连同支票和有关资料一并送存发卡银行，根据银行盖章退回的进账单第一联，借记"其他货币资金——信用卡"科目，贷记"银行存款"科目。

（2）企业用信用卡购物或支付有关费用，收到开户银行转来的信用卡存款的付款凭证及所附发票账单，借记"管理费用"等科目，贷记"其他货币资金——信用卡"科目。

（3）企业信用卡在使用过程中，需要向其账户续存资金的，借记"其他货币资金——信用卡"科目，贷记"银行存款"科目。

（4）企业的持卡人如不需要继续使用信用卡，应持信用卡主动到发卡银行办理销户，销卡时，单位卡科目余额转入企业基本存款户，不得提取现金，借记"银行存款"科目，贷记"其他货币资金——信用卡"科目。

演练 4　信用卡存款的核算

甲公司于 2013 年 3 月 5 日向银行申领信用卡，并向银行交存 50 000 元。2013 年 4 月 10 日，公司用信用卡向新华书店支付购书款 3 000 元。

公司应该如何编制会计分录？

（1）申请领取信用卡时

借：其他货币资金——信用卡
　　贷：银行存款

（2）用信用卡支付书款时

借：管理费用
　　贷：其他货币资金——信用卡

知识点 4

信用证保证金存款

1. 信用证保证金存款是什么

信用证保证金存款是指采用信用证结算方式的企业为开具信用证而存入银行

信用证保证金专户的款项。企业向银行申请开立信用证,应按规定向银行提交开证申请书、信用证申请人承诺书和购销合同。

2. 信用证保证金存款怎么做账

(1) 企业填写"信用证申请书",将信用证保证金交存银行时,应根据银行盖章退回的"信用证申请书"回单,借记"其他货币资金——信用证保证金"科目,贷记"银行存款"科目。

(2) 企业接到开证行通知,根据供货单位信用证结算凭证及所附发票账单,借记"材料采购"或"原材料""库存商品""应交税费——应交增值税(进项税额)"等科目,贷记"其他货币资金——信用证保证金"科目。

(3) 将未用完的信用证保证金存款余额转回开户银行时,借记"银行存款"科目,贷记"其他货币资金——信用证保证金"科目。

> **演练5　信用证保证金存款的核算**
>
> 甲公司向银行申请开具信用证 2 000 000 元,用于支付境外采购材料价款,公司已经向银行缴纳保证金,并收到银行盖章退回的进账单第一联。
>
> 公司应如何编制会计分录?
>
> 借:其他货币资金——信用证保证金存款
> 　　贷:银行存款

知识点5

存出投资款

1. 存出投资款是什么

存出投资款是指企业为购买股票、债券、基金等根据有关规定存入证券公司指定银行开立的投资款专户的款项(图1.13)。

2. 存出投资款怎么做账

(1) 企业向证券公司划出资金时,应按实际划出的金额,借记"其他货币资金——存出投资款"科目,贷记"银行存款"科目。

(2) 购买股票、债券等时,借记"交易性金融资产"等科目,贷记"其他货币资金——存出投资款"科目。

图1.13 存出投资款

外 埠 存 款

1. 外埠存款是什么

外埠存款是指企业为了到外地进行临时或零星采购而汇往采购地银行开立采购专户的款项。

2. 外埠存款怎么用

企业将款项汇往外地时，应填写汇款委托书，委托开户银行办理汇款。汇入地银行以汇款单位名义开立临时采购账户，该账户的存款不计利息、只付不收、付完清户，除了采购人员可从中提取少量现金外，一律采用转账结算。

3. 外埠存款怎么做账

（1）企业将款项汇往外地开立采购专用账户时，根据汇出款项凭证，编制付款凭证，进行账务处理，借记"其他货币资金——外埠存款"科目，贷记"银行存款"科目。

（2）收到采购人员转来供应单位发票账单等报销凭证时，借记"材料采购"或"原材料""库存商品""应交税费——应交增值税（进项税额）"等科目，贷记"其他货币资金——外埠存款"科目。

（3）采购完毕收回剩余款项时，根据银行的收账通知，借记"银行存款"科目，贷记"其他货币资金——外埠存款"科目。

演练6 外埠存款的核算

甲公司派采购员到异地采购原材料,2013年8月10日委托开户银行汇款100 000元到采购地设立采购专户。

根据收到的银行汇款凭证回单联,公司应如何编制会计分录?

借:其他货币资金——外埠存款
 贷:银行存款

2013年8月10日,采购员交来从采购专户款购入材料的有关凭证,增值税专用发票上注明的原材料价款为80 000元,增值税税额为13 600元。

公司应该如何编制会计分录?

借:原材料
  应交税费——应交增值税(进项税额)
 贷:其他货币资金——外埠存款

讨论

小贵:小美,其他货币资金种类那么多,有关的会计核算要怎么样才能全记住呀?

小美:其他货币资金虽然种类很多,但是抓住规律就不怕了。我可是紧紧跟着"钱"走的!

你看,钱从"银行存款"转到"其他货币资金"里去,银行存款减少了,其他货币资金就增加了,我们贷记"银行存款",借记"其他货币资金"的明细科目。

"其他货币资金"科目里的钱花掉了,买到了资产或者产生了费用等等,就贷记"其他货币资金",借记"原材料""管理费用"等。

最后,"其他货币资金"里的钱光荣完成任务后,剩下的钱还得归队。我们再按相反方向做会计分录、登记账簿,把"其他货币资金"账户里的余额转回原来的"银行存款"账户。

小贵:哈哈,你的方法真不错!

出纳听了他们的讨论,连连点头。

亲爱的同学们,你们还有哪些疑问?本章的学习中,你们找到了哪些规律呢?和大家一起来交流分享吧!

项目二 几家欢喜几家愁——应收及预付

 任务书

任务名称	几家欢喜几家愁——应收及预付	任务编号	002	时间要求	5课时
要 求	1. 掌握应收票据的核算； 2. 掌握应收账款的核算； 3. 掌握预收账款的核算； 4. 掌握应收账款减值的确认、坏账准备的计提				
培养目标	让学生能够对企业的应收及预付账款进行会计核算与账务处理				
教学地点	教室				
教学设备	投影设备、投影幕布、电脑				
训 练 内 容					
1. 应收票据的核算； 2. 应收账款的核算； 3. 预收账款的核算； 4. 应收账款减值的确认、坏账准备的计提					
训 练 要 求					
1. 能够解释应收票据，并开展应收票据的核算； 2. 能够开展应收账款的核算； 3. 能够开展预收账款的核算； 4. 能够解释应收账款减值的确认、坏账准备的计提					
成果要求及评价标准					
1. 掌握应收票据的核算(30分) 2. 掌握应收账款的核算(30分)					

续表

任务产出一	成员姓名与分工	组长	学号	分工
		成员1	学号	
		成员2	学号	
		成员3	学号	
		成员4	学号	
		成员5	学号	
		成员6	学号	

3. 掌握预收账款的核算(20分)
4. 掌握应收账款减值的确认、坏账准备的计提(20分)

(以上为任务产出一内容)

任务产出二：
1. 掌握应收票据的概念和使用以及对应收票据进行账务处理(15分)
2. 掌握应收票据的取得与核算以及应收票据背书的核算(15分)
3. 熟知应收账款的内容，能对应收账款进行账务处理(15分)
4. 掌握预付账款的内容，能对预付账款进行账务处理(15分)
5. 掌握企业除应收票据、应收账款、预付账款等以外的其他各种应收及暂付款项的内容，能对其他应收款进行核算和清查(20分)
6. 掌握应收款减值损失的确认(10分)
7. 掌握应收款坏账准备的账务处理,计算坏账准备金额(10分)

项目组评价		总分	
教师评价			

案例导入

四川长虹的应收账款危机

2005年4月16日,四川长虹公布2004年年度报告。年报显示,2004年四川长虹出现上市以来首次年度亏损,全年共亏损36.81亿元人民币。据四川长虹披露,报告期内大额计提应收账款坏账准备是四川长虹出现亏损的重要原因。

自1996年以来,四川长虹的应收账款迅速增加,从1995年的1 900万元增长到 2003 年的近 50 亿元,应收账款占资产总额的比例从 1995 年的 0.3% 上升到 2003 年的 23.3%。2004 年,长虹计提坏账准备 3.1 亿美元,截至 2005 年第一季度,四川长虹的应收账款为 27.75 亿元,占资产总额的 18.6%。

四川长虹不仅应收账款大幅度增加,而且应收账款周转率逐年下降,从 1999 年的 4.67 下降到 2005 年第一季度的 1.09,明显低于其他三家彩电业上市公司的同期应收账款周转率。巨额应收账款大幅度减少了经营活动产生的现金流量净额,从 1999 年的 30 亿元急剧下降到 2002 年的 -30 亿元。截至 2004 年底,其经营活动产生的现金流量净额为 7.6 亿元。2004 年 12 月底,长虹发布公告称,由于计提大额坏账准备,该公司今年将面临重大亏损,其原因是,由于受专利费、美国对中国彩电反倾销等因素影响,长虹的主要客户——美国进口商 APEX 公司出现了较大亏损,全额支付公司欠款存在较大困难。APEX 是四川长虹的最大债务人,应收账款欠款金额达到 38.38 亿元,占应收账款总额的 96.4%。据此,公司决定对该项应收账款计提坏账准备,当时预计最大计提坏账准备金额为 3.1 亿美元左右。

根据长虹 2003 年年报、2004 年半年报资料,APEX 拖欠长虹应收账款近 40 亿元。2004 年 3 月 23 日,长虹发表的 2003 年度报告披露,截至 2003 年年末,公司应收账款 49.85 亿元人民币,其中 APEX 的应收账款为 44.46 亿元。2003 年 3 月 25 日,长虹公布的 2002 年年报显示,长虹实现收入 125.9 亿元,实现净利 1.76 亿元,但经营性现金流为 -29.7 亿元,截至 2002 年底,长虹应收账款仍高达 42.2 亿元,其中未收回的 APEX 应收账款数额为 38.3 亿(4.6 亿美元)。两相比较,应收账款不降反升。

事实上,长虹已对 APEX 超过 1 年期的应收账款提取了 9 000 多万元的坏账准备。2003 年,长虹公司主营业务利润 3.02 亿元,9 000 万元的坏账准备计提无疑大大侵蚀了公司的盈利能力。应收账款和存货总额共计 119.9 亿元,占总资产的 56% 和净资产的 91%,这将影响公司的资产质量。2005 年 9 月,长虹董事会公告显示,在对 APEX 4.675 亿美元的欠款中,长虹可能从 APEX 收回的欠款只有 1.5 亿美元,这意味着还有 3.175 亿美元(近 26 亿元人民币)的欠款面临无法收回的境地。

(资料来源:金融界,www.jrj.com.cn)

 背景知识

学长:小美,上次你说小贵欠你 100 块,钱还给你了吗?

小美:还没有呢。

小贵:哎呀,我怎么忘了呢?我昨天刚买CD去了……

小美:啊,真讨厌!本来想着等你还了钱,我要去淘宝上买最新款的阿狸公仔的,都让你耽误了!

学长:小美啊,你的"应收账款"可没管理好,要是像上面的四川长虹公司一样,以后麻烦可就大啦!

小美:学长说得对……我还仗着说反正是小贵欠我的,我随时可以问他要钱,多好!

学长:哈哈,这笔款的确是你的"资产",但是你有没有注意到,你不是随时可以问他要钱的,他也不是随时能还你钱的。

小贵:学长说得对,小美啊,我的还款能力是有限的,你以后得多多催账……不过,我也不能耽误你买公仔,你看,我这里有一张最新的游戏卡,你把它拿给你表弟看,我保证他愿意用至少100块钱跟你换!

小美:我不信!他要是不肯,我怎么办呢?我又不稀罕你们的游戏卡!

小贵:放心,还有其他小伙伴抢着要呢,我是看在……呵呵,我才优先给你表弟的。他要是真的不买,那你再来找我,反正我保证会还你100块钱的!

学长:哈哈,小美,你这"应收账款"变成"应收票据"啦……

小美:啊,应收票据?

学长:应收款项包括应收票据、应收账款及其他应收款等,下面一起来看看吧!

任务一　应收票据:要买要卖更自在

知识点1

应收票据是什么

应收票据是指企业因销售商品、提供劳务等而收到的商业汇票。商业汇票是一种由出票人签发的,委托付款人在指定日期无条件支付确定金额给收款人或者持票人的票据。

根据承兑人不同,商业汇票分为商业承兑汇票和银行承兑汇票。

按其是否带息可分为带息票据和不带息票据。

项目二 几家欢喜几家愁——应收及预付　　　　　　　　　　27

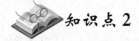

应收票据的使用

1. 一般使用规定

商业汇票的付款期限,最长不得超过六个月。

定日付款的汇票付款期限自出票日起计算,并在汇票上记载具体到期日;出票后定期付款的汇票付款期限自出票日起按月计算,并在汇票上记载;见票后定期付款的汇票付款期限自承兑或拒绝承兑日起按月计算,并在汇票上记载。

商业汇票的提示付款期限,自汇票到期日起10日。

符合条件的商业汇票的持票人,可以持有未到期的商业汇票连同贴现凭证向银行申请贴现。

2. 商业承兑汇票的使用

商业承兑汇票(图2.1)是指由付款人签发并承兑,或者由收款人签发交由付款人承兑的汇票。

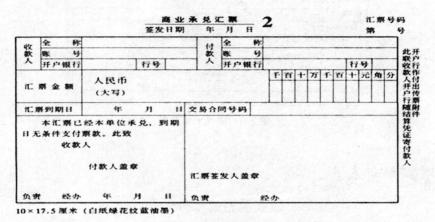

图2.1　商业承兑汇票

商业承兑汇票的付款人收到开户银行的付款通知后,应在当日通知银行付款。付款人在接到通知日的次日起三日内(遇到法定休假日顺延)未通知银行的,视同付款人承诺付款。

银行将于付款人接到通知日的次日起第四日(遇法定休假日顺延),将票款划转给持票人。付款人提前收到由其承兑的商业汇票,应通知银行在汇票到期日付款。

银行在办理划款时,付款人存款账户不足支付的,银行应填制付款人未付票款通知书,连同商业承兑汇票邮寄持票人开户银行转交持票人。

3. 银行承兑汇票的使用

银行承兑汇票(图2.2)是指由在承兑银行开立存款账户的存款人(这里也是出票人)签发,由承兑银行承兑的票据。企业申请使用银行承兑汇票时,应向其承兑银行按票面金额的万分之五缴纳手续费。

银行承兑汇票的出票人应于汇票到期前将票款足额交存其开户银行,承兑银行应在汇票到期日或到期日后的见票当日支付票款。

银行承兑汇票的出票人于汇票到期前未能够足额交存票款时,承兑银行除了凭票向持票人无条件付款以外,对出票人尚未支付的汇票金额按照每天万分之五计收利息。

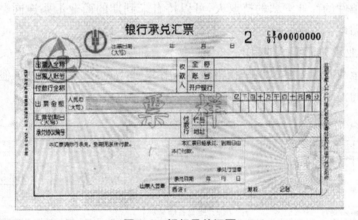

图 2.2 银行承兑汇票

应收票据的账务处理

1. 应收票据科目与应收票据备查簿

为了反映和监督应收票据取得、票款收回等情况,企业应当设置"应收票据"科目,借方登记取得的应收票据的面值,贷方登记到期收回票款或到期前向银行贴现的应收票据的票面余额,期末余额在借方,反映企业持有的商业汇票的票面余额。

"应收票据"科目可按照开出、承兑商业汇票的单位进行明细核算,并设置"应收票据备查簿",逐笔登记商业汇票的种类、号数和出票日期、票面金额、交易合同号和付款人、承兑人、背书人的姓名或单位名称、到期日期、背书转让日期、贴现日期、贴现率和贴现净额以及收款日期和收回金额、退票情况等资料(见表2.1)。商业汇票到期结清票款或退票后,在备查簿中应予注销。

表 2.1 应收票据备查簿

种类	号数	出票日期	出票人	票面金额	到期日期	利率	付款人	承兑人	背书人	贴现		收回		注销	备注
										日期	贴现率	贴现额	日期	金额		

2. 应收票据取得的账务处理

应收票据取得的原因不同,其账务处理亦有所区别。

因债务人抵偿前欠货款而取得的应收票据,借记"应收票据"科目,贷记"应收账款"科目;因企业销售商品、提供劳务等而收到开出、承兑的商业汇票,借记"应收票据"科目,贷记"主营业务收入""应交税费——应交增值税(销项税额)"等科目。

商业汇票到期收回款项时,应按实际收到的金额,借记"银行存款"科目,贷记"应收票据"科目。

演练1 应收票据的取得与核算

甲公司2013年3月1日向乙公司销售一批产品,价款为1 500 000元,尚未收到,已办妥托收手续,适用的增值税税率为17%。

3月1日,甲公司编制了如下会计分录:

借:应收账款　　　　　　　　　　1 755 000
　　贷:主营业务收入　　　　　　　　　1 500 000
　　　　应交税费——应交增值税(销项税额)　255 000

两周之后,3月15日,甲公司收到乙公司寄来的一张3个月期的银行承兑汇票,面值为1 755 000元,抵付所销售产品的价款和增值税款。

> 甲公司应编制如下会计分录：
> 借：应收票据
>   贷：应收账款
> 3个月之后，6月15日，甲公司上述应收票据到期，收回票面金额 1 755 000 元存入银行。甲公司应编制如下会计分录：
> 借：银行存款   1 755 000
>   贷：应收票据   1 755 000
> 亲爱的同学们，3月15日企业的会计分录该怎么做？应收票据与应收账款的核算方法你们掌握了吗？

3. 应收票据转让的账务处理

实务中，企业可以将自己持有的商业汇票背书转让（图2.3）。背书是指在票据背面或者粘单上记载有关事项并签章的票据行为。背书转让的，背书人应当承担票据责任。

图 2.3 应收票据背书转让

通常情况下，企业将持有的商业汇票背书转让以取得所需物资时，按应计入取得物资成本的金额，借记"材料采购"或"原材料""库存商品"等科目，按照增值税专用发票上注明的可抵扣的增值税税额，借记"应交税费——应交增值税（进项税额）"科目，按商业汇票的票面金额，贷记"应收票据"科目，如有差额，借记或贷记"银行存款"等科目。

对于票据贴现，企业通常应按实际收到的金额，借记"银行存款"科目，按贴现息部分，借记"财务费用"科目，按应收票据的票面金额，贷记"应收票据"

科目。

演练2　应收票据背书的核算

甲公司在4月15日将应收票据背书转让,以取得生产经营所需的A种材料,该材料价款为1 500 000元,增值税专用发票上注明的税额为255 000元。

甲公司应编制如下会计分录:

借:原材料　　　　　　　　　　　　1 500 000
　　应交税费——应交增值税(进项税额)　255 000
　　贷:应收票据

亲爱的同学们,补充完整上面的会计分录后,应收票据背书的会计核算你们是否已经掌握了呢?

任务二　应收账款:你欠我的我该收

应收账款的内容

应收账款是指企业因销售商品、提供劳务等经营活动,应向购货单位或接受劳务单位收取的款项,主要包括:

(1) 企业销售商品或提供劳务等应向有关债务人收取的价款;

(2) 代购货单位垫付的包装费、运杂费等。

应收账款的账务处理

为了反映和监督应收账款的增减变动及其结存情况,企业应设置"应收账款"科目。

不单独设置"预收账款"科目的企业,预收的款项也在"应收账款"科目内核算。

"应收账款"科目的借方登记应收账款的增加,贷方登记应收账款的收回以及确认的坏账损失。期末余额一般在借方,反映企业尚未收回的应收账款;如果期末余额在贷方,一般则反映企业预收的账款。

演练3 应收账款的核算

甲公司采用托收承付结算方式向乙公司销售一批商品,价款300 000元,增值税税额51 000元,以银行存款代垫运杂费6 000元,已办理托收手续。

甲公司应编制如下会计分录:

借:应收账款

　　贷:主营业务收入　　　　　　　　　　　　300 000

　　　　应交税费——应交增值税(销项税额)　　51 000

　　　　银行存款　　　　　　　　　　　　　　6 000

亲爱的同学们,请注意:企业代购货单位垫付包装费、运杂费也应计入应收账款哦!

任务三　预付账款:好东西要提前订

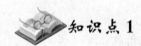

预付账款的内容

预付账款是指企业按照合同规定预付的款项。

小美:小贵,我表弟他也没零花钱了,买不了你的游戏卡,我的100块钱还是没着落……

小贵:哎,你别哭呀!我有新的办法啦,你把这100元"应收账款"变成"预付账款"吧!

小美:这是什么意思?

小贵:你不是要那最新款的阿狸吗?我给你买就是啦!你已经付了我100元钱,我帮你买,三天后送到你手上怎么样?

小美:啊,好开心呀!那你得写个"购销合同"……

小贵:额,这个是不是在我拿到你100块钱的时候就应该写的呢?好吧,钱我已经收了,现在给你补一个购销合同:"2014年2月11日,小贵同学约定代小美同学采购阿狸公仔一只,货款100元已于2月4日收到;3日后,即2月14日,小贵同学应向小美同学交付公仔,送货上门……"

学长:小贵,可别让小美久等,2月14号可要送到呀!

亲爱的同学们,如果小美的这100元钱是预付给小贵购买阿狸的款项,她应该怎么记账呢?

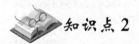

知识点2

预付账款的账务处理

为了反映和监督预付账款的增减变动及其结存情况,企业应当设置"预付账款"科目。

"预付账款"科目的借方登记预付的款项及补付的款项,贷方登记收到所购物资时根据有关发票账单记入"原材料"等科目的金额以及收回多付款项的金额,期末余额若在借方,则反映企业实际预付的款项;期末余额若在贷方,则反映企业应付或应补付的款项。

预付款项情况不多的企业,可以不设置"预付账款"科目,而将预付的款项通过"应付账款"科目核算。

企业根据购货合同的规定向供应单位预付款项时,借记"预付账款"科目,贷记"银行存款"科目。

企业收到所购物资,按应计入购入物资成本的金额,借记"材料采购"或"原材料""库存商品"科目,按相应的增值税进项税额,借记"应交税费——应交增值税(进项税额)"等科目,贷记"银行存款"科目:

(1)当预付价款小于采购货物所需支付的款项时,应将不足部分补付,借记"预付账款"科目,贷记"银行存款"科目;

(2)当预付价款大于采购货物所需支付的款项时,对收回的多余款项,应借记

"银行存款"科目,贷记"预付账款"科目。

 思考

亲爱的同学们,在小贵和小美的购销合同中,假设小贵最后买了一款120元的阿狸(有一米多高的大阿狸),小美打算再补给他20元零花钱,那么小美该怎么写会计分录呢?

演练4 预付账款的核算

甲公司向乙公司采购材料5 000千克,每千克单价10元,所需支付的价款总计50 000元。按照合同规定向乙公司预付价款的50%,验收货物后补付其余款项。

甲公司应编制如下会计分录:

(1) 预付50%的价款时:

借:预付账款——乙公司　　　　　　　　　25 000
　　贷:银行存款　　　　　　　　　　　　　　　25 000

(2) 收到乙公司发来的5 000千克材料,验收无误,增值税专用发票上记载的价款为50 000元,增值税税额为8 500元,以银行存款补付所欠款项33 500元。

甲公司应编制如下会计分录:

借:原材料　　　　　　　　　　　　　　　　50 000
　　应交税费——应交增值税(进项税额)　 8 500
　　贷:预付账款——乙公司　　　　　　　　　　8 500

以及:

借:预付账款——乙公司
　　贷:银行存款

亲爱的同学们,你们掌握公司以银行存款补付的所欠款项的处理方法了吗?

任务四　其他应收款：一个都不能少

其他应收款的内容

其他应收款是指企业除应收票据、应收账款、预付账款等以外的其他各种应收及暂付款项。其主要内容包括：

（1）应收的各种赔款、罚款，如因企业财产等遭受意外损失而应向有关保险公司收取的赔款等（图 2.4）；

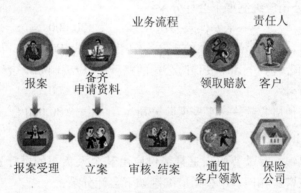

图 2.4　保险赔款流程

（2）应收的出租包装物租金；

（3）应向职工收取的各种垫付款项，如为职工垫付的水电费，应由职工负担的医药费、房租等；

（4）存出保证金，如租入包装物支付的押金；

（5）其他各种应收、暂付款项。

其他应收款的账务处理

为了反映和监督其他应收账款的增减变动及其结存情况，企业应当设置"其他应收款"科目进行核算。"其他应收款"科目的借方登记其他应收款的增加，贷方登记其他应收款的收回,期末余额一般在借方,反映企业尚未收回的其他应收款项。

思考

亲爱的同学们,其他应收账款科目的使用方法是不是和应收账款科目很相似?大家一起来参与下面的实务情景,对此你们会有更准确的把握!

演练5　其他应收账款的核算

☞情景1　保险赔款

甲公司在采购过程中发生材料毁损,按保险合同规定,应由平安保险公司赔偿损失 30 000 元,赔款尚未收到。假定甲公司对原材料采用计划成本进行日常核算,甲公司应编制如下会计分录:

借:其他应收款——平安保险公司　　　30 000
　　贷:材料采购　　　　　　　　　　　　　　30 000

甲公司如数收到上述平安保险公司的赔款后,应编制如下会计分录:

借:银行存款　　　　　　　　　　　　30 000
　　贷:其他应收款——平安保险公司　　　　　30 000

☞情景2　垫付医药费

甲公司以银行存款替职工王某垫付应由其个人负担的医疗费 5 000 元,事后再从他工资中扣回。甲公司应编制如下会计分录:

(1) 垫付时

借:其他应收款——王某
　　贷:银行存款

(2) 扣款时

借:应付职工薪酬　　　　　　　　　　5 000
　　贷:其他应收款——王某　　　　　　　　　5 000

☞情景3　租赁包装物

甲公司向丁公司租入包装物一批,以银行存款向丁公司支付押金 10 000 元。甲公司应编制如下会计分录:

借：其他应收款——丁公司
　　贷：银行存款
一个月以后,甲公司向丁公司归还租用的包装物,并收到丁公司退还的押金 10 000 元,已存入银行。甲公司应编制如下会计分录：
借：银行存款　　　　　　　　　　　　　10 000
　　贷：其他应收款——丁公司　　　　　　　　10 000

任务五　应收款项减值：如果能失而复得

应收账款减值损失的确认

企业的各项应收款项,可能会因购货人拒付、破产、死亡等原因而无法收回。这类无法收回的应收款项就是坏账(图 2.5)。企业因坏账而遭受的损失为坏账损失。

图 2.5　坏账侵蚀利润

企业应当在资产负债表日对应收款项的账面价值进行检查,有客观证据表明应收款项发生减值的,应当将该应收款项的账面价值减记至预计未来现金流量现值,减记的金额确认为减值损失,同时计提坏账准备。

确定应收账款减值有两种方法,即直接转销法和备抵法。我国企业会计准则规定确定应收款项的减值只能采用备抵法,不得采用直接转销法。

1. 直接转销法

采用直接转销法时,日常核算中应收款项可能发生的坏账损失不予考虑,只有在实际发生坏账时,才作为坏账损失计入当期损益,同时直接冲销应收款项,即借记"资产减值损失"科目,贷记"应收账款"等科目。

这种方法的优点是账务处理简单、实用,缺点是不符合权责发生制和资产的定义。

在这种方法下,只有坏账实际发生时才将其确认为当期费用,会导致资产不实、各期损益不实;另外,在资产负债表上,应收账款是按账面余额而不是按账面价值反映的,这在一定程度上歪曲了期末的财务状况。所以,一般不采用直接转销法。

2. 备抵法

备抵法是采用一定的方法按期估计坏账损失计入当期损益,同时建立坏账准备,待坏账实际发生时,冲销已提的坏账准备和相应的应收款项。采用这种方法,在报表上列示应收款项的净额,使报表使用者能了解企业应收款项的可收回金额。

在备抵法下,企业应当根据实际情况合理估计当期坏账损失金额。由于企业发生坏账损失带有很大的不确定性,所以只能以过去的经验为基础,参照当前的信用政策、市场环境和行业惯例,准确地估计每期应收款项未来现金流量现值,从而确定当期减值损失金额,计入当期损益。

企业在预计未来现金流量现值时,应当在合理预计未来现金流量的同时,合理选用折现利率。短期应收款项的预计未来现金流量与其现值相差很小的,在确认相关减值损失时,可不对其预计未来现金流量进行折现。

讨论

小贵:学长,坏账减值准备到底是什么?

小美:什么叫减值准备转回呢?

学长:嗯,我来给你们打个比方,你们还能给爸爸妈妈讲这个道理哈!

爸爸妈妈他们之间生活的时间久了,难免磕磕碰碰吵个架啥的,这会对双方的感情造成一定的伤害,就好比是对爱情这项资产提点减值准备,只要爸爸妈妈意识到错误,认真改进,感情是可以恢复的,减值准备是可以转回的。但是呢,如果爸爸犯了严重错误,伤透了妈妈的心,妈妈一个月都没理他了,这恐怕得对他们的感情计提重大减值准备,能不能转回来、能转回来多少,都够呛了……

亲爱的同学们,你们明白学长讲的故事了吗?

项目二 几家欢喜几家愁——应收及预付

知识点 2

坏账准备的账务处理

企业应当设置"坏账准备"科目,核算应收款项的坏账准备计提、转销等情况。企业当期计提的坏账准备应当计入资产减值损失。"坏账准备"科目的贷方登记当期计提的坏账准备金额,借方登记实际发生的坏账损失金额和冲减的坏账准备金额,期末余额一般在贷方,反映企业已计提但尚未转销的坏账准备。

坏账准备可按以下公式计算:

当期应计提的坏账准备 = 当期按应收款项计算应提坏账准备金额
— (或+)"坏账准备"科目的贷方(或借方)余额

演练 6　计算坏账准备金额

甲公司 2013 年 12 月 31 日应收丙公司的账款余额为 1 200 000 元,经减值测试,甲公司应计提 120 000 元坏账准备。根据甲公司坏账核算方法,其"坏账准备"科目应保持的贷方余额为 120 000 元。

计提坏账准备前,"坏账准备"科目的实际余额为贷方 70 000 元,因此本年年末应计提的坏账准备金额为 50 000(120 000 - 70 000)元。

所以,甲公司应编制如下会计分录:

借:资产减值损失——计提的坏账准备
　　贷:坏账准备

---

1. 计提坏账准备

企业计提坏账准备时,按应减记的金额,借记"资产减值损失——计提的坏账准备"科目,贷记"坏账准备"科目。冲减多计提的坏账准备时,借记"坏账准备"科目,贷记"资产减值损失——计提的坏账准备"科目。

2. 坏账损失实际发生

企业确实无法收回的应收款项按管理权限报经批准后作为坏账转销时,应当冲减已计提的坏账准备。企业实际发生坏账损失时,借记"坏账准备"科目,贷记"应收账款""其他应收款"等科目。

3. 坏账日后转回

已确认并转销的应收款项以后又收回的,按照实际收到的金额增加坏账准备的账面余额。已确认并转销的应收款项以后又收回时,借记"应收账款""其他应收款"等科目,贷记"坏账准备"科目;同时,借记"银行存款"科目,贷记"应收账款""其他应收款"等科目。

演练7 计提坏账准备

☞ 情景1 坏账预警

2011年12月31日,甲公司对应收丙公司的账款进行减值测试。应收账款余额合计为1 000 000元,甲公司根据丙公司的资信情况确定应计提100 000元坏账准备。

甲公司2011年12月31日计提坏账准备:

借:资产减值损失——计提的坏账准备　　100 000
　　贷:坏账准备　　　　　　　　　　　　　100 000

☞ 情景2 不幸发生

甲公司2012年对丙公司的应收账款实际发生坏账损失30 000元。

甲公司2012年12月31日确认坏账损失:

借:坏账准备　　　　　　　　　　　　　30 000
　　贷:应收账款　　　　　　　　　　　　　30 000

☞ 情景3 失而复得

甲公司2014年4月20日收回2012年已作坏账转销的应收账款20 000元,已存入银行。

甲公司编制如下会计分录:

借:应收账款　　　　　　　　　　　　　20 000
　　贷:坏账准备　　　　　　　　　　　　　20 000

以及:

借:银行存款
　　贷:应收账款

亲爱的同学们,已经作为坏账转销的金额又"失而复得",会计分录应该怎么写呢?

项目三 Hold不住的"三剑客"——金融资产

任务书

任务名称	Hold不住的"三剑客"——金融资产	任务编号	003	时间要求	6课时
要　求	1. 对金融资产进行分类； 2. 对交易性金融资产进行核算； 3. 对持有至到期投资进行核算； 4. 对可供出售金融资产进行核算					
培养目标	让学生熟悉企业各项金融资产的内容，掌握金融资产核算的基本原则和方法				
教学地点	教室				
教学设备	投影设备、投影幕布、电脑				
训　练　内　容					
1. 对金融资产进行分类； 2. 对交易性金融资产进行核算； 3. 对持有至到期投资进行核算； 4. 对可供出售金融资产进行核算					
训　练　要　求					
1. 能够解释金融资产的内容； 2. 能够对交易性金融资产进行核算； 3. 能够对持有至到期投资进行核算； 4. 能够对可供出售金融资产进行核算					

续表

成果要求及评价标准				
1. 对金融资产进行分类(20分) 2. 对交易性金融资产进行核算(30分) 3. 对持有至到期投资进行核算(30分) 4. 对可供出售金融资产进行核算(20分)				
任务产出一	成员姓名与分工	组长	学号	分工
		成员1	学号	
		成员2	学号	
		成员3	学号	
		成员4	学号	
		成员5	学号	
		成员6	学号	
任务产出二	1. 金融资产的内容及分类(20分) 2. 交易性金融资产核算应设置的会计科目(5分) 3. 交易性金融资产取得的核算、利息收入的核算以及公允价值变动的核算(15分) 4. 交易性金融资产出售的核算(10分) 5. 持有至到期投资核算应设置的会计科目(10分) 6. 取得持有至到期投资的核算、利息收入的核算以及出售的核算(20分) 7. 可供出售金融资产的取得与出售的核算(10分) 8. 可供出售金融资产的出售(10分)			
项目组评价				总分
教师评价				

 案例导入

2008投资失利榜:健康元炒股亏损94%

在网易财经"2007年最会炒股上市公司排行榜"上,健康元炒股盈利6.55亿.

占当年净利润的 63.84%,炒股为业绩添加不少亮色,当时一度被股民盛赞为"炒股高手",不过也有市场人士指责其不务正业。

2008年股市单边下跌,跌幅达到65%,两市总市值损失20万亿元。健康元终于尝到恶果,年报显示,健康元 2008 年一共投资了 10 多只股票,共计投入 5.19 亿元,报告期末金融资产公允价值变动损失 6.32 亿,净利润亏损幅度达到 94%(表 3.1、表 3.2)。

表 3.1 健康元 2008 年证券投资情况

单位:元 币种:人民币

证券简称	初始投资金额	持有数量(股)	期末账面值	占期末证券投资比例(%)	报告期损益(元)
晨鸣纸业	402 516 441.86	35 728 000.00	183 641 920.00	80.41	-384 775 482.80
中国石油(香港)	16 536 826.61	3 500 000.00	7 518 198.38	3.29	-7 827 781.50
中国神华	4 529 945.05	418 000.00	6 045 600.88	2.65	-11 250 343.33
深圳国际	24 702 304.28	1 536 993.00	5 548 544.73	2.43	-17 988 931.51
太钢不锈	10 172 292.39	17 000 000.00	5 022 420.52	2.2	-10 277 940.75
碧桂园	21 025 238.76	2 450 000.00	4 105 244.50	1.8	-15 903 760.95
天地源	13 191 602.54	1 300 043.00	3 744 123.84	1.64	-9 381 431.10
中国海洋石油	2 889 770.23	560 000.00	3 496 204.36	1.53	-2 886 733.08
中国中铁	1 616 727.79	314 000.00	1 487 042.14	0.65	-1 532 990.55
百丽国际	2 363 822.55	428 000.00	1 283 340.88	0.56	-3 260 793.76
持有的其他证券	19 760 874.62		6 498 845.49	2.85	-12 268 735.86
报告期已出售损益					-8 865 536.72
合计	519 305 846.68		228 391 485.72	100	-486 220 461.91

表 3.2　健康元 2008 年金融资产投资公允值变动损益

单位:元　币种:人民币

项　目	2008 年度	2007 年度
交易性权益工具投资	-632 694 223.87	325 872 108.38
其他(基金投资)	-251 555.93	351 762.82
合计	-632 945 779.80	326 223 871.20

数据来源:健康元 2008 年年报。

健康元公司的前身为"深圳爱迷尔食品有限公司",2001 年 6 月,公司股票在上海证券交易所上市交易。2005 年 12 月,经商务部批准,变更为外商投资股份有限公司(外资比例低于 25%),公司控股股东为深圳市百业源投资有限公司,最终实际控制人为朱保国。公司经营范围为:中药材(收购)、中成药、抗生素原料药及其制剂、化学药制剂、食品、保健食品、化妆品的研发、批发(不含国家保护资源的中药材、中成药秘方产品的研发)、中药饮片的批发、进出口及相关配套服务。

由于证券市场较 2007 年度大幅度下挫,公允价值变动损失令券商年报黯然失色。统计显示,80%的券商 2008 年公允价值变动收益为负值,合计亏损 142 亿元,同比骤降超过 200%。

(资料来源:网易财经,http://money.163.com/)

背景知识

学长:小贵、小美,你们看这家企业投资股票损失巨大,对企业全年的经营业绩造成了严重的影响!

小美:学长,股票投资在企业里该怎么记账呢?

学长:这涉及金融资产的会计核算。我们平时接触到的厂房、生产机器、电脑等,这些都是"实物资产",能看得见、摸得着的;金融资产是跟实物资产相对的一类资产,它虽然是看不见、摸不着的,但它的确是能给企业带来好处的资产噢!

小贵:这是为什么?

学长:因为金融资产能够代表一种"无形的权利",通过这个权利,你可以得到实物资产或者收到钱。这个权利口说无凭,写在纸上就是一份"合约";当然,这个合约的形态是多样的,比如一张借条、一只股票、一份债券,你们能理解吗?

小美:如果小贵给我写了一张借条,下个月还100元钱给我,那么我在30天以后就能够得到100元现金流入,所以这个借条是一种权利、一种金融资产,对吗?

学长:哈哈,你分析得很对,这个欠条是你个人的金融资产。在企业里面,应收账款、贷款、应收利息等其实都是金融资产,还有刚才案例中的股票投资……

小贵:我知道啦!我大舅手上贵州茅台的股票,每年都能给他带来红利收入,所以,这些股票代表着一种无形的权利,这些股票就是我大舅个人的金融资产!

学长:很好,你们都理解金融资产了。实际上,金融资产的品种非常多,花样不断,我们会计要管理好这些金融资产可不容易,但是我们会计自己"有一套"。在企业财务会计里,我们把纷繁复杂的金融资产分为四大类,一是贷款和应收账款,二是交易性金融资产,三是持有至到期投资,四是可供出售金融资产。贷款和应收账款我们已经单独学习了,后面这三个类别比较复杂一点,号称"三剑客",看看你们能不能 Hold 得住啦!

任务一 金融资产"三剑客",怎么辨认

学长:现在,假设小美有一家公司,买了债券;小贵也有一家企业,买了股票。现在你们都在金融市场上进行投资,要怎么样计算你们这些投资的收益呢?

小美:如果我今天买了一张三年到期的债券,我三年里每年底都有一笔固定的利息收入;三年期满了,债券到期,我还能收回本金。我总共有一笔现金流出,四笔现金流入,我的初始投资成本是今天付出的钱,那我的投资收益呢?

小贵:如果我像大舅一样,通过证券营业部买了100只股票,说不定哪天就能分红;等到股票涨了,又能大赚一笔!可是分红能有多少,买了以后真的能涨多少,这都没底呢!那我要怎么计算收益呢?

学长:看,你们已经头疼了吧?要正确核算金融资产,首先要做好分类,不同的类别,我们有一套不同的会计科目来核算……

金融资产的内容

企业的金融资产主要包括库存现金、应收账款、应收票据、贷款、垫款、其他应收款、应收利息、债券投资、股票投资、基金投资及衍生金融资产等。中国第一只股票如图3.1所示。

图 3.1　中国第一只股票：上海飞乐音响股份有限公司

企业应当结合自身业务特点和风险管理要求，将取得的金融资产分类核算。

金融资产的分类

1. 什么是交易性金融资产

交易性金融资产是以公允价值计量且其变动计入当期损益的金融资产，包括为交易目的所持有的债券、股票、基金、权证等交易性金融资产和直接指定为公允价值计量且其变动计入当期损益的金融资产。

满足以下条件之一的金融资产应当划分为交易性金融资产：

（1）取得金融资产的目的主要是为了近期内出售或回购或赎回。

（2）属于进行集中管理的可辨认金融工具组合的一部分，具有客观证据表明企业近期采用短期获利方式对该组合进行管理。

（3）属于金融衍生工具，但被企业指定为有效套期工具的衍生工具、属于财务担保合同的衍生工具、与在活跃市场中没有报价且其公允价值不能可靠计量的权

项目三 Hold 不住的"三剑客"——金融资产

益工具投资挂钩并须通过交付该权益工具结算的衍生工具除外。

2. 什么是持有至到期投资

持有至到期投资是指到期日固定、回收金额固定或可确定,且企业有明确意图和能力持有至到期的非衍生金融资产。通常情况下,包括企业持有的、在活跃市场上有公开报价的国债、企业债券、金融债券等。

"到期日固定、回收金额固定或可确定"是指相关合同明确了投资者在确定的期间内获得或应收取现金流量(例如,投资利息和本金等)的金额和时间。因此,权益工具投资不能划分为持有至到期投资。"有明确意图持有至到期"是指投资者在取得投资时意图就是明确的。"有能力持有至到期"是指企业有足够的财力资源,并不受外部因素影响将投资持有至到期。

3. 什么是可供出售金融资产

可供出售金融资产,是指初始确认时即被指定为可供出售的非衍生金融资产,以及除下列各类资产以外的金融资产:

(1) 贷款和应收账款;

(2) 持有至到期投资;

(3) 以公允价值计量且其变动计入当期损益的金融资产。

讨论

学长:对于可供出售金融资产,我们采取的是排除法式的定义,也就是说,没有被划分为交易性金融资产、持有至到期投资的,就是被划分为可供出售金融资产了。

小贵:我买的股票就是一种权益工具,是不能被划分为持有至到期投资的……

小美:我看我的债券可以划分为持有至到期投资,我收钱的日子、收到钱的多少都是固定的……

学长:小美,这也不一定,那要看你有没有打算、有没有能力"持有至到期"了。

小美:那就是说,这得看我自己的主观意愿以及客观能力,是吗?

学长:是的。假如你有足够的财力做这笔投资,然后,你又愿意持有至到期,你就可以划分为持有至到期投资;但你要是不想持有至到期,你也可以把它划分为交易性金融资产。

小美:原来是这样啊,金融资产的分类有许多奥妙哦!

学长:既然你们掌握了金融资产的分类,下一步就要知道不同的分类该用什么会计科目来核算你们各自的投资成果啦!

小贵:我要学习交易性金融资产的核算……我还想学习可供出售金融资产的核算,看看两者有什么区别!

小美:我也要学习交易性金融资产的核算,还想学习持有至到期投资的核算……

任务二 交易性金融资产:运动派

学长:交易性金融资产,顾名思义,是为了交易目的而持有的金融资产,它买进卖出,运动比较频繁,也是企业里面最受欢迎的金融资产类型,我们先从它的会计核算开始吧!

知识点1

交易性金融资产核算应设置的会计科目

为了反映和监督交易性金融资产的取得、收取现金股利或利息、出售等情况,企业应当设置"交易性金融资产""公允价值变动损益""投资收益"等科目进行核算。

1. 科目一:交易性金融资产

"交易性金融资产"科目核算企业为交易目的而持有的债券投资、股票投资、基金投资等交易性金融资产的公允价值。企业持有的直接指定为以公允价值计量且其变动计入当期损益的金融资产也在"交易性金融资产"科目核算。"交易性金融资产"科目的借方登记交易性金融资产的取得成本、资产负债表日其公允价值高于账面余额的差额等;贷方登记资产负债表日其公允价值低于账面余额的差额,以及企业出售交易性金融资产时结转的成本和公允价值变动损益。企业应当按照交易性金融资产的类别和品种,分别设置"成本""公允价值变动"等明细科目进行核算。

2. 科目二：公允价值变动损益

"公允价值变动损益"科目核算企业交易性金融资产等的公允价值变动而形成的应计入当期损益的利得或损失,贷方登记资产负债表日企业持有的交易性金融资产等的公允价值高于账面余额的差额;借方登记资产负债表日企业持有的交易性金融资产等的公允价值低于账面余额的差额。

3. 科目三：投资收益

"投资收益"科目核算企业持有交易性金融资产等期间取得的投资收益以及处置交易性金融资产等实现的投资收益或者投资损失,贷方登记企业出售交易性金融资产等实现的投资收益;借方登记企业出售交易性金融资产等发生的投资损失。

讨论

小美:原来我的债券投资也可能划分为交易性金融资产呢!不过,学长,什么是公允价值呢?

学长:公允价值是指在公平交易中,熟悉情况的双方自愿进行资产交换或者债务清偿的金额。是不是听不太懂?学长告诉你们一个简单的方法,在金融资产的计价中,我们经常把市价当做它的公允价值。

小贵:公允价值就是现行市场价格吗?

学长:你们现在可以这么理解,因为除了市场价格,公允价值还有其他的确认基础,我们现在还不太用得上。所以,刚才的第一个科目"交易性金融资产",它的账面余额反映的就是股票、债券等的市价,这个账户会尽量使你的金融资产价值跟市场行情保持一致(图3.2)。

小贵:哦,如果我的股票第二天大涨了,我就可以通过借记"交易性金融资产",把我的收益反映在账上了吗?

学长:是这么个意思,但也不全是这样。为什么呢?第一,会计不一定每天对你的这个金融资产进行记账,而是在资产负债表日,比如1月31日、6月30日、12月31日等,对你这个投资的账面价值进行更新,反映它的最新市价。当然,你自己也可以天天都看看最新的股价是多少啦!第二,你这个"收益"是不确定的……

小美:小贵的收益还不是真正到手的钱,他得真的把股票卖了,才能收到现金,

图 3.2 深圳证券交易所实时行情

才是真的赚了。要是再过几天,股价反而大跌了,小贵就可能要赔钱,反而没有收益了。

小贵:哦,那我该怎么反映我这些"可能得到"的收益呢?

学长:所以,有第二个科目"公允价值变动损益"。它可以说是用来"暂时存放"你的股票的盈亏的。暂时存放到多久呢?就是当你真正把股票全都卖掉的时候,那时你通过把"公允价值变动损益"科目转入"投资收益"科目中,就能最终确认你买卖股票的盈亏是多少啦。

知识点 2

交易性金融资产的取得

企业取得交易性金融资产时,应当按照该金融资产取得时的公允价值作为其初始入账金额。

企业取得交易性金融资产所支付价款中,包含了已宣告但尚未发放的现金股利或已到付息期但尚未领取的债券利息的,应当单独确认为应收项目,不构成交易性金融资产的初始入账金额。

企业取得交易性金融资产所产生的相关交易费用应当在发生时作为投资收益进行会计处理。交易费用是指可直接归属于购买、发行或处置金融工具新增的外部费用,包括支付给代理机构、咨询公司、券商等的手续费和佣金及其他必要支出。

企业取得交易性金融资产,应当做如下会计分录:

借:交易性金融资产——成本　　　　　×××
　　投资收益　　　　　　　　　　　　×××
　　应收利息/应收股利　　　　　　　×××
　贷:其他货币资金——存出投资款　　×××

演练1　交易性金融资产取得的核算

2013年1月20日,小贵公司从上海证券交易所(图3.3)购入A上市公司股票1 000 000股,并将其划分为交易性金融资产。该笔股票投资在购买日的公允价值为10 000 000元,另支付相关交易费用金额为25 000元。

图3.3　上海证券交易所

小贵:我总共花了1 002.5万元,不过,股票的市价是1 000万元,所以我该这样做会计分录:

(1)购买A上市公司股票时

借:交易性金融资产——A上市公司——成本
　贷:其他货币资金——存出投资款

(2) 支付相关交易费用时

借:投资收益

  贷:其他货币资金——存出投资款

亲爱的同学们,你们能帮小贵补充完整会计分录吗?你们明白"交易费用"该怎么核算了吗?

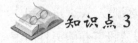

知识点3

交易性金融资产的持有

1. 现金股利或利息收入的处理

企业持有交易性金融资产期间对于被投资单位宣告发放的现金股利或企业在资产负债表日按分期付息、一次还本债券投资的票面利率计算的利息收入,应当确认为应收项目,并计入投资收益。

被投资单位宣告发放股利、在资产负债表日计提利息时的会计分录如下:

借:应收股利/应收利息   ×××

  贷:投资收益   ×××

等实际收到股利或利息时的会计分录如下:

借:其他货币资金——存出投资款   ×××

  贷:应收股利/应收利息   ×××

2. 资产负债表日的计量

在资产负债表日,交易性金融资产应当按照公允价值计量,公允价值与账面价值的差额计入当期损益。

公允价值高于账面余额时的会计分录如下:

借:应收股利/应收利息   ×××

  贷:投资收益   ×××

公允价值低于账面余额时,则做相反的会计分录。

演练2　交易性金融资产利息收入的核算

2013年1月1日,小美公司购入P公司发行的公司债券,该笔债券于2012年7月1日发行,面值为25 000 000元,票面利率为4%。上年债券利息于下年年初支付。小美公司将其划分为交易性金融资产,支付价款为26 000 000元(其中包含已到付息期但尚未领取的债券利息500 000元),另支付交易费用300 000元。

2013年1月8日,小美公司收到该笔债券利息500 000元。

2014年年初,小美公司收到债券利息1 000 000元。

小美公司应该如何编制会计分录?

小美:我支付的总价款230万元,其中包含了已到付息期但尚未领取的债券利息50万元,应当记入"应收利息",而不能计入债券的初始成本;交易费用30万元,也不能计入债券的初始成本。另外,每年12月31日还要计算利息收入。所以我应该这样写会计分录:

(1) 2013年1月1日,购入P公司的公司债券时

借:交易性金融资产——B公司债券——成本
　　应收利息
　　投资收益
　　贷:其他货币资金——存出投资款　　　　　　　　　　26 300 000

(2) 2013年1月8日,收到购买价款中包含的已到付息期但尚未领取的债券利息时

借:其他货币资金——存出投资款
　　贷:应收利息

(3) 2013年12月31日,确认P公司的公司债券利息收入1 000 000 (25 000 000×4%)元时

借:应收利息
　　贷:投资收益

(4) 2013年年初,收到持有P公司的公司债券利息时

借:应收利息
　　贷:投资收益

亲爱的同学们，你们能帮小美补充完整以上会计分录吗？接下来，小美又仔细考虑了在资产负债表日的核算问题……

演练3 交易性金融资产公允价值变动的核算

假定2013年6月30日，小美公司购买的P公司债券的公允价值（市价）为27 800 000元。2013年12月31日，P公司债券的公允价值（市价）为25 600 000元。

此时又该如何编制会计分录呢？

小美：6月30日我记账之前，债券投资的账面余额是2 550万元，现在市价涨到2 780万元了，应该增加债券的账面价值230万；12月31日，债券的市价又跌到2 560万了，我该减记债券的账面价值为2 780 − 2 560 = 220（万）。

(1) 2013年6月30日，确认P公司债券的公允价值变动损益时
　　借：交易性金融资产——P公司债券——公允价值变动
　　　　贷：公允价值变动损益——P公司债券
(2) 2013年12月31日，确认P公司债券的公允价值变动损益时
　　借：公允价值变动损益——P公司债券
　　　　贷：交易性金融资产——P公司债券——公允价值变动

亲爱的同学们，快快帮小美补充完整以上会计分录，说说小美公司2013年1月1日买入的B公司债券，截至12月31日是亏了还是赚了。

交易性金融资产的出售

企业出售交易性金融资产时，应当将该金融资产出售时的公允价值与其账面余额之间的差额作为投资收益进行会计处理，同时，将原计入公允价值变动损益的该金融资产的公允价值变动转出，由公允价值变动损益转为投资收益。

企业出售交易性金融资产，应当按照实际收到的金额，借记"其他货币资金"等科目，按照该金融资产的账面余额，贷记"交易性金融资产——成本、公允价值变动"科

目,按照其差额,贷记或借记"投资收益"科目。同时,将原计入该金融资产的公允价值变动转出,借记或贷记"公允价值变动损益"科目,贷记或借记"投资收益"科目。

(1) 该笔交易性金融资产出售时最终盈利,则做如下会计分录:
借:其他货币资金　　　　　　　　　　　×××
　　贷:交易性金融资产——成本　　　　　　×××
　　　　　　　　　　　——公允价值变动　×××
　　　　投资收益　　　　　　　　　　　×××
同时:
借:公允价值变动损益　　　　　　　　　×××
　　贷:投资收益　　　　　　　　　　　　×××

(2) 该笔交易性金融资产出售时最终亏损,则做如下会计分录:
借:其他货币资金　　　　　　　　　　　×××
　　投资收益　　　　　　　　　　　　　×××
　　贷:交易性金融资产——成本　　　　　　×××
　　　　　　　　　　　——公允价值变动　×××
同时:
借:投资收益　　　　　　　　　　　　　×××
　　贷:公允价值变动损益　　　　　　　　×××

演练4　交易性金融资产出售的核算

假定 2014 年 1 月 15 日,小美公司出售了所持有的 P 公司债券,售价为 25 650 000 元。小美公司该如何编制会计分录?

小美:上年底我的债券账面余额是 2 560 万元,那时我没卖;现在债券市价是 2 565 万了,我要是卖出,立即赚了 5 万;不过,我最初买入的债券成本是 2 550 万元,有 10 万块是暂时记录在"公允价值变动损益"里面的,现在这笔潜在收益是真真正正实现了,应该转作"投资收益"。所以,我应该做如下会计分录:

借:其他货币资金——存出投资款　　　　　　25 650 000
　　贷:交易性金融资产——B 公司债券——成本　　25 500 000
　　　　　　　　　　　——B 公司债券——公允价值变动　100 000
　　　　投资收益　　　　　　　　　　　　　　　50 000

同时:
借:公允价值变动损益
　　贷:投资收益

亲爱的同学们,请帮小美做完第二条会计分录。你们明白记录在"公允价值变动损益"里面的10万块的处理方式了吗?

小贵:小美,你买的P公司债券,最后到底是亏了还是赚了呢?
小美:我想想,2013年1月1日我总共付出了2 630万元,2014年1月15日卖出时我总共收到了2 565万元,不过我又收了两次债券利息,分别是50万、100万……
小贵:恩,那你总共入账的钱是2 715万,付出的钱是2 630万,净赚了85万!
小美:等等,我再想想,我的收益在"投资收益"账户里反映,这个账户的记录是:−30万交易费支出,+100万利息收入,+5万公允价值,+10万"公允价值变动损益"转来,最后余额是贷方85万! 这就是我这笔投资的最终收益了吧?

亲爱的同学们,你们同意他们的算法吗?

任务三　持有至到期投资:宅人派

学长:持有至到期投资,顾名思义,放着不动,一直等"到期",它爱宅在账户上,看似文静,它可有自己的脾气哦! 这类金融资产要怎么核算? 仔细看招!

持有至到期投资核算应设置的会计科目

为了反映和监督持有至到期投资的取得、收取利息和出售等情况,企业应当设置"持有至到期投资""投资收益"等科目进行核算。

"持有至到期投资"科目核算企业持有至到期投资的摊余成本。持有至到期投资科目的借方登记持有至到期投资的取得成本、一次还本付息债券投资在资产负债表日按照票面利率计算确定的应收未收利息等;贷方登记企业出售持有至到期投资结束时的结转成本等。

企业可以按照持有至到期投资的类别和品种,分别设置"成本""利息调整""应计利息"等明细科目进行核算。

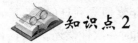

持有至到期投资的取得

企业取得持有至到期投资应当按照公允价值计量,取得持有至到期投资所发生的交易费用计入持有至到期投资的初始确认金额。

企业取得持有至到期投资支付的价款中包含已到付息期但尚未领取的债券利息,应该单独确认为应收项目,不构成持有至到期投资的初始确认金额。

企业取得的持有至到期投资,应该按照该投资的面值,借记"持有至到期投资——成本"科目,按照支付的价款中包含的已到付息期但尚未领取的利息,借记"应收利息"科目,按照实际支付的金额,贷记"银行存款"等科目,按照其差额,借记或贷记"持有至到期投资——利息调整"科目。

借:持有至到期投资——成本　　　　　　　×××
　　应收利息　　　　　　　　　　　　　×××
　　持有至到期投资——利息调整(或者在贷方)　×××
　贷:银行存款　　　　　　　　　　　　　×××

小贵:小美,你看持有至到期投资的核算,跟交易性金融资产相比有一个很大的区别……

小美:在这里,交易费用是要计入持有至到期投资的初始确认金额的,但是我们刚才处理交易性金融资产时,都没有计入初始确认金额,而是冲减"投资收益"。

学长:现在你们看到了,企业会计对不同类别的金融资产的核算方式是有差异的。如果小美刚才的债券划分为持有至到期投资,相比于交易性金融资产的核算方法,那么这笔债券的初始确认金额就会偏高,核算的投资收益也会偏高。

我们先来看个例子,如果小美公司购买的债券划分为持有至到期投资,我们该怎么核算……

演练5　取得持有至到期资产的核算

2013年1月1日,小美公司支付价款2 000 000元(含交易费用)从上海证券交易所购入C公司同日发行的5年期公司债券12 500份,债券票面价值总额为2 500 000元,票面年利率为4.72%,于年末支付本年度债券利息(每年利息为2 500 000×4.72% = 118 000元),本金在债券到期时一次性偿还。小美公司将其划分为持有至到期投资。该债券投资的实际利率为10%。

小美应该如何编制会计分录?

借:持有至到期投资——C公司债券——成本

贷:其他货币资金——存出投资款

持有至到期投资——C公司债券——利息调整

亲爱的同学们,请想一想,小美在取得面值为250万元的债券时,付出200万元价款,按照企业会计的规定,50万元差额该怎么记录?请帮小美补充完整会计分录。

知识点3

持有至到期投资的持有

企业在持有持有至到期投资的会计期间,所涉及的会计处理主要有两个方面:一是在资产负债表日确认债券利息收入,二是在资产负债表日核算发生的减值损失。

1. 持有至到期投资的债券利息收入

企业在持有持有至到期投资的会计期间,应当按照摊余成本对持有至到期投资进行计量。在资产负债表日,按照持有至到期投资摊余成本和实际利率计算确定的债券利息收入,应当作为投资损益进行会计处理。

持有至到期投资为分期付息、一次还本债券投资的,会计处理归纳如表3.3所示。

表 3.3

项　目	科　目	方向	金　额
在资产负债表日的应收未收利息	应收利息	借	面值×票面利率
按摊余成本和实际利率确定的利息收入	投资收益	贷	摊余成本×实际利率
二者差额	持有至到期投资——利息调整	借或贷	差额

持有至到期投资为一次还本付息债券投资的,会计处理归纳如表 3.4 所示。

表 3.4

项　目	科　目	方向	金　额
在资产负债表日的应收未收利息	持有至到期投资——应收利息	借	面值×票面利率
按摊余成本和实际利率确定的利息收入	投资收益	贷	摊余成本×实际利率
二者差额	持有至到期投资——利息调整	借或贷	差额

思考

小美:学长,刚刚我们看到了一个奇怪的名词——摊余成本……

小贵:对啊,学长,这个怎么理解呢?

学长:嗯,这个向来是头疼的项目。我来讲一讲我的理解,看能不能帮助你们理解啦。

投资者购买债券,实际上就是借钱给发行债券的一方。假设现在我们支付了 1 000 元购买一家企业的面值是 1 250 元的债券。虽说以后企业会还我们 1 250 元,但我们现在实际借给企业的是 1 000 元。这个 250 元的差额该怎么处理呢? 就是靠利用摊余成本来处理的。

摊余成本可以简单地理解为"本金"。这里的 1 000 元就是期初摊余成本,也就是实际付的钱。

差额 250 元要在以后每期逐渐摊销掉,将持有至到期投资科目由实付数

1 000 元调为票面数 1 250 元——实际付的钱＋(－)摊销掉的钱（朝面值方向调）。

我们应该获得的利息收益，比如第一期利息，应该用"期初摊余成本 1 000×实际利率"，如果实际利率是 10%，那么投资收益就是 100 元。

小美：等等，"实际利率"又是什么意思呢？

学长："实际利率"就是市场上真实的利率。因为我们借给这家企业的钱要至少一年以后才能收回来，这一年当中，钱的价格——也就是"利率"是变化的，它和票面利率是有出入的。而按面值 1 250×票面利率（比如 6%）计算的利息 75 元，就是当期实际收到的利息。

这样，我们应该得到的投资收益 100 元和实际收到的当期利息 75 元之间，就有了差额 25 元，这就是当期应该摊销的利息调整。

第二期期初的摊余成本（剩余本金）是多少呢？在第一期收到了 75 元利息，而实际是应该获得 100 元的，这说明还有 25 元没收回，则可以理解成又借给对方 25 元，那现在借出的本金就是原来的 1 000 元加上 25 元即 1 025 元了——应收利息（利用实际利率计算）与实收利息（利用票面利率计算）差额。

以后各期以此类推。

简单来说，如果你借钱，摊余成本就是你目前还要还多少钱给人家；如果你投资，摊余成本就是人家目前还欠你多少钱没还。

演练 6　持有至到期投资利息收入的核算

根据约定，2013 年 12 月 31 日，小美公司按期收到 C 公司支付的第 1 年债券利息 118 000 元，并按照摊余成本和实际利率确认的投资收益为 200 000 元。

2014 年 12 月 31 日，小美公司按期收到 C 公司支付的第 2 年债券利息 118 000 元，并按照摊余成本和实际利率确认的投资收益为 208 000 元。

2015 年 12 月 31 日，小美公司按期收到 C 公司支付的第 3 年债券利息 118 000 元，并按照摊余成本和实际利率确认的投资收益为 217 220 元。

2016 年 12 月 31 日，小美公司按期收到 C 公司支付的第 4 年债券利息 118 000 元，并按照摊余成本和实际利率确认的投资收益为 227 142 元。

对于这笔债券投资的利息收入，小美应如何编制会计分录？

小美:关键是要确认"持有至到期——利息调整"的金额是多少。本来向 C 公司收取的第 1 年债券利息为 118 000 元(2 500 000×4.72%),但是按照摊余成本和实际利率计算确定的投资收益为 200 000 元(2 000 000×10%),也就是实际利息收入;应收利息和实际利息收入这两个金额并不相等,这个差额 82 000 元就是第 1 年的利息调整啦……

(1) 2013 年 12 月 31 日,确认 C 公司债券实际利息收入

借:应收利息——C 公司　　　　　　　　　　　　118 000
　　持有至到期投资——C 公司债券——利息调整　82 000
　　贷:投资收益——C 公司债券　　　　　　　　　　　200 000

收到债券利息时:
借:其他货币资金——存出投资款　　　　　　　　118 000
　　贷:应收利息——C 公司　　　　　　　　　　　　118 000

(2) 2014 年 12 月 31 日,确认 C 公司债券实际利息收入

借:应收利息——C 公司　　　　　　　　　　　　118 000
　　持有至到期投资——C 公司债券——利息调整　90 200
　　贷:投资收益——C 公司债券　　　　　　　　　　　208 200

收到债券利息时:
借:其他货币资金——存出投资款　　　　　　　　118 000
　　贷:应收利息——C 公司　　　　　　　　　　　　118 000

(3) 2015 年 12 月 31 日,确认 C 公司债券实际利息收入

借:应收利息——C 公司
　　持有至到期投资——C 公司债券——利息调整
　　贷:投资收益——C 公司债券

收到债券利息时:
借:其他货币资金——存出投资款
　　贷:应收利息——C 公司

(4) 2016 年 12 月 31 日,确认 C 公司债券实际利息收入

借:应收利息——C 公司
　　持有至到期投资——C 公司债券——利息调整
　　贷:投资收益——C 公司债券

收到债券利息时：
借：其他货币资金——存出投资款
　　贷：应收利息——C公司
亲爱的同学们，你们明白持有至到期投资债券利息收入该怎么记账了吗？快快帮小美完成2015年、2016年的会计分录吧！

2. 持有至到期投资的减值

在资产负债表日，持有至到期投资的账面价值高于预计未来现金流量现值的，企业应当将该持有至到期投资的账面价值减记至预计未来现金流量现值，将减记的金额作为资产减值损失进行会计处理，计入当期损益，同时计提相应的资产减值准备。

已计提减值准备的持有至到期投资价值以后又得以恢复的，应当在原已计提的减值准备金额内予以转回，转回的金额计入当期损益。

企业应当设置"持有至到期减值准备"科目，核算计提的持有至到期投资减值准备，贷方登记已计提的持有至到期；借方登记实际发生的持有至到期投资减值损失金额和转回的持有至到期投资减值准备金额，期末余额一般在贷方，反映企业已计提但尚未转销的持有至到期投资减值准备。

计提持有至到期投资资产减值准备的会计处理归纳如表3.5所示。

表 3.5

项目	科目	方向	金额
资产负债表日持有至到期投资发生减值损失	资产减值损失——计提的持有至到期投资减值准备	借	预计未来现金流量现值－账面价值
	持有至到期投资减值准备	贷	

转回持有至到期投资资产减值准备的会计处理归纳如表3.6所示。

表 3.6

项　　目	科　　目	方　　向	金　　额
资产负债表日持有至到期投资的减值恢复	持有至到期投资减值准备	借	已经恢复的金额，在不超过原来已计提的减值准备金额范围内
	资产减值损失——计提的持有至到期投资减值准备	贷	

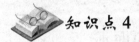

知识点 4

持有至到期投资的出售

企业出售持有至到期投资时，应当将取得的价款与账面价值之间的差额作为投资损益进行会计处理。如果对持有至到期投资计提了减值准备，还应当同时结转减值准备。

企业出售持有至到期投资会计处理归纳如表 3.7 所示。

表 3.7

项　　目	科　　目	方　　向	金　　额
收到出售价款	银行存款	借	实际收到的金额
结转账面余额	持有至到期投资——成本、利息调整、应计利息	贷	账面余额
计算投资收益	投资收益	贷或借	差额

> **演练 7　持有至到期投资出售的核算**
>
> 2016 年 1 月 5 日，小美公司将所持有的 12 500 份 C 公司债券全部出售，取得价款 2 400 000 元。在该日，小美公司该债券投资的账面余额为 2 380 562 元，其中：成本明细科目为借方余额 2 500 000 元，利息调整明细科目为贷方余额 119 438 元。假定该债券投资在持有期间未发生减值。
>
> 小美应编制如下会计分录：

借:其他货币资金——存出投资款　　　　　2 400 000
　　持有至到期投资——C公司债券——利息调整　119 438
　贷:持有至到期投资——C公司债券——成本　2 500 000
　　投资收益——C公司债券　　　　　　　　　19 438

亲爱的同学们,你们能说说19 438元的"投资收益"是怎样计算出来的吗?

任务四　可供出售金融资产:两面派

学长:可供出售金融资产,在会计核算上可谓是脚踏两只船,所以,要掌握好运动派——交易性金融资产、宅人派——可供出售金融资产这两人的会计核算要诀,才能轻松搞定可供出售金融资产这个"两面派"。

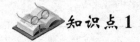

知识点1

可供出售金融资产

为了反映和监督可供出售金融资产的取得,收取现金股利或利息和出售等情况,企业应当设置"可供出售金融资产""资本公积——其他资本公积""投资收益"等科目进行核算。

1. 科目一:可供出售金融资产

"可供出售金融资产"科目核算企业持有的可供出售金融资产的公允价值。

"可供出售金融资产"科目的借方登记可供出售金融资产的取得成本,资产负债表日其公允价值高于账面余额的差额、可供出售金融资产转回的减值损失等;贷方登记资产负债表日其公允价值低于账面余额的差额、可供出售金融资产发生的减值损失、出售可供出售金融资产时结转的成本和公允价值变动。

企业应当按照可供出售金融资产的类别和品种,分别设置"成本""利息调整""应计利息""公允价值变动"等明细科目进行核算。

2. 科目二：资本公积——其他资本公积

"资本公积——其他资本公积"等科目核算企业可供出售金融资产公允价值变动而形成的应计入所有者权益的利得或损失等。

"资本公积——其他资本公积"科目的借方登记资产负债表日企业持有的可供出售金融资产的公允价值低于账面余额的差额等；贷方登记资产负债表日企业持有的可供出售金融资产的公允价值高于账面余额的差额等。

可供出售金融资产发生减值的，也可以单独设置"可供出售金融资产减值准备"科目。

讨论

小美：小贵，你还记得可供出售金融资产的内容吗？

小贵：我记得债券投资、股票投资、基金投资，如果没有被划分为交易性金融资产或者持有至到期投资，就可以归入可供出售金融资产。

小美：恩，你有没有发现可供出售金融资产的会计核算方法又有一些不同了？

小贵：从会计科目上来看是这样的。你看"资本公积——其他资本公积"这个科目，如果我的股票投资归类为可供出售金融资产的话，股票市价的变动就不是记入利润表项目"公允价值变动损益"，而是记入资产负债表项目"资本公积——其他资本公积"了。

小美：不过，类似交易性金融资产的核算办法，可供出售金融资产还是要以公允价值计量、反映股票市价的。可是刚才我的债券如果从交易性金融资产划分为持有至到期投资的话，得按"面值"计算初始成本，不再是市价了；如果我把它划分为可供出售金融资产，不知道是该按什么来计算了。

小贵：可供出售金融资产在取得时的交易费用、应收利息、应收股利会怎么处理呢？

可供出售金融资产的取得

企业取得的可供出售金融资产应当按照公允价值计量，取得可供出售金融资产所发生的交易费用应当计入可供出售金融资产的初始入账金额。

企业取得可供出售金融资产支付的价款中包含已宣告但尚未发放的现金股利

或已到付息期但尚未取得的债券利息,应当单独确认为应收项目,不构成可供出售金融资产的初始入账金额。

企业取得可供出售的金融资产,应当按照金融资产取得时的公允价值与交易费用之和,借记"可供出售金融资产——成本"科目,按照支付的价款中包含的已宣告但尚未发放的现金股利,借记"应收股利"科目,按照实际支付的金额,贷记"其他货币资金——存出投资款"等科目。

企业取得的可供出售金融资产为债券投资的,应当按照该债券的面值,借记"可供出售金融资产——成本"科目,按照实际支付的金额,贷记"银行存款"等科目,按照其差额,借记或贷记"可供出售金融资产——利息调整"科目。

可供出售金融资产取得时的会计处理归纳如表3.8所示。

表3.8

项目	科目	方向	金额
可供出售金融资产 (非债券投资)	可供出售金融资产——成本	借	公允价值+交易费用
	应收股利	借	已宣告但尚未发放的金额
	其他货币资金——存出投资款	贷	实际支付的金额
可供出售金融资产 (债券投资)	可供出售金融资产——成本	借	面值
	应收利息	借	已宣告但尚未发放的金额
	银行存款	贷	实际支付的金额
	可供出售金融资产——利息调整	借或贷	差额

讨论

小美:我的债券如果划分为可供出售金融资产的话,交易费用也是要计入债券投资的初始入账金额的。

小贵:我的股票如果划分为可供出售金融资产的话,取得时的交易费用处理是不一样的,在这里要计入初始入账金额;但如果作为交易性金融资产,则要计入投资收益。

亲爱的同学们,有没有感到混淆呢?下面我们来看看,小贵和小美的投资如果是划分为可供出售金融资产的,会计处理会有什么不同呢?

演练8 可供出售金融资产取得的核算

☞情景1

2013年1月20日,小贵公司从上海证券交易所购入A上市公司股票1 000 000股,并将其划分为可供出售金融资产。该笔股票投资在购买日的公允价值为10 000 000元,另支付相关交易费用金额为25 000元。

小贵编制了如下会计分录:

(1) 2013年1月20日,购买A上市公司股票时

借:可供出售金融资产——A上市公司——成本　10 000 000
　　贷:其他货币资金——存出投资款　　　　　　　　10 000 000

(2) 支付相关交易费用时

借:可供出售金融资产——A上市公司——成本　25 000
　　贷:其他货币资金——存出投资款　　　　　　　　25 000

☞情景2

2013年1月1日,小美公司购入P公司发行的公司债券,该笔债券于2012年7月1日发行,面值为25 000 000元,票面利率为4%。上年债券利息于下年年初支付。

小美公司将其划分为可供出售金融资产,支付价款为26 000 000元(其中包含已到付息期但尚未领取的债券利息500 000元),另支付交易费用300 000元。

2013年1月8日,小美公司收到该笔债券利息500 000元。

2014年年初,小美公司又收到债券利息1 000 000元。

小美编制了如下会计分录:

(1) 2013年1月1日,购入P公司的公司债券时

借:可供出售金融资产——P公司债券——成本　25 000 000
　　　　　　　　　　　——P公司债券——利息调整　800 000
　　应收利息——P公司　　　　　　　　　　　　　　500 000
　　贷:其他货币资金——存出投资款　　　　　　　　26 300 000

(2) 2013年1月8日,收到购买价款中包含的已到付息期但尚未领取的
　　债券利息时

借:其他货币资金——存出投资款　　　　　　　　500 000
　　　　贷:应收利息——P公司　　　　　　　　　　　　　500 000
　(3) 2013年12月31日,对P公司的公司债券确认利息收入时
　　借:应收利息——P公司　　　　　　　　　　　　1 000 000
　　　　贷:投资收益　　　　　　　　　　　　　　　　　1 000 000
　(4) 2014年年初,收到持有P公司的公司债券利息时
　　借:其他货币资金——存出投资款　　　　　　　　1 000 000
　　　　贷:应收利息——P公司　　　　　　　　　　　　1 000 000
　亲爱的同学们,可供出售金融资产与交易性金融资产的会计核算方法有什么不同呢?

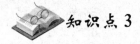

知识点3

可供出售金融资产的持有

　　企业在持有可供出售金融资产的会计期间,所涉及的会计处理主要有三个方面:一是在资产负债表日确认债券利息收入;二是在资产负债表日反映其公允价值变动;三是在资产负债表日核算可供出售金融资产发生的减值损失。

　　(1)企业在持有可供出售金融资产期间取得的现金股利或债券利息,应当作为投资收益进行会计处理。

　　可供出售金融资产为分期付款、一次还本券投资的,在资产负债表日,企业应当按照可供出售金融资产的面值和票面利率计算确定的应收未收利息,借记"应收利息"科目,按照可供出售债券的摊余成本和实际利率计算确定的利息收入,贷记"投资收益"科目,按照其差额,借记或贷记"可供出售金融资产——利息调整"科目,可以参考"持有至到期投资持有"的处理方式。

　　可供出售金融资产为一次还本付息债券投资的,在资产负债表日,企业应当按照可供出售金融资产的面值和票面利率计算确定的应收未收利息,借记"可供出售金融资产——应收利息"科目,按照可供出售债券的摊余成本和实际利率计算确定的利息收入,贷记"投资收益"科目,按照其差额,借记或贷记"可供出售金融资产——利息调整"科目。

　　以上处理归纳对比如表3.9所示。

表 3.9

项　目	科　目	方向	金　额
可供出售金融资产（分期付息、一次还本债券投资）	应收利息	借	面值×票面利率
	投资收益	贷	摊余成本×实际利率
	可供出售金融资产——利息调整	借或贷	二者差额
可供出售金融资产（一次还本付息债券投资）	可供出售金融资产——应收利息	借	面值×票面利率
	投资收益	贷	摊余成本×实际利率
	可供出售金融资产——利息调整	借或贷	二者差额

(2) 在资产负债表日,可供出售金融资产应当按照公允价值计量,可供出售金融资产公允价值变动应当作为其他综合收益,计入所有者权益,不构成当期利润。

在资产负债表日,可供出售金融资产的公允价值高于其账面余额的差额时,借记"可供出售金融资产——公允价值变动"科目,贷记"资本公积——其他资本公积"科目;公允价值低于其账面余额的差额时则做相反的会计分录。

演练 9　可供出售金融资产持有的核算

我们继续演练 8 中小美的债券投资,作为可供出售金融资产,在持有期间应该如何核算?

2013 年 6 月 30 日,小美公司购买的 P 公司债券的公允价值(市价)为 27 800 000 元;2013 年 12 月 31 日,小美公司购买的 P 公司债券的公允价值(市价)为 25 600 000 元。假定不考虑其他因素。

小美应如何编制会计分录呢?

(1) 2012 年 6 月 30 日,确认 P 公司债券的公允价值变动时

借:可供出售金融资产——公允价值变动　　　　2 000 000*

　　贷:资本公积——其他资本公积——可供出售金融资产公允价值变动

　　　　　　　　　　　　　　　　　　　　　　2 000 000

(2) 2012 年 12 月 31 日,确认 P 公司债券的公允价值变动时

借:可供出售金融资产——公允价值变动　　　　2 200 000**

　　贷:

---

* 当前 6 月 30 日市价 27 800 000 −(成本 25 000 000 + 利息调整 800 000)=公允价值变动 2 000 000。

** 12 月 31 日市价 25 600 000 − 前次确认的账面余额 27 800 000 = 公允价值变动 2 200 000(贷方)。

亲爱的同学们,这里的会计分录是不是似曾相识呢?大家可以参考演练3,想想小美的债券投资划分为交易性金融资产和可供出售金融资产时,会计处理会有哪些不同呢?

(3) 在资产负债表日,确定可供出售金融资产发生减值的,应当将减记的金额作为资产减值损失进行会计处理,同时直接冲减可供出售金融资产或计提相应的资产减值准备。对于已确认减值损失的可供出售金融资产,在随后会计期间内公允价值已上升且客观上与确认原减值准备事项有关的,应当在原已确认的减值损失范围内转回,同时调整资产减值损失或所有者权益。

① 在资产负债表日,确定可供出售金融资产发生减值的,应当按照应减记的金额,借记"资产减值损失"科目,按照应从所有者权益中转出原来计入资本公积的累计损失金额,借记"资本公积——其他资本公积"科目,按照其差额,贷记"可供出售金额资产——减值准备"科目。

② 对于已确认减值损失的可供出售金融资产,在随后会计期间内公允价值已上升且客观上与确认原减值损失事项有关的,应当在原已确认的减值损失范围内按已恢复的金额,借记"可供出售金融资产——减值准备"科目,贷记"资产减值损失"科目;但可供出售金融资产为股票等权益工具投资的,借记"可供出售金融资产——减值准备科目",贷记"资本公积——其他资本公积"科目。

可供出售金融资产的出售

企业出售可供金融资产,应当将取得的价款与账面余额之间的差额作为投资损益进行会计处理,同时,将原来计入该金融资产的公允价值变动转出,由资本公积转为投资收益。

如果对可供出售金融资产计提了减值准备,还应当同时结转减值准备。

企业可供出售金融资产应当按照实际收到的金额,借记"其他货币资金——存出投资款"等科目,按该可供出售金融资产的账面余额,贷记"可供出售金融资产——成本""公允价值变动""利息调整""应计利息"科目,按照其差额,贷记或借记"投资收益"科目。同时,按照应从所有者权益中转出的公允价值累计变动额,借记或贷记"资本公积——其他资本公积"科目,贷记或借记"投资收益"科目。

项目四　杜十娘的百宝箱——存货

任务书

任务名称	杜十娘的百宝箱——存货		任务编号	004	时间要求	6课时
要　求	1. 掌握存货成本的确定； 2. 掌握发出存货的计价方法； 3. 掌握存货的清查； 4. 掌握原材料、库存商品、周转材料、委托加工物资的核算					
培养目标	让学生掌握工业企业中存货成本的确定，发出存货的计价，存货的清查以及原材料、库存商品、周转材料、委托加工物资的核算					
教学地点	教室					
教学设备	投影设备、投影幕布、电脑					
训　练　内　容							
1. 存货成本的确定； 2. 发出存货的计价方法； 3. 存货的清查； 4. 原材料、库存商品、周转材料、委托加工物资的核算						
训　练　要　求							
1. 要求学生能够说明存货成本的构成内容以及确定方法； 2. 要求学生能够选择发出存货的计价方法并进行存货的发出计价； 3. 要求学生能够阐述存货的清查方法并开展清查						
成果要求及评价标准							
1. 掌握存货成本的确定(30分) 2. 掌握发出存货的计价方法(50分) 3. 掌握存货的清查(20分)						

续表

任务产出一	成员姓名与分工	组长	学号	分工
		成员1	学号	
		成员2	学号	
		成员3	学号	
		成员4	学号	
		成员5	学号	
		成员6	学号	
任务产出二	1. 存货的概念,对存货成本进行确认(20分) 2. 发出存货的个别计价法(10分) 3. 发出存货的先进先出法(10分) 4. 发出存货的月末一次加权平均法(10分) 5. 发出存货的移动加权平均法(10分) 6. 实际成本法购入与发出原材料的核算,计划成本法购入与发出原材料的核算(10分) 7. 库存商品的内容及核算(10分) 8. 包装物的账务处理和低值易耗品的账务处理(5分) 9. 委托加工物资的成本计算和账务处理(5分) 10. 对存货的清查和减值方法(10分)			
项目组评价				总分
教师评价				

 案例导入

存货控制 不容小觑

广西贵糖(集团)股份有限公司简称贵糖股份(A股代码:000833),前身是广西贵县糖厂,于1956年建成投产。1994年完成股份制改造,组建成定向募集的广西贵糖(集团)股份有限公司。1998年11月11日贵糖股票在深圳证交所成功上市。

贵糖股份是全国100家现代企业制度试点单位和512家重点扶持企业之一,主营食糖、纸、酒精及轻质碳酸钙的制造和销售,是我国最大的制糖综合生产企业

之一。公司白砂糖的质量连续多年被评为行业第一,文化、生活用纸质量也得到了市场的认可。

2013年4月,贵糖股份被致同出具否定意见内部控制审计报告,成为继新华制药之后我国第二家被出具否定意见内控审计报告的上市公司。

与此同时,贵糖股份相关公告显示,2012年贵糖股份突击计提存货跌价准备,存在减值情况的原辅材料、备品备件及零配件等账面价值为1394.31万元,预计未来净现金流量为7877.40万元,减值损失为2516.90万元;产成品的减值损失为2068.96万元。

值得关注的是,不少原辅材料早在2011年度以前就应该计提存货跌价损失,如包装物糖袋就有2009年以前的积压品,因积压时间长,塑料已出现风化碎裂现象;包装物积压中,2003~2009年积压金额为119.82万元,为2010~2012年积压金额的3.54倍;机械热磨浆板2011.98吨的积压是从2011年9月开始至2012年12月止,一年多时间生产上仅领用了17吨,几乎是全部积压,因长期不用,在露堆垛中风吹雨淋日晒,浆板出现潮湿返黄、破溶、溶烂;此外,无法再使用及可使用的备品备件及零配件,三年以上的积压占比达79.47%。

一家行业龙头企业,为何存货管理出现如此大的疏漏呢?经研究发现,其原因主要有如下几方面:

1. 存货储量不合理,资金占用过大

根据贵糖股份2012年年报计算,存货占流动资产比重为56.6%,其存货主要由原材料和库存商品构成,账面余额占存货账面余额的比重高达96%。

2. 存货积压现象严重,原材料和产成品均存在大量积压

由于贵糖股份主营业务为制糖和造纸,产品和技术更新较快,使得部分库存原材料不适应新产品的生产需要,产生原材料积压;同时,纸产品市场低迷,需求萎缩,导致销售受挫,使纸产品出现积压及减值。

3. 存货验收入库控制管理薄弱

缺乏有效的存货验收入库控制,导致部分暂估入账的大宗原材料缺乏原始凭证,从而使存货计价、成本结转等后续会计业务核算丧失准确性。

4. 存货仓储保管不善,使得存货质量降低

由于保管不善,致使贵糖的原材料出现不同程度的毁损,如包装物塑料糖袋风化碎裂,造纸原材料浆板潮湿返黄、破溶、溶烂等。

5. 存货清查盘点管控不严,跌价准备计提不及时

年报显示贵糖股份存货盘点采用永续盘存法,按此方法,存货收入、发出的数量、金额应逐笔逐日记录，且应不定期实地盘点，将实际盘存数与账面结存数核对。根据贵糖股份披露的相关公告可知，其在2012年财务报告被外审机构提出修改意见后，才对以前年度存货进行追溯调整、集中计提跌价准备，可见贵糖股份并未严格按照永续盘存法对存货进行盘点，且期末未及时进行资产减值测试，导致跌价准备计提严重滞后。

6. 存货处置控制失当，有损企业经营管理

在贵糖股份的存货中，原材料、产成品存在大量积压，2012年以前年度中，贵糖股份采取挂账方式而不予处理，这样做表面上不会减少当期收益，但实际上损失是客观存在的。贵糖股份2012年财务报告经致同审计后，被要求对以前年度差错追溯更正，直接调减2011年度净利润近50%。从其2010~2012年连续三年的经营成果来看，主营业务收入、净利润连续三年下跌，2012年度归属于上市公司股东的扣除非经常性损益的净利润同比下降高达165.99%，可见其存货处置不当对公司经营的不良影响是持续不断的。

（资料来源：宋晶晶.存货控制不容小觑：贵糖股份内控审计案例分析[J].中小企业管理与科技，2013(6)：66-67.）

背景知识

学长：存货是指企业中用于出售的产品，是企业生产经营中的主力军。它不仅在企业营运资本中占很大比重，而且又是流动性较差的流动资产。因而存货管理非常重要，贵糖股份就是前车之鉴哪！

小美：学长，贵糖股份的存货有好多种啊，跟百宝箱一样，原材料、包装物、零配件……这么多，我们怎么样才能管理好呢？

学长：我们如果能对企业的供产销流程和生产制造流程有所了解，知道企业买进什么原材料、生产出什么产品、在产品是什么，不同的物资各自有什么特性，要怎么储藏、管理，就能更好地做好会计工作。

小贵：我们可以从贵糖股份失误的原因入手来学习存货管理，比如包括验收入库、仓储保管、清查盘点、处置等几个环节，每个环节都要做好管理工作，才能将庞大的存货管理好。

亲爱的同学们，你们准备好探索"百宝箱"的秘密了吗？

任务一 "百宝箱"的秘密

存货的内容

存货是指企业在日常活动中持有以备出售的产品或商品、处在生产过程中的在产品、在生产过程或提供劳务过程中耗用的材料或物料等,包括各类原材料、在产品、半成品、产成品、商品以及包装物、低值易耗品、委托代销商品等。

存货成本的确定

存货应当按照成本进行初始计量。

存货成本包括采购成本、加工成本和其他成本(图4.1)。

采购成本	加工成本	其他成本
•购买价款、相关税费、运输费、装卸费、保险费、仓储费、包装费、挑选整理费、合理损耗等其他可以归属于存货采购成本的费用	•加工过程中发生的职工薪酬、制造费用等	•采购成本、加工成本以外的,使存货达到目前场所和状态所发生的其他支出

图4.1 存货成本的构成

1. 存货的采购成本

存货的采购成本,包括购买价款、相关税费、运输费、装卸费、保险费以及其他可归属于存货采购成本的费用。

其中,存货的购买价款是指企业购入的材料或商品的发票账单上列明的价款,但不包括按照规定可以抵扣的增值税税额。

存货的相关税费是指企业购买存货发生的进口关税、消费税、资源税和不能抵扣的增值税进项税额以及相应的教育费附加等应计入存货采购成本的税费。

其他可归属于存货采购成本的费用是指采购成本中除上述各项以外的可归属于

存货采购的费用,如在存货采购过程中发生的仓储费、包装费、运输途中的合理损耗、入库前的挑选整理费用等。运输途中的合理损耗,是指商品在运输过程中,因商品性质、自然条件及技术设备等因素所发生的自然的或不可避免的损耗。例如,汽车在运输煤炭、化肥等过程中的自然散落以及易挥发产品在运输过程中的自然挥发。

商品流通企业在采购商品过程中发生的运输费、装卸费、保险费以及其他可归属于存货采购成本的费用等进货费用,应当计入存货采购成本,也可以先进行归集,期末根据所购商品的存销情况进行分摊。对于已售商品的进货费用,计入当期损益;对于未售商品的进货费用,计入期末存货成本。企业采购商品的进货费用金额较小的,可以在发生时直接计入当期损益。

2. 存货的加工成本

存货的加工成本是指在存货的加工过程中发生的追加费用,包括直接人工以及按照一定方法分配的制造费用。

直接人工是指企业在生产产品和提供劳务过程中发生的直接从事产品生产和劳务提供人员的职工薪酬。

制造费用是指企业为生产产品和提供劳务而发生的各项间接费用。

3. 存货的其他成本

存货的其他成本是指除采购成本、加工成本以外的,使存货达到目前场所和状态所发生的其他支出。企业设计产品发生的设计费用通常应计入当期损益,但是为特定客户设计产品所发生的、可直接确定的设计费用应计入存货的成本。

4. 实务中成本的确定原则

存货的来源不同,其成本的构成内容也不同。原材料、商品、低值易耗品等通过购买而取得的存货的成本由采购成本构成;产成品、在产品、半成品等自制或需委托外单位加工完成的存货的成本由采购成本、加工成本以及使存货达到目前场所和状态所发生的其他支出构成。实务中具体按以下原则确定:

(1) 购入的存货,其成本包括:买价、运杂费(包括运输费、装卸费、保险费、包装费、仓储费等)、运输途中的合理损耗、入库前的挑选整理费用(包括挑选整理中发生的工费支出和挑选整理过程中发生的数量损耗,并扣除回收的下脚废料价值)以及规定应计入成本的税费和其他费用。

(2) 自制的存货,包括自制原材料、自制包装物、自制低值易耗品、自制半成品及库存商品等,其成本包括直接材料、直接人工和制造费用等的各项实际支出。

(3) 委托外单位加工完成的存货,包括加工后的原材料、包装物、低值易耗品、半成品、产成品等,其成本包括实际耗用的原材料或者半成品、加工费、装卸费、保险费、委托加工的往返运输费等费用以及按规定应该计入成本的税费。

但是,下列费用不应计入存货成本,而应该在它们发生时计入当期损益:

(1) 非正常消耗的直接材料、直接人工和制造费用,应该在发生时计入当期损益,不应该计入存货成本。比如因自然灾害而发生的直接材料、直接人工和制造费用,由于这些费用的发生无助于使该存货达到目前场所和状态,因此不应计入存货成本,应确认为当期损益。

(2) 仓储费用指企业在存货采购入库后发生的储存费用,应该在发生时计入当期损益。但是,在生产过程中为达到下一个生产阶段所必需的仓储费用应计入存货成本。如某种酒类产品生产企业为使生产的酒达到规定的产品质量标准而必须发生的仓储费用,应计入酒的成本,而不应计入当期损益。

(3) 不能归属于使存货达到目前场所和状态的其他支出,应在发生时计入当前损益,不得计入存货成本。

知识点3

发出存货的计价方法

实务中,企业发出的存货可以按实际成本核算,也可以按计划成本核算。如采用计划成本核算,会计期末应调整为实际成本。对于性质和用途相同的存货,应当采用相同的成本计算方法确定发出存货的成本。

在实际成本核算方式下,企业可以采用的发出存货成本的计价方法包括个别计价法、先进先出法、月末一次加权平均法和移动加权平均法等。

1. 个别计价法

个别计价法也叫个别认定法、具体辨认法、分批实际法,这种方法是按照各种存货逐一辨认各批发出存货和期末存货所属的购进批次或生产批次,分别按照其购入或生产时所确定的单位成本计算各批发出存货和期末存货的成本。即把每一种存货的实际成本作为发出计算发出存货和期末存货的成本的基础。

这种方法工作量大,适用于能够明显区分的贵重商品,如珠宝、名画等。

2. 先进先出法

先进先出法是假定先购入的存货最先发出。在这种方法下,收入存货时,逐笔登记收入存货的数量、单价和金额;发出存货时,按照先买进的先卖出的原则,逐笔登记存货的发出成本和结存金额。

这种方法工作量大,也可能会扭曲存货成本。具体来说,在物价持续上涨时,期末存货成本接近市场价格,发出成本就会偏低,因而会高估企业当期利润和库存存货价值;反之,则会低估企业当期利润和存货价值。

3. 月末一次加权平均法

月末一次加权平均法是以一个月为单位,把本月存货的总成本除以本月存货的总数量,得到一个加权平均价格,本月所有存货的成本都以这个加权平均价格来计算。

$$存货单位成本 = \frac{月初存货结存金额 + 本月购入存货金额}{月初存货结存数量 + 本月购入存货数量}$$

本月发出存货成本 = 存货单位成本 × 本月发出存货数量

本月月末库存存货成本 = 存货单位成本 × 月末库存存货数量

4. 移动加权平均法

移动加权平均法与月末一次加权平均法的基本思想一致,不同的是,这种方法下进行加权平均的时点不是月末,而是每次进货时,以每次进货的成本加上本次进货之前原有库存存货的成本,除以本次进货的数量和原有库存的数量,得到一个加权平均;每进货一次,存货单位成本就重新加权平均一次,因而叫"移动"加权平均。

$$存货单位成本 = \frac{原有存货库存成本 + 本次进货的实际成本}{原有库存存货数量 + 本次进货数量}$$

本月发出存货成本 = 存货单位成本 × 本月发出存货数量

本月月末库存存货成本 = 存货单位成本 × 月末库存存货数量

演练 1 四种存货计价方法的对比

表 4.1 是甲公司 2013 年 5 月份 D 商品的收入、发出以及购进单位成本明细账。从账簿中可以看到,D 商品月初结存 150 件,单价是 10 元,结存金额为 1 500 元。随着经营活动的开展,D 商品陆续购入、销售。

甲公司 5 月 11 日卖出 200 件 D 商品。在以上四种计价方法下,这 200 件 D 商品的成本分别是多少?

项目四 杜十娘的百宝箱——存货

表 4.1 D商品购销明细账　　　　　　　　　金额单位：元

日期		摘要	收入			发出			结存		
月	日		数量	单价	金额	数量	单价	金额	数量	单价	金额
5	1	期初余额							150	10	1500
	5	购入	100	12	1 200				250		
	11	销售				200			50		
	16	购入	200	14	2 800				250		
	20	销售				100			150		
	23	购入	100	15	1 500				250		
	27	销售				100			150		
	31	本期合计	400	—	5 500	400	—		150		

☞ 情景1　个别计价法

经过仓库发货员的仔细辨认,5月11日发出的200件商品中,有100件是5月1日结存的,单价为10元;有100件是5月5日新购入的,单价为12元。所以在个别计价法下,5月11日发出的200件商品,其成本为:

$$100 \times 10 + 100 \times 12 = 2\ 200(元)$$

☞ 情景2　先进先出法

按照先进先出的原则,5月11日发出的200件商品中,我们认为首先是5月1日的150件被卖出了,然后是5月5日新购入的100件中卖出了50件,所以在先进先出法下,5月11日发出的200件商品,其成本为:

$$150 \times 10 + 50 \times 12 = 2\ 100(元)$$

☞ 情景3　月末一次加权平均法

到了5月31日,根据购销明细账簿"期初余额"和"本期合计",计算5月份D商品的平均单位成本=$(1\ 500+5\ 500)/(400+150) \approx 12.73(元)$,所以在月末一次加权平均法下,5月11日发出的200件商品,其成本为:

$$200 \times 12.73 = 2\ 546(元)$$

☞情景4　移动加权平均法

5月11日发出D商品之前,5月5日有一次进货,根据明细账的购销金额、数量,可以算出最新的移动加权平均价格为:(1 500+1 200)/(150+100)=10.8(元)。所以在移动加权平均法下,5月11日发出的200件商品,其成本为:

$$200 \times 10.8 = 2\ 160(元)$$

亲爱的同学们,上面四种计价方法中,哪种方法下5月11日发出的200件D商品成本最高?哪种最低?

任务二　宝物一:原材料

原材料的内容

原材料是指企业在生产过程中经过加工改变其形态或性质并构成产品主要实体的各种原料、主要材料和外购半成品,以及不构成产品实体但有助于产品形成的辅助材料。

原材料具体包括原料及主要材料、辅助材料、外购半成品(外购件)、修理用备件(备品备件)、包装材料、燃料等。白酒生产企业常见原材料见图4.2。

图4.2　白酒生产企业常见原材料

知识点 2

原材料核算

原材料的日常收发及结存可以采用实际成本法核算,也可以采用计划成本法核算。

1. 实际成本法

材料采用实际成本核算时,材料的收发及结存,无论总分类核算还是明细分类核算,均按照实际成本计价。使用的会计科目有"原材料""在途物资"等,"原材料"科目的借方、贷方及余额均以实际成本计价,不存在成本差异的计算与结转问题。

在实务工作中,对于材料收发业务较多并且计划成本资料较为健全、准确的企业,一般可以采用计划成本进行材料收发的核算。

企业实际采购过程中,原材料入库时间与付款时间可能一致,也可能超前、滞后,相应的账务处理程序便有所不同(图 4.3)。

图 4.3 原材料入库时间与付款时间差异

演练 2　实际成本法购入原材料的核算

☞情景 1　发票账单与材料同时到达,材料已验收入库

甲公司购入 C 材料一批,增值税专用发票上注明的价款为 500 000 元,增值税税额为 85 000 元,对方垫付包装费 1 000 元,全部款项已经用转账支票支付,材料已验收入库。

甲公司应编制如下会计分录:

借:原材料——C 材料　　　　　　　　　　501 000
　　应交税费——应交增值税(进项税额)　　85 000
　　贷:银行存款　　　　　　　　　　　　　586 000

☞情景2　货款已付,材料尚未到达

甲公司采用汇兑结算方式购入D材料一批,增值税专用发票上注明的价款为20 000元,增值税税额为3 400元,支付保险费1 000元。D材料尚未到达。

甲公司应编制如下会计分录:

借:在途物资
　　应交税费——应交增值税(进项税额)
　贷:银行存款

已经付款但是材料尚未到达,或者尚未验收入库的采购业务,通过"在途物资"科目核算。待材料到达、入库后,再根据收料单,由"在途物资"科目转入"原材料"科目核算。

借:原材料——D材料　　　　　　　　　　　　21 000
　贷:在途物资　　　　　　　　　　　　　　　　21 000

☞情景3　货款尚未支付,材料已经验收入库

甲公司购入E材料一批,材料已验收入库,月末发票账单尚未收到,也无法确定实际成本,暂估价值为501 000元。

甲公司应编制如下会计分录:

借:原材料——E材料　　　　　　　　　　　　30 000
　贷:应付账款——暂估应付账款　　　　　　　　30 000

对于发票账单未到也无法确定实际成本的,期末应该按照暂估价值先入账,但在下月初做相反的会计分录予以冲回,收到发票账单后再按照实际金额记账。

下月初做相反的会计分录予以冲回:

借:应付账款——暂估应付账款
　贷:原材料——E材料

企业各生产单位及有关部门领取的材料具有种类多、业务频繁等特点。为简化核算,可以在月末根据"领料单"或"限额领料单"中有关领料的单位、部门等加以归类编制"发料凭证汇总表",据以编制记账凭证,登记入账。

发出材料实际成本的确定,可以由企业从上述个别计价法、先进先出法、月末一次加权平均法、移动加权平均法等方法中选择。计价方法一经确定,不得随意变更。如需变更,应在财务报表附注中予以说明。

演练3 实际成本法发出原材料的核算

甲公司根据"发料凭证汇总表"的记录,1月份基本生产车间领用F材料500 000元,辅助生产车间领用F材料40 000元,车间管理部门领用F材料5 000元,企业行政管理部门领用F材料4 000元,总计549 000元。

甲公司应编制如下会计分录:
借:生产成本——基本生产成本
　　　　　——辅助生产成本
　　制造费用
　　管理费用
　　贷:原材料——F材料　　　　　　　　549 000

2. 计划成本法

材料采用计划成本核算时,材料的收发及结存,无论总分类核算还是明细分类核算,均按照计划成本计价。

使用的会计科目有"原材料""材料采购""材料成本差异"等。材料实际成本与计划成本的差异,通过"材料成本差异"科目核算。

(1) 购入材料,按照实际成本,通过"材料采购"科目核算。

(2) 材料验收入库,按照计划成本,借记"原材料"科目,贷记"材料采购"科目。

(3) 结转成本差异,实际成本大于计划成本的差异(超支),借记"材料成本差异"科目,贷记"材料采购"科目;实际成本小于计划成本的差异(节约),借记"材料采购"科目,贷记"材料成本差异"科目。

月末,计算本月发出材料应负担的成本差异并进行分摊,根据领用材料的用途计入相关资产的成本或者当期损益,从而将发出材料的计划成本调整为实际成本。

演练4 计划成本法购入原材料的核算

☞情景1　发票账单与材料同时到达,材料已验收入库

甲公司购入H材料一批,增值税专用发票上注明的价款为3 000 000元,增值税税额为510 000元,发票账单已收到,计划成本为3 200 000元,已验收入库,全部款项以银行存款支付。

甲公司应编制如下会计分录:

(1) 采购时,登记实际成本
借:材料采购——H 材料　　　　　　　　3 000 000
　　应交税费——应交增值税(进项税额)　510 000
　　贷:银行存款　　　　　　　　　　　　　3 510 000
(2) 入库时,以计划成本登记
借:原材料——H 材料　　　　　　　　　3 200 000
　　贷:银行存款　　　　　　　　　　　　　3 200 000
(3) 结转材料成本差异
借:材料采购——H 材料　　　　　　　　　200 000
　　贷:材料成本差异——H 材料　　　　　　　200 000

☞情景 2　货款已付,材料尚未到达

甲公司采用汇兑结算方式购入 I 材料一批,增值税专用发票上注明的价款为 200 000 元,增值税税额为 34 000 元,发票账单已经收到,计划成本为 180 000 元,材料尚未入库,款项已用银行存款支付。

甲公司应编制如下会计分录:
借:材料采购——I 材料
　　应交税费——应交增值税(进项税额)
　　贷:银行存款

计划成本法下,购入的材料不论是否验收入库,都要先通过"材料采购"科目进行核算,以反映企业所购材料的实际成本,从而与"原材料"科目相比较,计算确定材料成本差异。

☞情景 3　货款尚未支付,发票账单已收到,材料已经验收入库

甲公司采用商业承兑汇票方式购入 J 材料一批,增值税专用发票上注明的价款为 500 000 元,增值税税额为 85 000 元,发票账单已收到,计划成本为 490 000 元,材料已验收入库。

(1) 采购时
借:材料采购——J 材料　　　　　　　　　500 000
　　应交税费——应交增值税(进项税额)　85 000
　　贷:应付票据　　　　　　　　　　　　　585 000

(2) 入库时

借：原材料——J 材料

　　贷：材料采购——J 材料

(3) 结转材料成本差异

借：材料成本差异——J 材料

　　贷：材料采购——J 材料

☞情景 4　货款尚未支付，发票账单未收到，材料已经验收入库

甲公司采用商业承兑汇票方式购入 K 材料一批，发票账单未收到，月末应按照计划成本 600 000 元估价入账。

甲公司应编制如下会计分录：

借：原材料　　　　　　　　　　　　　　600 000

　　贷：应付账款——暂估应付账款　　　　　600 000

对于尚未收到发票账单的收料凭证，月末应按照计划成本暂估入账，下期初做相反的分录予以冲回：

借：应付账款——暂估应付账款

　　贷：原材料

月末，企业根据领料单等编制"发料凭证汇总表"等结转发出材料的计划成本，应当根据所发出材料的用途，按计划成本分别记入"生产成本""制造费用""销售费用""管理费用"等科目，同时结转材料成本差异。

发出材料应负担的成本差异应当按期（月）分摊，不得在季末或年末一次计算。

本期材料成本差异率

$$= \frac{期初结存材料的成本差异 + 本期验收入库材料的成本差异}{期初结存材料的计划成本 + 本期验收入库材料的计划成本}$$

发出材料应负担的成本差异 = 发出材料的计划成本 × 本期材料计划差异率

如果企业的材料成本差异率各期之间是比较均衡的，也可以采用期初材料成本差异率分摊本期的材料成本差异。年度终了，应对材料成本差异率进行核实调整。

$$期初材料成本差异率 = \frac{期初结存材料的成本差异}{期初结存材料的计划成本} \times 100\%$$

发出材料应负担的成本差异 = 发出材料的计划成本 × 期初材料成本差异率

演练5　计划成本法发出原材料的核算

☞步骤1　月末根据计划成本核算

甲公司根据"发料凭证汇总表"的记录,L材料当月的消耗(计划成本)为:基本生产车间领用2 000 000元,辅助生产车间领用600 000元,车间管理部门领用250 000元,企业行政管理部门领用50 000元。

甲公司编制了如下会计分录:

借:生产成本——基本生产成本
　　　　　——辅助生产成本
　　制造费用
　　管理费用
　　贷:原材料——L材料　　　　　　　　　　　2 900 000

☞步骤2　结转材料成本差异

假设甲公司月初结存L材料的计划成本为1 000 000元,其成本差异为超支30 740元;当月入库L材料的计划成本为3 200 000元,其成本差异为节约200 000元。则:

材料成本差异率 = (30 740 − 200 000)/(1 000 000 + 3 200 000) × 100%
　　　　　　　= −4.03%

从而基本生产成本应该分摊的材料成本差异节约额为
　　　　　2 000 000 × 4.03% = 80 600(元)
辅助生产成本应该分摊的材料成本差异节约额为
　　　　　600 000 × 4.03% = 24 180(元)
制造费用应该分摊的材料成本差异节约额为
　　　　　250 000 × 4.03% = 10 075(元)
制造费用应该分摊的材料成本差异节约额为
　　　　　50 000 × 4.03% = 2 015(元)

因此,甲公司编制如下会计分录:

借:材料成本差异——L材料　　　　　　　　　　116 870
　　贷:生产成本——基本生产成本
　　　　　　　——辅助生产成本
　　　制造费用
　　　管理费用

趣话

学长：小美,计划成本法就好像你们女孩子将来长大后找对象的过程啦……

小美：啊,学长,这怎么可能?

学长：你看,你找对象的话,你妈妈一定都计划好了,要求他身高多少、房子几套、存款多少……这就叫丈母娘的"计划成本"。妈妈心里的账就是"原材料"账户,记录的是理想的版本；小美,你实际找着的对象呢,他的各项条件对应的就是"实际成本"；你手里的是那"材料采购"账户,借方反映的是你找到的对象的现实版本。

小贵：等等,学长,那我……那理想和现实的差距该怎么办呢?

学长：这好办,你得让女孩子把她妈妈手里的"计划成本"拿过来,跟"实际成本"比一比,这就是你的"材料成本差异"账户啦。你的实际条件可能高于丈母娘的期待,也可能低于丈母娘的期待,总之看看你这账户的"借""贷"两方,你就知道该怎么样扬长避短啦。

小贵：学长,在这计划成本法下我们男孩子多难呀,还是实际成本法好啦,不用考虑丈母娘的"计划成本"……

小美：那怎么行?当然计划成本好啦,有了计划成本做参考,我们女孩子"采购"对象时才不会吃大亏呢!

学长：小贵,你看小美的会计学得这么厉害,你也要赶紧加油啦!

任务三　宝物二:库存商品

库存商品的内容

库存商品是指企业已经完成全部生产过程并已验收入库、合乎标准规格和技术条件,可以按照合同规定的条件送交订货单位,或者可以作为商品对外销售的产品以及外购或者委托加工完成验收入库用于销售的各种商品(图4.4)。

图 4.4 库存商品

库存商品具体包括库存产成品、外购商品、存放在门市部准备出售的商品、发出展览的商品、寄存在外的商品、接受来料加工制造的代制品和为外单位加工修理的代修品等。已经完成销售手续但购买单位在月末还未提取的产品,不应该作为企业的库存商品,而应该作为代管商品处理,单独设置代管商品备查簿进行登记。

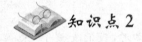

库存商品的核算

库存商品可以采用实际成本法核算,也可以采用计划成本法核算,方法与原材料类似。采用计划成本法核算时,库存商品实际成本与计划成本的差异,可以单独设置"产品成本差异"科目核算。

为了反映和监督库存商品的增减变动及其结存情况,企业设置"库存商品"科目,在借方登记验收入库的库存商品成本,贷方登记发出的库存商品成本,期末余额在借方,反映各种库存商品的实际成本或者计划成本。

下面以实例说明。

1. 验收入库商品

甲公司"商品入库汇总表"记载,某月已验收入库 Y 产品 1 000 台,实际单位成本 5 000 元,计 5 000 000 元;Z 产品 2 000 台,实际单位成本 1 000 元,计 2 000 000 元。

甲公司编制如下会计分录:

借:库存商品——Y 产品　　　　　　　　　5 000 000

　　　　——Z产品　　　　　　　　　　　　 2 000 000
　　贷:生产成本——基本生产成本——Y产品　 5 000 000
　　　　　　——基本生产成本——Z产品　　　 2 000 000

2. 发出商品

根据月末汇总的发出商品,Y产品销售了500台,Z产品销售了1 500台。结转销售成本,甲公司应该编制如下会计分录:

　　借:主营业务成本　　　　　　　　　　　　 4 000 000
　　贷:库存商品——Y产品　　　　　　　　　 2 500 000
　　　　　　——Z产品　　　　　　　　　　　 1 500 000

任务四　周转材料:我也很宝贵

包装物的内容

包装物,是指为了包装本企业商品而储备的各种包装容器,如桶、箱、瓶坛、袋等(图4.5)。其核算内容包括:

图4.5　包装物

(1) 生产过程中用于包装产品作为产品组成部分的包装物;
(2) 随同商品出售而不单独计价的包装物;
(3) 随同商品出售单独计价的包装物;
(4) 出租或出借给购买单位使用的包装物。

知识点 2

包装物的账务处理

为了反映和监督包装物的增减变动以及其价值损耗、结存等情况,企业应当设置"周转材料——包装物"科目。包装物的账务处理分为以下几种情况:

(1) 生产领用包装物,计入生产成本

借:生产成本
  贷:周转材料——包装物

如果采用计划成本法,还要借记或贷记"材料成本差异"。

(2) 随同商品出售而不单独计价的包装物,在包装物和商品一起发出时,计入销售费用

借:销售费用
  贷:周转材料——包装物

如果采用计划成本法,还要借记或贷记"材料成本差异"。

(3) 随同商品出售并且单独计价的包装物,类比销售货物,在其他业务中核算

① 销售时:

借:银行存款
  贷:其他业务收入
    应交税费——应交增值税(销项税额)

② 结转成本时:

借:其他业务成本
  贷:周转材料——包装物

如果采用计划成本法,还要借记或贷记"材料成本差异"。

 讨论

小美:小贵,你能说说一家白酒企业里的包装物都有哪些吗?

小贵:酒类的包装物非常多啊,瓶子、箱子、坛子、酒桶、纸盒、木箱……好像什么都有,看来白酒的包装实在太重要了!

亲爱的同学们,你们能想象出在酒类企业里面包装物都有哪些吗?你们对包

装物的重要性是不是又有了新的认识呢?

低值易耗品的内容

低值易耗品的内容一般分为一般工具、专用工具、替换设备、管理用具、劳动保护用品和其他工具等(图4.6)。

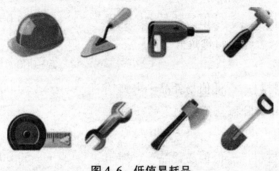

图4.6 低值易耗品

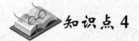

低值易耗品的账务处理

为了反映和监督低值易耗品的增减变动及其结存情况,企业应当设置"周转材料——低值易耗品"科目。低值易耗品等企业的周转材料符合存货定义和条件的,按照使用次数分次计入成本费用。

金额较小的低值易耗品,可以在领用时一次计入成本费用,简化核算,但为加强实物管理,应当在备查簿上进行登记。

对于可以多次反复使用的低值易耗品,采用分次摊销法。低值易耗品在领用时摊销其账面价值的单次平均摊销额,设置"周转材料——低值易耗品——在用""周转材料——低值易耗品——在库"和"周转材料——低值易耗品——摊销"明细科目(图4.7)。

例如,甲公司的基本生产车间领用专用工具一批,实际成本为100 000元,不符合固定资产定义,采用分次摊销法进行摊销。该专用工具的估计使用次数为两次。

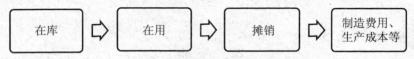

图4.7 低值易耗品的核算内容

甲公司编制如下会计分录：

(1) 领用专用工具时

借:周转材料——低值易耗品——在用　　　　100 000
　　贷:周转材料——低值易耗品——在库　　　　100 000

(2) 第一次领用时摊销价值的一半

借:制造费用　　　　　　　　　　　　　　　50 000
　　贷:周转材料——低值易耗品——摊销　　　　50 000

(3) 第二次领用时摊销价值剩下的一半

借:制造费用　　　　　　　　　　　　　　　50 000
　　贷:周转材料——低值易耗品——摊销　　　　50 000

同时:

借:周转材料——低值易耗品——摊销　　　　100 000
　　贷:周转材料——低值易耗品——在用　　　　100 000

任务五　委托加工物资:勿忘我

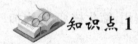

委托加工物资的内容和成本

委托加工物资是指企业委托其他企业代为加工的各种材料、商品等物资(见图4.8)。

委托加工物资的成本包括:加工中实际耗用原材料的成本、支付的加工费用、往返运输物资的运杂费、支付的税费等。

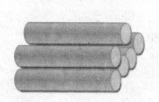  

图 4.8　委托加工物资

委托加工物资的账务处理

为了反映和监督委托加工物资增减变动及其结存情况,企业应当设置"委托加工物资"科目,借方登记委托加工物资的实际成本,贷方登记加工完成验收入库物资的实际成本和剩余物资的实际成本,期末余额在借方,反映企业尚未完工的委托加工物资的实际成本等。

委托加工物资也可以采用计划成本或者售价进行核算,方法与库存商品类似。

演练6　委托加工物资的账务处理

甲公司委托某家具厂加工一批家具,发出材料的计划成本为70 000元,材料成本差异率为4%,以银行存款支付运杂费2 200元,支付加工费20 000元,加工完毕运回仓库时另外产生运费2 500元。假定不考虑相关税费。甲公司应编制如下会计分录:

(1) 发出材料时

借:委托加工物资　　　　　　　　　　　72 800
　　贷:原材料　　　　　　　　　　　　　　70 000
　　　　材料成本差异　　　　　　　　　　　2 800

注意:企业发给外单位加工物资时,如果是采用计划成本核算的,还应同时结转材料成本差异,贷记或借记"材料成本差异"科目。

(2) 发出材料支付运杂费时

借:委托加工物资　　　　　　　　　　　2 200
　　贷:银行存款　　　　　　　　　　　　　2 200

(3) 支付加工费时
借:委托加工物资　　　　　　　　　　20 000
　　贷:银行存款　　　　　　　　　　　　　20 000
(4) 收回委托加工家具支付运杂费时
借:委托加工物资　　　　　　　　　　 2 500
　　贷:银行存款　　　　　　　　　　　　　 2 500
(5) 家具入库时
借:周转材料——低值易耗品　　　　110 000
　　贷:委托加工物资
　　　　材料成本差异

亲爱的同学们,你们能算出这批委托加工的家具的实际成本吗?如果这批家具的计划成本为 110 000 元,那么它的成本差异为多少呢?

任务六　宝物如何不"老":清查和减值

存货清查

存货清查是指通过对存货的实地盘点,确定存货的实际数量,并与账面结存数核对,从而确定存货实存数与账面结存数是否相符的一种专门方法。

对于存货的盘盈、盘亏,应填写存货盘点报告(比如实存账存对比表),及时查明原因,按照规定程序报批处理。

为了反映和监督企业在财产清查中查明的各种存货的盘盈、盘亏和毁损情况,企业应当设置"待处理财产损溢"科目,借方登记存货的盘亏、毁损金额以及盘盈的转销金额,贷方登记存货的盘盈金额以及盘亏的转销金额。企业清查的各种存货损益,应当在期末结账前处理完毕,期末处理后,"待处理财产损溢"科目应无余额。

1. 存货盘盈的账务处理

企业发生存货盘盈时,借记"原材料""库存商品"等科目,贷记"待处理财产损溢"科目;在按管理权限报经批准后,借记"待处理财产损溢科目",贷记"管理费用"科目。

例如,甲公司在财产清查中盘盈J材料1 000千克,实际单位成本60元,经查明属于材料收发计量方面的错误。甲公司应编制如下会计分录:

(1) 批准处理前

借:原材料　　　　　　　　　　　　　　　60 000
　　贷:待处理财产损溢　　　　　　　　　　　60 000

(2) 批准处理后

借:待处理财产损溢　　　　　　　　　　　60 000
　　贷:管理费用　　　　　　　　　　　　　　60 000

2. 存货盘亏及毁损的账务处理

企业发生存货盘亏及毁损时,借记"待处理财产损溢"科目,贷记"原材料""库存商品"等科目。在按管理权限报经批准后应做如下账务处理:对于入库的残料价值,记入"原材料"等科目;对于应由保险公司和过失人赔偿的,记入"其他应收款"科目;扣除残料价值和应该由保险公司、过失人赔偿后的净损失,属于一般经营损失的部分,记入"管理费用"科目,属于非常损失的部分,记入"营业外支出"科目。

例如,甲公司在财产清查中发现盘亏K材料500千克,实际单位成本为200元,经查明属于一般经营损失。假定不考虑相关税费,甲公司应编制如下会计分录:

(1) 批准处理前

借:待处理财产损溢　　　　　　　　　　　100 000
　　贷:原材料　　　　　　　　　　　　　　　100 000

(2) 批准处理后

借:管理费用　　　　　　　　　　　　　　100 000
　　贷:待处理财产损溢　　　　　　　　　　　100 000

知识点2

存货减值

存货的初始计量虽然以成本入账,但存货进入企业后可能发生毁损、陈旧或价格下跌等情况,存货的实际价值可能不等于账面价值。因此,在会计期末,存货的价值并不一定按成本记录,而是应该按成本与可变现净值孰低计量。

1. 存货跌价准备的计提和转回

在资产负债表日，存货应当按照成本与可变现净值孰低计量。其中，成本是指期末存货的实际成本，如企业在存货成本的日常核算中采用计划成本法、售价金额核算法等简化核算方法，则成本为经调整后的实际成本；可变现净值是指在日常活动中，存货的估计售价减去至完工时估计将要发生的成本、估计的销售费用以及估计的相关税费后的金额（图 4.9）。可变现净值的特征表现为存货的预计未来净现金流量，而不是存货的售价或合同价。

图 4.9　存货的会计期末计价

当存货成本低于可变现净值时，存货仍然按照成本计价；但当存货成本高于可变现净值时，表明存货可能发生损失，应当在存货销售之前确认这一损失，计入当期损益，相应减少存货的账面价值。如果以前减记存货价值的影响因素已经消失，减记的金额应当恢复，在原来已经计提的存货跌价准备金额内转回，转回的金额计入当期损益。

2. 存货跌价准备的账务处理

为了反映和监督存货跌价准备的计提、转回和转销情况，企业应当设置"存货跌价准备"科目，贷方登记计提的存货跌价准备金额，借方登记实际发生的存货跌价损失金额，期末余额一般在贷方，反映企业已经计提但还未转销的存货跌价准备。

当存货成本高于其可变现净值时，企业应当按照存货可变现净值低于成本的差额，借记"资产减值损失——计提的存货跌价准备"科目，贷记"存货跌价准备"科目。

转回已经计提的存货跌价准备金额时，按恢复增加的金额，借记"存货跌价准备"科目，贷记"资产减值损失——计提的存货跌价准备"科目。

企业结转存货销售成本时，对于已经计提存货跌价准备的，借记"存货跌价准备"科目，贷记"主营业务成本""其他业务成本"等科目。

讨论

学长：学长问问你们，如果把你们心目中的好朋友看作你们人生中的存货项目，发生什么事情时，这项存货对你们的价值应该计提减值准备啦？

小美：要是我的小伙伴们一个月都没有见面、没有一起出去逛街的话，我们的友谊可能就要计提减值准备了……

学长：哈哈，是吗？那你会怎么做来把减值准备转回呢？

小美：我会邀请大家一起来我家玩，我做拿手菜给他们吃，大家又聚在一起，就会和好如初！

小贵：你们女生真是……哎，我才不会对我的哥们计提减值准备呢，我们的友情绝对不会减值的！

亲爱的同学们，我们的亲人、朋友都是我们拥有的价值连城的"存货"，我们不仅要好好保护它，还要知道用什么办法可以让它价值回升、减值转回哦！

项目五 "硬汉"风范——固定资产

 任务书

任务名称	"硬汉"风范——固定资产	任务编号	005	时间要求	6课时
要　　求	1. 掌握固定资产增加、减少、后续支出的核算； 2. 掌握固定资产折旧的业务处理； 3. 掌握固定资产减值的会计处理； 4. 掌握固定资产清查的处理				
培养目标	让学生能够完成企业中固定资产的会计核算				
教学地点	教室				
教学设备	投影设备、投影幕布、电脑				
训　练　内　容					
1. 固定资产增加、减少、后续支出的核算； 2. 固定资产折旧的业务处理； 3. 固定资产减值的会计处理； 4. 固定资产清查的处理					
训　练　要　求					
1. 能够解释固定资产的意义以及主要内容； 2. 能够开展固定资产增加、减少、后续支出的核算； 3. 能够对固定资产计提折旧； 4. 能够对固定资产计提减值； 5. 能够对固定资产开展清查					

续表

成果要求及评价标准				
1. 掌握固定资产增加、减少、后续支出的核算(30分)				
2. 掌握固定资产折旧的业务处理(30分)				
3. 掌握固定资产减值的会计处理(20分)				
4. 掌握固定资产清查的处理(20分)				
任务产出一	成员姓名与分工	组长	学号	分工
		成员1	学号	
		成员2	学号	
		成员3	学号	
		成员4	学号	
		成员5	学号	
		成员6	学号	
任务产出二	1. 固定资产的定义和特征,对固定资产进行分类(6分) 2. 固定资产的账务处理(6分) 3. 取得不需安装及需安装的固定资产的核算(6分) 4. 自营工程和出包工程的核算(6分) 5. 对投资者投入的及接受捐赠的固定资产的账务处理(6分) 6. 固定资产折旧的方法(15分) 7. 固定资产折旧的账务处理(15分) 8. 固定资产后续支出的概念,应该资本化的后续支出和应该费用化的后续支出的账务处理(10分) 9. 固定资产减值的账务处理和清查方法(10分) 10. 固定资产报废的账务处理和清查方法(10分) 11. 固定资产盘亏的账务处理和清查方法(10分)			
项目组评价				总分
教师评价				

长安福特公司的固定资产内部控制分析

长安福特总部坐落在长江上游的经济中心——重庆市,是由中国汽车工业最大的"百年老店"——长安汽车集团和世界领先的福特汽车公司共同出资成立的,双方各拥有50%的股份,专业生产满足中国消费者需求的轿车。该厂拥有世界一流的整车生产线。

长安福特2005年年产量达到15万辆,并已在南京市兴建第二厂区。长安福特公司的主要管理架构是由合资双方各派代表组成的董事会、执行委员会及各个部门组成。公司的内部控制系统是在借鉴美国福特公司具有100多年历史的内部控制体系基础上建立而成的,具有较高的起点。它的主要内部控制内容包括控制环境、风险评估、控制活动、信息与沟通、监督这五大要素,并在COSO内部控制整体框架指引下,结合我国国情形成了具有一定特色和较高水准的内部控制系统。

1. 固定资产投资项目的决策

固定资产投资项目的决策如图5.1所示。

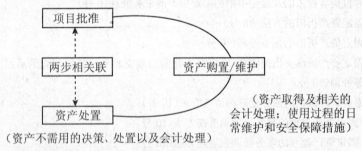

图5.1 固定资产投资项目的决策

2. 资产购置流程

资产购置流程如图5.2所示。

3. 资产处置流程

资产处置流程如图5.3所示。

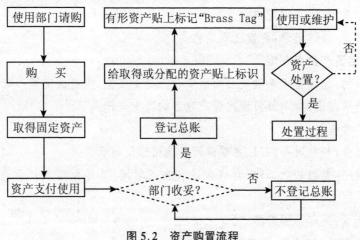

图 5.2　资产购置流程

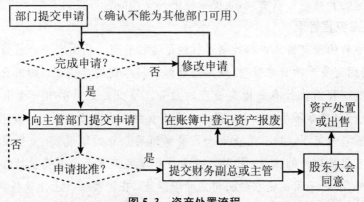

图 5.3　资产处置流程

4. 资产实物台账管理和报废流程

(1) 台账的设置和保管要求：专人负责台账登记工作；登记凭证的要求；保管期限等。

(2) 台账的登记：包括入库登记、领用登记、报废或转移登记。

(3) 期末报告：按季向财务部报送报表。

(4) 盘点制度。

(5) 资产地点转移：包括部门内部在厂区内移动，部门之间在厂区内移动，转移给其他单位的，买入时直接存放在其他单位的资产等。

(6) 资产报废、出售的审批和实物处置：包括不同固定资产报废的程序。

(7) 通则。

(8) 记录：规定了固定格式。

(9) 发布/修订记录：规定了固定格式。

5. 固定资产盘点制度

(1) 目的：通过盘点来确定公司固定资产是否安全，促进固定资产账实相符。

(2) 使用范围：列入公司固定资产账目的所有资产项目。

(3) 参考资料。

(4) 职责：包括财务部门、主管部门及使用部门的职责。

(5) 程序：包括基础工作、盘点方法和盘点时间、差异处理以及盘盈盘亏的会计处理。

(6) 记录：规定了固定格式。

(7) 发布/修订记录：规定了固定格式。

从上述的介绍中可以看到，长安福特固定资产的内部控制有如下特点。

1. 注重流程管理

长安福特的固定资产内部控制进行的是流程管理。从固定资产投资项目的决策、购置到固定资产的日常管理、最后处置都有一系列的流程图，相关业务经办人员根据这些流程图执行有关固定资产的业务。不少企业虽然有一整套的管理制度，但是执行起来却不尽如人意，很多业务人员经办有关事项时，不遵守企业的规章制度。很多情况下，并不是业务人员有意违反企业的制度，一个重要的原因是企业缺乏可供操作性的流程，指导业务人员处理经济业务。长安福特在这方面做得就比较好，公司采用的是福特公司的管理经验，在流程设计上比较科学合理，有效地指导了业务人员的工作。如长安福特的不少员工就提到，在很多情况下，他们的工作不是来自于领导的命令，而是按程序办事。

2. 加强固定资产实物台账管理

固定资产的内部控制是全方位的控制，从固定资产投资决策、购置，一直到日常管理和处置，每个环节都很重要。很多企业比较重视固定资产的购置，但固定资产购买回来后，对日常管理却不够重视。长安福特公司设立了完善的固定资产实物台账管理制度，对台账的设置、登记、保管、报告进行了详细的规定，并加以执行。通过对固定资产的台账管理，公司较好地保证了固定资产的完整性和安全性，维护了资产的正常运行。

3. 注重固定资产的内部控制自我评价

内部控制的评价，在我国很多企业中一直是一个薄弱环节。一般来说，企业都有相应的内部控制制度,但不少企业对如何评价和考核内部控制的运行却缺乏经验和有效的手段。长安福特的内部控制制度中的一个重要组成部分就是内部控制评价。该公司制定了详尽的内部控制审核项目,从固定资产的购置到日常管理的处置,都是企业内部审核小组予以关注的对象。通过内部审核,长安福特有效地监督了内部控制的运行情况,对出现的问题能够及时发现并予以纠正。

(参考文献:丁小云.关于固定资产内部控制典型案例分析[J].会计之友,2007(5):67-69.)

 背景知识

学长:小贵、小美,到现在为止企业里面流动性比较好的资产我们都认识过了,这些流动资产在企业里面的使用周期不长,小于一年。

但是有的资产价值比较大,经久耐用,至少是一年以上,就像一位铁骨铮铮的硬汉。在财务会计里,我们把它记入"固定资产"。你们能说说你们各自有哪些固定资产吗?

小美:我的自行车,家里的红木沙发,都用了好几年了呢。

小贵:我的电脑,我家的房子、汽车……对我来说,它们价值都可大啦!

小美:学长,你有哪些"固定资产"呢?

学长:毛主席说过"身体是革命的本钱",所以,学长最大的固定资产就是"身体"啦。你们也一样哦!将来,你们都会拥有人生中另一项宝贵的固定资产:妻子或丈夫。

小贵:学长,"妻子是固定资产",这怎么理解呢?

学长:固定资产有三个特点,一是有形的资产,二是为生产商品、提供劳务而持有,三是使用寿命超过一个会计年度。你们想想,学长的"固定资产"分类对吗?

小美:我更关心固定资产的管理问题……

学长:哈哈,小美说得有道理!看看案例中的长安福特,对固定资产的管理采取了一套非常完备的制度和流程。

小贵:学长,我觉得这一章的知识对我的生活非常重要!我一定要好好学习它!

亲爱的同学们,一起来加入这场有趣的学习之旅吧!

任务一 固定资产知几何

知识点1

固定资产的定义和特征

固定资产是指同时具有以下特征的有形资产：
(1) 为生产商品、提供劳务、出租或经营管理而持有。
(2) 使用寿命超过一个会计年度。

从这一定义可以看出，作为企业的固定资产具备以下两个特征：
(1) 企业持有固定资产的目的，是生产商品、提供劳务、出租或经营管理的需要，而不像存货是为了对外出售。这一特征是固定资产区别于存货等流动资产的重要标志。
(2) 企业使用固定资产的期限较长，使用寿命一般超过一个会计年度。这一特征表明企业固定资产属于非流动资产，它给企业带来的收益期超过一年，能在一年以上的时间里为企业创造经济利益。

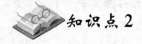知识点2

固定资产的分类

企业固定资产种类繁多、规格不一，为加强管理，便于组织会计核算，有必要对其进行科学、合理的分类。根据不同的管理需要和核算要求以及不同的分类标准，可以对固定资产进行不同的分类，主要有以下几种分类方法。

1. 按经济用途分类
(1) 生产经营用固定资产。
(2) 非生产经营用固定资产。

2. 综合分类
(1) 生产经营用固定资产。
(2) 非生产经营用固定资产。

(3) 租出固定资产(企业在经营租赁方式下出租给其他单位使用的固定资产)。

(4) 不需用固定资产。

(5) 未使用固定资产。

(6) 土地。

(7) 融资租入的固定资产。

实际工作中,企业大多采用综合分类的方法作为编制固定资产目录、进行固定资产核算的依据。

知识点 3

固定资产账务处理

为了反映固定资产的取得、计提折旧和处置等情况,企业一般要设置"固定资产""累计折旧""在建工程""工程物资""固定资产清理"等科目。

"固定资产"科目核算企业固定资产的原价,借方登记企业增加的固定资产原价,贷方登记企业减少的固定资产原价,期末借方余额,反映企业期末固定资产的账面原价。企业应当设置"固定资产登记簿"和"固定资产卡片"(图 5.4),按固定资产类别、使用部门和每项固定资产进行明细核算。

图 5.4 固定资产卡片示例

"累计折旧"科目属于"固定资产"的调整科目。核算企业固定资产的累计折旧,贷方登记企业计提的固定资产折旧,借方登记处置固定资产转出的累计折旧,期末贷方余额,反映企业固定资产的累计折旧额。"在建工程"科目核算企业基建、更新改造等在建工程发生的支出,借方登记企业各项在建工程的实际支出,贷方登记完工工程转出的成本,期末借方余额,反映企业尚未达到预定可使用状态的在建工程的成本。

"工程物资"科目核算企业为在建工程而准备的各种物资的实际成本。该科目借方登记企业购入工程物资的成本,贷方登记领用工程物资的成本,期末借方余额,反映企业为在建工程准备的各种物资的成本。

"固定资产清理"科目核算企业因出售、报废、毁损、对外投资、非货币性资产交换、债务重组等原因转出的固定资产价值以及在清理过程中发生的费用等。借方登记转出的固定资产账面价值、清理过程中应支付的相关税费及其他费用,贷方登记固定资产清理完成的处理,期末借方余额,反映企业尚未清理完毕的固定资产清理净损失,期末如为贷方余额,则反映企业尚未清理完毕的固定资产清理净收益。企业应当按照被清理的固定资产项目设置明细账,进行明细核算。

此外,企业固定资产、在建工程、工程物资发生减值的,还应当设置"固定资产减值准备""在建工程减值准备""工程物资减值准备"等科目进行核算。

任务二　英雄当问出处:固定资产取得

固定资产常见的取得方式有如下几种:

(1) 外购取得;

(2) 自行建造——自营工程、出包工程;

(3) 投资者投入;

(4) 接受捐赠;

(5) 盘盈所得。

外购取得固定资产

企业外购的固定资产,应按实际支付的购买价款、相关税费、使固定资产达到预定可使用状态前所发生的可归属于该项资产的运输费、装卸费、安装费和专业人员服务费等,作为固定资产的取得成本。

1. 购入不需要安装的固定资产

企业购入不需要安装的固定资产,应按实际支付的购买价款、相关税费以及使固定资产达到预定可使用状态前所发生的可归属于该项资产的运输费、装卸费和专业人员服务费等,作为固定资产成本,借记"固定资产"科目,贷记"银行存款"等科目。

若企业为增值税一般纳税人,则企业购进机器设备等固定资产的进项税额不纳入固定资产成本核算,可以在销项税额中抵扣,借记"应交税费——应交增值税(进项税额)"科目,贷记"银行存款"科目。

演练 1　取得不需要安装的固定资产的核算

甲公司购入一台不需要安装即可投入使用的设备,取得的增值税专用发票上注明的价款为 30 000 元,增值税税额为 5 100 元,另支付包装费 700 元。款项以银行存款支付。假设甲公司属于增值税一般纳税人,增值税进项税额可以在销项税额中抵扣,不纳入固定资产成本核算。

甲公司编制如下会计分录:

借:固定资产
　　应交税费——应交增值税(进项税额)
　　贷:银行存款

亲爱的同学们,包装费是否应该计入固定资产的取得成本呢?上面的会计分录应该怎样填写呢?

---

2. 购入需要安装的固定资产

购入需要安装的固定资产,应在购入的固定资产取得成本的基础上加上安装调试成本等。作为购入固定资产的成本,先通过"在建工程"科目核算,待安装完毕达到预定可使用状态时,再由"在建工程"科目转入"固定资产"科目。

企业购入固定资产时,按实际支付的购买价款、运输费、装卸费和其他相关税费等,借记"在建工程"科目,贷记"银行存款"等科目;支付安装费用时,借记"在建工程"科目,贷记"银行存款"等科目;安装完毕达到预定可使用状态时,按其实际成本,借记"固定资产"科目,贷记"在建工程"科目。

演练2 取得需要安装的固定资产的核算

甲公司用银行存款购入一台电梯,取得的增值税专用发票上注明的价款为 200 000 元,增值税税额为 34 000 元,支付安装费 40 000 元,甲公司为增值税一般纳税人,增值税进项税额可以在销项税额中抵扣,不纳入固定资产成本核算。

甲公司应编制如下会计分录:

(1) 购入进行安装时

借:在建工程   200 000
　　应交税费——应交增值税(进项税额)   34 000
　贷:银行存款   234 000

(2) 支付安装费时

借:在建工程   40 000
　贷:银行存款   40 000

(3) 设备安装完毕,交付使用时

　　　　设备的成本 = 200 000 + 40 000 = 240 000(元)

借:固定资产
　贷:在建工程

亲爱的同学们,你们掌握了"在建工程"科目的奥妙了吗? 如果你们的答案是肯定的,你们一定能把最后一条会计分录写好!

3. 以一笔款项购入多项固定资产

企业以"一篮子价格"购入多项没有单独标价的固定资产时,应该把各项固定资产单独确认为固定资产,并按照各项固定资产公允价值的比例对总成本进行分配,分别确定各项固定资产的成本。

自行建造固定资产

企业自行建造固定资产,应当按照建造该项资产达到预定可使用状态前所发生的必要支出,作为固定资产的成本。

自建固定资产应先通过"在建工程"科目核算,工程达到预定可使用状态时,再从"在建工程"科目转入"固定资产"科目。

企业自建固定资产,主要有自营和出包两种方式,由于采用的建设方式不同,其会计处理也有所不同。

1. 自营工程

自营工程,是指企业自行组织工程物资采购、自行组织施工人员施工的建筑工程和安装工程。自营工程的核算内容如图5.5所示。

(1) 购入工程物资时,借记"工程物资"科目,贷记"银行存款"等科目。

(2) 领用工程物资时,借记"在建工程"科目,贷记"工程物资"科目;在建工程领用本企业原材料时,借记"在建工程"科目,贷记"原材料"等科目;在建工程领用本企业生产的商品时,借记"在建工程"科目,贷记"库存商品""应交税费——应交增值税(销项税额)"等科目。

(3) 自营工程发生的其他费用(如分配工程人员工资等),借记"在建工程"科目,贷记"银行存款""应付职工薪酬"等科目。

(4) 自营工程达到预定可使用状态时,按其成本,借记"固定资产"科目,贷记"在建工程"科目。

(1) 购入工程物资　　(2) 领用工程物资　　(3) 支付其他费用　　(4) 达到预定可用状态

图5.5　自营工程的核算内容

演练3 自营工程的核算

甲公司自建厂房一幢,购入为工程准备的各种物资 500 000 元,支付的增值税税额为 85 000 元,全部用于工程建设。领用本企业生产的水泥一批,实际成本为 80 000 元,税务部门确定的计税价格为 100 000 元,增值税税率为 17%;工程人员应计工资 100 000 元,支付的其他费用 30 000 元。工程完工并达到预定可使用状态。

甲公司应编制如下会计分录:
(1) 购入工程物资时:
借:工程物资
　　贷:银行存款
(2) 领用工程物资时:
借:在建工程
　　贷:工程物资
(3) 领用本企业生产的水泥,确定应计入在建工程成本的金额为:

$$80\ 000 + 100\ 000 \times 17\% = 97\ 000(元)$$

借:在建工程　　　　　　　　　　　　97 000
　　贷:库存商品　　　　　　　　　　　　80 000
　　　　应交税费——应交增值税(销项税额)　　17 000
(4) 分配工程人员工资时:
借:在建工程
　　贷:应付职工薪酬
(5) 支付工程发生的其他费用时:
借:在建工程　　　　　　　　　　　　30 000
　　贷:银行存款　　　　　　　　　　　　30 000
(6) 工程完工转入固定资产的成本 = 585 000 + 97 000 + 100 000 + 30 000 = 812 000(元)。
借:固定资产
　　贷:在建工程

亲爱的同学们,自营工程的核算业务你们是否已经掌握?看看上面缺省的会计分录该怎样填写?

2. 出包工程

出包工程(图 5.6)是指企业通过招标方式将工程项目发包给建造承包商,由建造承包商组织施工的建筑工程和安装工程。企业采用出包方式进行的固定资产工程,工程的具体支出主要由建造承包商核算。

图 5.6　出包工程

在这种方式下,"在建工程"科目主要是反映企业与建造承包商办理工程价款结算的情况,企业支付给建造承包商的工程价款作为工程成本,通过"在建工程"科目核算。

(1) 企业按合理估计的发包工程进度和合同规定向建造承包商结算的进度款,借记"在建工程"科目,贷记"银行存款"等科目。

(2) 工程完成时,按合同规定补付的工程款,借记"在建工程"科目,贷记"银行存款"等科目。

(3) 工程达到预定可使用状态,按其成本借记"固定资产"科目,贷记"在建工程"科目。

演练 4　出包工程的核算

甲公司将一幢厂房的建造工程出包给丙公司承建,按合理估计的发包工程进度和合同规定向丙公司结算进度款 600 000 元,工程完工后,收到丙公司有关工程结算单据,补付工程款 400 000 元,工程完工并达到预定可使用状态。

甲公司应编制如下会计分录:

(1) 按合理估计的发包工程进度和合同规定向丙公司结算进度款时
借:在建工程   600 000
    贷:银行存款   600 000
(2) 补付工程款时
借:在建工程   40 000
    贷:银行存款   40 000
(3) 工程完工并达到预定可使用状态时
借:固定资产
    贷:在建工程

亲爱的同学们,这项出包工程完工时的成本是多少?相比于自营工程,出包工程的核算看起来是不是简单许多?

投资者投入固定资产

投资者以机器、设备等固定资产作股本投入企业时,按照投资各方确认的价值入账,借记"固定资产"账户;按照专用发票上注明的增值税税额,借记"应交税费——应交增值税(进项税额)"账户;按照增值税与固定资产价值的合计数,贷记"实收资本"账户。

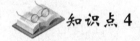

接受捐赠的固定资产

企业接受捐赠转入的固定资产,按照确认的固定资产价值(已经扣除增值税,下同),借记"固定资产"账户;按照专用发票上注明的增值税税额,借记"应交税费——应交增值税(进项税额)"账户。

如果捐出方代为支付了固定资产进项税额,则按照增值税进项税额与固定资产价值的合计数,贷记"营业外收入"等账户。

如果接受捐赠企业自行支付固定资产增值税,则应按支付的固定资产增值税进项税额,贷记"银行存款"等账户,按接受捐赠固定资产的价值,贷记"营业外收入"账户。

任务三 生无所息:固定资产折旧

固定资产折旧概述

1. 固定资产折旧的概念

企业应当在固定资产的使用寿命内,按照确定的方法对应计折旧额进行系统分摊。所谓应计折旧额是指应当计提折旧的固定资产原价扣除其预计净残值后的金额,已计提减值准备的固定资产,还应当扣除已计提的固定资产减值准备累计金额。企业应当根据固定资产的性质和使用情况,合理确定固定资产的使用寿命和预计净残值。

2. 影响折旧的因素

影响折旧的因素主要有以下几个方面:

(1) 固定资产原价,是指固定资产的成本。

(2) 预计净残值,是指假定固定资产预计使用寿命已满并处于使用寿命终了时的预期状态,企业目前从该项资产处置中获得的扣除预计处置费用后的金额。

(3) 固定资产减值准备,是指固定资产已计提的固定资产减值准备累计金额。

(4) 固定资产的使用寿命,是指企业使用固定资产的预计期间,或者该固定资产所能生产产品或提供劳务的数量。

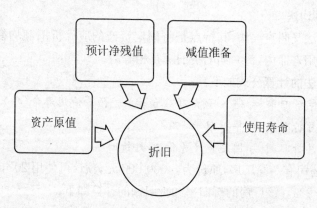

图 5.7 固定资产折旧的影响因素

3. 固定资产折旧的范围

除以下情况外,企业应当对所有固定资产计提折旧:

(1) 已提足折旧仍继续使用的固定资产。

(2) 单独计价入账的土地。

在确定计提折旧的范围时还应注意以下几点:

(1) 固定资产应当按月计提折旧;当月增加的固定资产,当月不计提折旧,从下月起计提折旧;当月减少的固定资产,当月仍计提折旧,从下月起不计提折旧。

(2) 固定资产提足折旧后,不论能否继续使用,均不再计提折旧;提前报废的固定资产,也不再补提折旧。所谓提足折旧,是指已经提足该项固定资产的应计折旧额。

(3) 已达到预定可使用状态但尚未办理竣工决算的固定资产,应当按照估计价值确定其成本,并计提折旧;待办理竣工决算后,再按实际成本调整原来的暂估价值,但不需要调整原已计提的折旧额。

企业至少应在每年年末对固定资产的使用寿命、预计净残值和折旧方法进行复核。

知识点 2

固定资产折旧的方法

企业应当根据与固定资产有关的经济利益的预期实现方式,合理选择固定资产折旧方法。可选用的折旧方法包括年限平均法(又称直线法)、工作量法、双倍余额递减法以及年数总和法等。

1. 年限平均法

年限平均法又叫直线法,其特点是将固定资产的应计折旧额均衡地分摊到固定资产预计使用寿命内,每一期的折旧额是相等的。

年限平均法的计算公式如下:

年折旧率 = (1 - 预计净残值率) ÷ 预计使用寿命(年)

月折旧率 = 年折旧率 ÷ 12

月折旧额 = 固定资产原价 × 月折旧率

例如,甲公司有一幢厂房,原价为 5 000 000 元,预计可使用 20 年,预计报废时的净残值率为 2%。该厂房的折旧率和折旧额的计算如下:

年折旧率 = (1 - 2%)/20 = 4.9%

月折旧率 = 4.9%/12 = 0.41%

月折旧额 = 5 000 000 × 0.41% = 20 500(元)

2. 工作量法

工作量法是指根据实际工作量计算每期应计提折旧额的一种方法，认为固定资产工作量越大，损耗越大，应计提的折旧额也就越多；工作量越小的则反之。

工作量法的基本计算公式如下：

单位工作量折旧额 = [固定资产原价×(1 - 预计净残值率)] ÷ 预计总工作量

某项固定资产月折旧额 = 该项固定资产当月工作量 × 单位工作量折旧额

例如，某企业的一辆运货卡车的原价为 600 000 元，预计总行驶里程为 500 000 公里，预计报废时的净残值率为 5%，本月行驶 4 000 公里。

该辆汽车的折旧额计算如下：

单位里程折旧额 = 600 000 × (1 - 5%) ÷ 500 000 = 1.14(元/公里)

本月折旧额 = 4 000 × 1.14 = 4 560(元)

3. 双倍余额递减法

双倍余额递减法是指在不考虑固定资产预计净残值的情况下，根据每期期初固定资产原价减去累计折旧后的余额和双倍的直线折旧率计算固定资产折旧的一种方法，一般在固定资产使用寿命到期前两年内，将固定资产账面净值扣除预计净残值后的余额平均摊销。

双倍余额法的计算公式如下：

年折旧率 = 2/预计使用寿命(年) × 100%

月折旧率 = 年折旧率 ÷ 12

月折旧额 = 每月月初固定资产账面净值 × 月折旧率

例如，某企业一项固定资产的原价为 1 000 000 元，预计使用年限为 5 年，预计净残值为 4 000 元。按双倍余额递减法计提折旧，每年的折旧额计算如下：

年折旧率 = 2/5 × 100% = 40%

第 1 年应计提的折旧额 = 1 000 000 × 40% = 400 000(元)

第 2 年应计提的折旧额 = (1 000 000 - 400 000) × 40% = 240 000(元)

第 3 年应计提的折旧额 = (1 000 000 - 400 000 - 240 000) × 40%
= 144 000(元)

最后两年，即第 4、5 年，改用年限平均法(直线法)计提折旧：

第 4、5 年的年折旧额 = [(1 000 000 - 400 000 - 240 000 - 144 000) - 4 000]/2
= 106 000(元)

每年各月的折旧额则根据年折旧额除以12来计算。

4. 年数总和法

年数总和法又称年限合计法,是指将固定资产的原价减去预计净残值后的余额,乘以一个逐年递减的分数来计算每年的折旧额,这个分数的分子代表固定资产尚可使用寿命,分母代表固定资产预计使用寿命逐年数字总和。

年数总和法的计算公式如下:

$$年折旧率 = \frac{预计使用寿命 - 已使用年限}{预计使用寿命 \times (预计使用寿命 + 1)/2} \times 100\%$$

或者:

$$年折旧率 = \frac{尚可使用年限}{预计使用寿命的年数总和} \times 100\%$$

$$月折旧率 = 年折旧率 \div 12$$

$$月折旧额 = (固定资产原价 - 预计净残值) \times 月折旧率$$

例如,如果刚才的例子中某企业一项固定资产的原价为1 000 000元,预计使用年限为5年,预计净残值为4 000元。按年数总和法计提折旧,每年的折旧额如表5.1所示。

表5.1

年 份	尚可使用年限	原价-净残值	变动折旧率	年折旧额	累计折旧
1	5	996 000	5/15	332 000	332 000
2	4	996 000	4/15	265 000	597 600
3	3	996 000	3/15	199 200	796 800
4	2	996 000	2/15	132 800	929 600
5	1	996 000	1/15	66 400	996 000

知识点 3

固定资产折旧的账务处理

固定资产应当按月计提折旧,计提的折旧应当记入"累计折旧"科目,并根据用途计入相关资产的成本或者当期损益。

(1)企业自行建造固定资产过程中使用的固定资产,其计提的折旧额应计入在建工程成本。

(2)基本生产车间所使用的固定资产,其计提的折旧额应计入制造费用。

(3) 管理部门所使用的固定资产,其计提的折旧额应计入管理费用。
(4) 销售部门所使用的固定资产,其计提的折旧额应计入销售费用。
(5) 经营租出的固定资产,其计提的折旧额应计入其他业务成本。

企业计提固定资产折旧时,借记"制造费用""管理费用""销售费用""其他业务成本"等科目,贷记"累计折旧"科目。

演练 5　固定资产折旧的账务处理

乙公司 2013 年 2 月份管理部门、销售部门应分配的固定资产折旧额为:管理部门房屋建筑物计提折旧 14 800 000 元,运输工具计提折旧 2 400 000 元,销售部门房屋建筑物计提折旧 3 200 000 元,运输工具计提折旧 2 630 000 元。当月新购置管理用机器设备一台,成本为 5 400 000 元,预计使用寿命为 10 年,该企业同类设备计提折旧采用年限平均法。

乙公司应编制如下会计分录:

借:管理费用　　　　　　　　　　　　17 200 000
　　销售费用　　　　　　　　　　　　 5 830 000
　贷:

亲爱的同学们,你们知道以上管理费用、销售费用的数字是怎么计算出来的吗?当月新购置的管理用机器设备当月计提折旧了吗?

任务四　老当益壮:固定资产后续支出

知识点 1

固定资产后续支出的内容

固定资产的后续支出是指固定资产在使用过程中发生的更新改造支出、修理费用等。企业的固定资产投入使用后,由于各个组成部分耐用程度不同或者使用条件不同,往往会发生固定资产的局部损坏。为了保持固定资产的正常运转和使用,充分发挥其使用效能,就必然产生必要的后续支出。

固定资产的更新改造等后续支出,满足固定资产确认条件的,应当计入固定资产成本,如有被替换的部分,应同时将被替换部分的账面价值从该固定资产原账面价值中扣除;不满足固定资产确认条件的固定资产修理费用等,应当在发生时计入当期损益。

学长:小贵啊,我们都知道,追女朋友是要花银子的。不过,你的花销贷记现金、银行存款,借记什么会计科目则完全取决于你在她心中的地位。

小贵:"取决于我在她心中的地位",这怎么理解呢?

学长:学长告诉你吧,将来你的女朋友如果坚定地喜欢你,就资本化,借记固定资产;如果她虽然喜欢你,但因性格不合没走到一起,就费用化,借记管理费用;她若根本就不是喜欢你,只想与你玩玩,你的自作多情,就是损失,借记营业外支出。

小贵:哈哈,多谢学长指点!我可要好好学习"财务会计",学以致用、指点人生啊!

应该资本化的后续支出

固定资产发生的可资本化的后续支出,应当通过"在建工程"科目核算。

固定资产发生可资本化的后续支出时,企业应将该固定资产的原价、已计提的累计折旧和减值准备转销,将固定资产的账面价值转入在建工程,借记"在建工程""累计折旧""固定资产减值准备"等科目,贷记"固定资产"科目。

发生的可资本化的后续支出,借记"在建工程"科目,贷记"银行存款"等科目。

在固定资产发生的后续支出完工并达到预定可使用状态时,借记"固定资产"科目,贷记"在建工程"科目。

应该费用化的后续支出

企业生产车间(部门)和行政管理部门发生的不可资本化的后续支出,比如,发生的固定资产日常修理费用,借记"管理费用"科目,贷记"银行存款"等科目。

企业专设销售机构发生的不可资本化的后续支出,比如,发生的固定资产日常修理费用,借记"销售费用"科目,贷记"银行存款"等科目。

演练6　固定资产后续支出的账务处理

☞情景1

2012年8月1日,甲公司对管理部门使用的设备进行日常修理,发生修理费5 000元。

甲公司应编制如下会计分录:

借:管理费用　　　　　　　　　　　　　　5 000
　　贷:银行存款　　　　　　　　　　　　　　　5 000

☞情景2

半个月之后,该设备由于意外而需要进行大修理。一个星期后,更换了某一配件,使得设备的预计使用寿命延长了半年。此次修理用银行存款共支付15 000元。

甲公司应编制如下会计分录:

(1) 8月15日,将该设备的账面价值(假设此时账面原值为100 000元,累计折旧为20 000元)转入在建工程:

借:在建工程　　　　　　　　　　　　　　80 000
　　贷:固定资产　　　　　　　　　　　　　　100 000
　　　　累计折旧　　　　　　　　　　　　　　20 000

(2) 更换某一配件时:

借:在建工程　　　　　　　　　　　　　　15 000
　　贷:银行存款　　　　　　　　　　　　　　15 000

(3) 8月22日,设备维修完毕,继续使用:

借:固定资产
　　贷:在建工程

亲爱的同学们,维修完毕后的设备,其账面价值变成了多少?这里的处理程序是不是感觉似曾相识?请参考本项目任务二知识点2中的相关内容,你们会有意外的收获哦!

任务五 英雄白头:固定资产减值、处置及清查

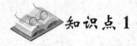

固定资产的减值

固定资产的初始入账价值是历史成本,由于固定资产使用年限较长、市场条件和经营环境的变化、科学技术的进步以及企业经营管理不善等原因,都可能导致固定资产创造未来经济利益的能力大大下降。因此,固定资产的真实价值有可能低于账面价值,在期末必须对固定资产减值损失进行确认。

固定资产在资产负债表日存在可能发生减值的迹象时,其可收回金额低于账面价值的,企业应当将该固定资产的账面价值减记至可收回金额,减记的金额确认为减值损失,计入当期损益,同时计提相应的资产减值准备,借记"资产减值损失——计提的固定资产减值准备"科目,贷记"固定资产减值准备"科目。

固定资产减值损失一经确认,在以后会计期间不得转回。

演练 7　固定资产减值的账务处理

2013 年 12 月 31 日,甲公司的某生产线存在可能发生减值的迹象。经计算,该机器的可收回金额合计为 1 230 000 元,账面价值为 1 400 000 元,以前年度未对该生产线计提过减值准备。

由于该生产线的可收回金额为 1 230 000 元,账面价值为 1 400 000 元。可收回金额低于账面价值,应按两者之间的差额 170 000 (1 400 000 - 1 230 000) 元计提固定资产减值准备。

甲公司应编制如下会计分录:

借:资产减值损失——计提的固定资产减值准备
　　贷:固定资产减值准备

知识点 2

固定资产的处置

企业在生产经营过程中,可能将不适用或不需用的固定资产对外出售转让,或因磨损、技术进步等原因对固定资产进行报废,或因遭受自然灾害而对毁损的固定资产进行处理。

对于上述事项在进行会计处理时,应当按照规定程序办理有关手续,结转固定资产的账面价值,计算有关的清理收入、清理费用及残料价值等。

固定资产的处置包括固定资产的出售、报废、毁损、对外投资、非货币性资产交换、债务重组等。处置固定资产应通过"固定资产清理"科目核算。具体包括以下几个环节:

(1) 固定资产转入清理。按该项固定资产的账面价值,借记"固定资产清理""累计折旧""固定资产减值准备"科目,按其账面原价,贷记"固定资产"科目。

(2) 发生的清理费用等。固定资产清理过程中应支付的相关税费及其他费用,借记"固定资产清理"科目,贷记"银行存款""应交税费——应交营业税"等科目。

(3) 收回出售固定资产的价款、残料价值和变价收入等。借记"银行存款""原材料"等科目,贷记"固定资产清理"科目。

(4) 保险赔偿等的处理。应由保险公司或过失人赔偿的损失,借记"其他应收款"等科目,贷记"固定资产清理"科目。

(5) 清理净损益的处理。固定资产清理完成后,属于生产经营期间正常的处理损失,借记"营业外支出——非流动资产处置损失"科目,贷记"固定资产清理"科目;属于自然灾害等非正常原因造成的损失,借记"营业外支出——非常损失"科目,贷记"固定资产清理"科目。如为贷方余额,借记"固定资产清理"科目,贷记"营业外收入——非流动资产处置利得"科目。

演练8　固定资产报废的账务处理

甲公司现有一台设备由于性能等原因决定提前报废,原价为500 000元,已计提折旧450 000元,未计提减值准备。报废时的残值变价收入为20 000元,报废清理过程中发生清理费用3 500元。有关收入、支出均通过银行办理结算。假定不考虑相关税费的影响,甲公司应编制如下会计分录:

(1) 将报废固定资产转入清理时

借:固定资产清理　　　　　　　　　　50 000
　　累计折旧　　　　　　　　　　　　450 000
　　贷:固定资产　　　　　　　　　　　　　500 000

(2) 收回残料变价收入时

借:银行存款　　　　　　　　　　　　20 000
　　贷:固定资产清理　　　　　　　　　　　20 000

(3) 支付清理费用时

借:固定资产清理　　　　　　　　　　3 500
　　贷:银行存款　　　　　　　　　　　　　3 500

(4) 结转报废固定资产发生的净损失时

借:营业外支出——非流动资产处置损失
　　贷:固定资产清理

亲爱的同学们,报废固定资产发生的净损失是多少呢?请补充完整最后一条会计分录。

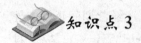

知识点3

固定资产的清查

企业应当定期或者至少于每年年末对固定资产进行清查盘点,以保证固定资产核算的真实性,充分挖掘企业现有固定资产的潜力。

在固定资产清查过程中,如果发现盘盈、盘亏的固定资产,应当填制固定资产盘盈盘亏报告表。清查固定资产的损益,应当及时查明原因,并按照规定程序报批处理。

1. 固定资产的盘盈

企业在财产清查中盘盈的固定资产,作为前期差错处理。企业在财产清查中盘盈的固定资产,在按管理权限报经批准处理前应先通过"以前年度损益调整"科目核算。盘盈的固定资产,应按重置成本确定其入账价值,借记"固定资产"科目,贷记"以前年度损益调整"科目。

2. 固定资产的盘亏

企业在财产清查中盘亏的固定资产,按照盘亏固定资产的账面价值,借记"待处理财产损溢"科目,按照已计提的累计折旧,借记"累计折旧"科目,按照已计提的减值准备,借记"固定资产减值准备"科目,按照固定资产的原价,贷记"固定资产"科目。

企业按照管理权限报经批准后处理时,按照可收回的保险赔偿或过失人赔偿,借记"其他应收款"科目,按照应计入营业外支出的金额,借记"营业外支出——盘亏损失"科目,贷记"待处理财产损溢"科目。

演练9 固定资产盘亏的账务处理

甲公司进行财产清查时发现短缺一台笔记本电脑,原价为 10 000 元,已计提折旧 7 000 元。甲公司应编制如下会计分录:

(1) 盘亏固定资产时

借:待处理财产损溢　　　　　　　　　3 000
　　累计折旧　　　　　　　　　　　　7 000
　　贷:固定资产　　　　　　　　　　　　10 000

(2) 报经批准转销时

借:营业外支出——盘亏损失
　　贷:待处理财产损溢

亲爱的同学们,固定资产盘亏的账务处理你们是否已经掌握了呢?

至此,我们已经学习过了库存现金的盘点、存货的盘点、固定资产的盘点,请回忆它们各自的账务处理程序,你能总结出哪些规律呢?

趣话

学长:小贵啊,学长还有一条会计秘诀想跟你分享,这可是我的学长的学长告诉我的……

小美:学长不让我听吗?

学长:哪里哪里,呵呵呵,学长当然想让你听啦!前辈们曾说,从女孩把男孩看做什么"资产"就可以判断她是好女孩还是坏女孩。如果女孩视男孩为库存商品,随时变现走人,这种女孩就是传说中的坏女孩;如果女孩视男孩为低值易耗品,只知消耗这个男孩,至少不能称为好女孩;如果女孩视男孩为在建工程,不断地打造、修饰,从不把玩男孩,并及时结转为固定资产,此为良善女子。

小美:学长说得真有意思!那我希望女孩子都成为"工程师"!

小贵:我希望成为在建工程,还能及时转为固定资产,哈哈……

项目六 惹不起的爷们——长期股权投资

 任务书

任务名称	惹不起的爷们——长期股权投资	任务编号	006	时间要求	4课时
要求	1. 掌握成本法核算长期股权投资; 2. 掌握权益法核算长期股权投资				
培养目标	让学生了解企业中长期股权投资的内容并能够开展基本的会计核算				
教学地点	教室				
教学设备	投影设备、投影幕布、电脑				
训练内容					
1. 成本法核算长期股权投资; 2. 权益法核算长期股权投资					
训练要求					
1. 能够解释长期股权投资的内容并举例说明; 2. 能够正确选择长期股权投资的核算方法; 3. 能够用成本法、权益法核算长期股权投资					
成果要求及评价标准					
1. 能够解释长期股权投资的内容并举例说明(10分) 2. 能够正确选择长期股权投资的核算方法(30分) 3. 能够用成本法、权益法核算长期股权投资(60分)					

任务产出一	成员姓名与分工	组长	学号	分工
		成员1	学号	
		成员2	学号	
		成员3	学号	
		成员4	学号	
		成员5	学号	
		成员6	学号	
任务产出二	1. 长期股权投资的内容及核算方法(20分) 2. 长期股权投资的账务处理(10分) 3. 成本法核算长期股权投资的取得(10分) 4. 成本法持有期间被投资单位宣告发放现金股利或利润的核算(10分) 5. 成本法长期股权投资的处置(10分) 6. 权益法核算长期股权投资的取得(10分) 7. 权益法持有期间被投资单位实现净利或发生净亏的账务处理(5分) 8. 权益法持有期间被投资单位所有者权益的其他变动的账务处理(5分) 9. 权益法核算长期股权投资的处置(10分) 10. 长期股权投资的减值金额的确定(5分) 11. 长期股权投资减值的账务处理(5分)			
项目组评价				总分
教师评价				

雅戈尔股权投资失败回顾

雅戈尔集团创建于1979年。30年的时间里,雅戈尔从一个靠自带尺子、剪刀、小板凳拼凑起来的戏台地下室的原始手工作坊,发展成为了亚洲最大、最先进的衬衫、西服生产基地和上市企业。但是比起雅戈尔的服装主业,更令业界推崇的是它的股权投资。在雅戈尔2007年半年报中有如表6.1、表6.2

所示的数据显示。

表6.1

代码	简称	持股数量（股）	持股比例(%)	初始投资成本（元）	会计核算科目
600030	中信证券	93 092 385	3.12	159 699 931.74	可供出售金融资产
600030	中信证券	59 590 627	2.00	102 220 254.19	长期股权投资
002142	宁波银行	179 000 000	8.73	181 550 000	长期股权投资
002036	宜科科技	17 305 650	12.84	18 901 304.21	长期股权投资
601328	交通银行	705 387	0.001	849 376.60	长期股权投资

表6.2

持有对象名称	持股数量（股）	持股比例(%)	初始投资成本（元）	期末账面价值（元）
中基宁波对外贸易股份公司	24 000 000	20	30 072 249.74	51 356 467.63
天一证券有限公司	150 000 000	14.97	150 000 000	150 000 000

从上述资料中可以看出，2007年上半年雅戈尔集团持有1.5亿股中信证券股份、1.79亿股宁波银行股份、0.17亿股宜科科技股份、0.007亿股交通银行股份、0.24亿股中基宁波对外贸易股份以及1.5亿股天一证券股份（其中，中基宁波对外贸易股份有限公司和天一证券股份有限公司为尚未上市公司）。其中，仅中信证券股份和宁波银行股份两项金融资产的市值就接近200亿元，较初始投资成本4.4亿元增值45倍，约占当前雅戈尔总市值的三分之一。与此同时，雅戈尔集团旗下还成立了创业投资和股权投资两家公司，分别从事拟上市公司和已上市公司的投资。

不可否认，股权投资曾是雅戈尔集团强劲的利润支撑。但是随着股市的一泻千里，曾经在股市上叱咤风云的雅戈尔也不可避免地面临着一场危险的资本游戏。

在雅戈尔2008年的中期财务报表中，其投资收益比例已经跌至其总利润的54%，远低于2007年的70%。而这54%的投资收益大部分来源于雅戈尔对中信证券部分股权的出售。随着股市的持续下跌，雅戈尔的股权投资开始严重缩水，2009年2月13日，雅戈尔已经浮亏8亿元。但是据业内人士分析，与高峰期相比，雅戈尔股权投资市值已经跌去上百亿元。

面对股市的低迷和公司股权投资的巨额亏损,雅戈尔集团也开始计划未来逐步缩小股权投资规模。随着雅戈尔集团控股60%的上海凯石投资管理公司全面"接管"雅戈尔近百亿元的金融资产管理业务,逐渐减持部分股权投资将会成为公司未来一段时期的主要任务之一。

(资料来源:中证网,www.sc.com.cn)

背景知识

学长:同样是购买股票,我们前面学了它可能归纳为交易性金融资产、可供出售金融资产。现在,雅戈尔还用了一个新的会计核算科目——长期股权投资。

小美:是呀,学长,长期股权投资是什么?它和这两类金融资产有什么不同呢?

学长:长期股权投资,是指通过取得被投资单位的股权,投资企业成为被投资企业的股东,按所持有股份比例享有权益并承担有限责任的投资。

要说它和金融资产有什么不同,我首先和你们分享长期股权投资的特点:第一,它是长期持有的投资。第二,能够获取经济利益,同时承担相应的风险。第三,除了股票投资外,长期股权投资通常不能随时出售。最后,长期股权投资相对于长期债权投资而言,投资风险较大。

现在你们说说交易性金融资产、可供出售金融资产有什么特点?

小贵:对于交易性金融资产,企业持有的目的是短期性的,从一开始就是为了短期获利而持有的。然后它按公允价值计量,我们一般把股票市价当做公允价值。

小美:可供出售金融资产是企业没有划分为交易性金融资产、持有至到期投资、贷款和应收款项的金融资产。企业对它的持有限期是不确定的,可以说它的持有意图是介于交易性金融资产与持有至到期投资两者之间的,也按公允价值计量。

学长:恩,你们分析得很不错。那你们归纳归纳看,你们在分析时,考虑了哪些共同的因素?

小美:持有时间、持有意图……

小贵:公允价值计量……

学长:对。同样是做股票投资,首先,从持有时间来看,长期股权投资在初次确认时就确定将要长期持有。其次,从持有意图和公允价值计量来看,长期股权投资是为了获得对被投资公司的长期控制、重大影响,而不是为了短期获利这些"小恩小惠",不论它的公允价值是不是能够可靠计量。反之,如果不是为了取得控制、为了实施重大影响,那就确认为金融资产,但是,如果公允价值不能可靠计量,它是不是就不能确认为上面两类金融资产呢?

小美:是啊!

小贵:那怎么确认呢?

学长:把它归为"长期股权投资"。

任务一 长期股权投资:成本法 or 权益法

长期股权投资的内容

长期股权投资包括企业持有的对其子公司、合营企业及联营企业的权益性投资以及企业持有的对被投资单位不具有控制、共同控制或重大影响,且在活跃市场中没有报价、公允价值不能可靠计量的权益性投资。长期股权投资的内容如表6.3所示。

表6.3 长期股权投资的内容

投资程度	含 义	被投资单位与本企业关系	图 示
控制	控制是指有权力决定一个企业的财务和经营政策,并因此而能够从企业的经营活动中获取利益	子公司	A↓X
共同控制	共同控制是指按合同约定对某项经济活动所共有的控制,仅在与这项经济活动相关的重要财务和经营决策需要分享控制权的投资方一致同意时存在	合营企业	A B ↓↓ X
重大影响	重大影响是指对一个企业的财务和经营政策有参与决策的权力,但并不能够控制或者与其他方一起共同控制这些政策的制定	联营企业	A B……┆┆X

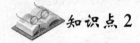

知识点 2

长期股权投资的核算方法

长期股权投资的核算方法有两种：一是成本法，二是权益法。

1. 成本法核算的长期股权投资的范围

(1) 企业能够对被投资单位实施控制的长期股权投资，也就是企业对子公司的长期股权投资。

(2) 企业对被投资单位不具有控制、共同控制或重大影响，并且在活跃市场中没有报价、公允价值不能可靠计量的长期股权投资。

2. 权益法核算的长期股权投资的范围

企业对被投资单位具有共同控制或者重大影响时，长期股权投资应该采用权益法核算。

(1) 企业对被投资单位具有共同控制的长期股权投资，也就是企业对合营企业的长期股权投资。

(2) 企业对被投资单位具有重大影响的长期股权投资，也就是企业对联营企业的长期股权投资。

综合以上两点，得出表 6.4。

表 6.4　长期股权投资的核算方法选择

投资程度	不具有控制、共同控制或重大影响	重大影响	共同控制	控　　制
投资关系	—	联营企业	合营企业	子公司
核算方法	成本法	权益法	权益法	成本法

知识点 3

长期股权投资账务处理

为了反映和监督企业长期股权投资的取得、持有和处置等情况，企业应当设置"长期股权投资""投资收益"等科目进行核算。

"长期股权投资"科目核算企业持有的采用成本法和权益法核算的长期股权投资，借方登记长期股权投资取得时的成本以及采用权益法核算时按被投资单位实现的净利润等计算的应分享的份额，贷方登记处置长期股权投资的账面价值或采用权益法核算时被投资单位宣告分派现金股利或利润时企业按持股比例计算应享有的份额,以及按被投资单位发生的净亏损等计算的应分担的份额,期末借方余额,反映企业持有的长期股权投资的价值(表6.5)。

表6.5 长期股权投资科目的登记

借方登记内容	贷方登记内容
• 长期股权投资的取得成本 • 采用权益法时,应分享的被投资单位的净利润	• 处置长期股权投资的账面价值 • 采用权益法时,应分享的被投资单位的现金股利、利润或亏损

趣话

小美:学长,到底怎么选择权益法、成本法呢?

学长:小美,你知道男生追女生的时候,为什么要舍得花钱送东西吗?

小美:啊,这个……我不告诉你。学长还是给我讲讲权益法和成本法的区别吧!

学长:因为男生追女生绝对是一件长期股权投资的大事情,只送一点点,只能是成本法,送到一定数量,就能对她实施重大影响,就改为权益法。最后临门一脚的聘礼,娶过来了,女孩成为男孩的子公司了,能够实施控制,再采用成本法。有的男孩子没有学好会计,最后都没机会用上"成本法"了……

小贵:学长,选择会计专业果然没错,嘻嘻……

任务二　成本法核算长期股权投资

我们在前面已经学习过,当企业对被投资单位实施控制并对被投资单位没有重大影响、共同控制、控制时,应该采用成本法核算。

长期股权投资核算内容如图6.1所示。

图6.1　长期股权投资核算内容

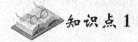

知识点 1

长期股权投资的取得

除了企业合并形成的长期股权投资以外,以支付现金方式取得的长期股权投资,应该按照实际支付的购买价款作为初始投资成本。

企业所发生的与取得的长期股权投资直接相关的费用、税金以及其他必要支出也要计入长期股权投资的初始成本(图 6.2)。

注意,如果实际支付的价款或者对价中,包含已经宣告但尚未发放的现金股利或者利润,应该作为应收项目处理,不构成长期股权投资的成本。

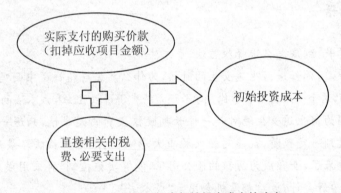

图 6.2　长期股权投资初始投资成本的确定

确定初始投资成本金额后,借记"长期股权投资"科目,贷记"银行存款"科目等;根据应收项目,借记"应收股利"科目,贷记"银行存款"科目。

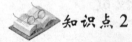

持有期间被投资单位宣告发放现金股利或利润

长期股权投资持有期间被投资单位宣告发放现金股利或者利润时,采用成本法核算时企业按照应享有的份额确认为投资收益,借记"应收股利"科目,贷记"投资收益"科目。

知识点 3

长期股权投资的处置

企业处置长期股权投资时,按照实际取得的价款与长期股权投资账面价值的差额确认为投资收益,同时结转已经计提的长期股权投资减值准备。

按实际收到的价款借记"银行存款"科目,按已经计提的减值准备借记"长期股权投资减值准备"科目。

按账面余额贷记"长期股权投资"科目,按尚未领取的现金股利或者利润贷记"应收股利"科目。

二者差额贷记或者借记"投资收益"科目。

演练 1　成本法核算长期股权投资

甲公司 2012 年 5 月 15 日以银行存款购买诚远股份有限公司的股票 100 000 股作为长期投资,每股买入价格为 10 元,每股价格中含有 0.2 元的已经宣告分派的现金股利,另外支付相关税费 7 000 元。

甲公司应该如何进行会计核算呢?

(1) 计算初始投资成本:

股票成交金额	
加:相关税费	
减:已经宣告发放的现金股利	
初始投资成本	987 000

(2) 2012 年 5 月 15 日购入股票,编制会计分录:

借:长期股权投资——诚远股份有限公司
　　应收股利——诚远股份有限公司
　贷:其他货币资金——存出投资款

(3) 2012 年 6 月 20 日,收到诚远股份有限公司分来的现金股利 20 000 元。编制会计分录:

借:银行存款
　　贷:应收股利——诚远股份有限公司

(4) 2013年6月20日,收到诚远股份有限公司发放宣告发放现金股利的通知,甲公司应分得现金股利5 000元。编制会计分录:

借:应收股利——诚远股份有限公司
　　贷:投资收益

(5) 2014年1月20日,甲公司将持有的100 000股诚远股份股票出售,价格为15元,支付相关税费10 000元。编制会计分录:

借:其他货币资金——存出投资款
　　贷:长期股权投资——诚远股份有限公司　　987 000
　　　　投资收益

亲爱的同学们,这里的综合演练你们能搞定吗？可以和你们的小伙伴一起分工协作哦！

任务三　权益法核算长期股权投资

我们在前面已经学习过,当企业对被投资单位实施共同控制并对被投资单位具有重大影响时,应该采用权益法核算。

权益法核算长期股权投资的内容如图6.3所示。

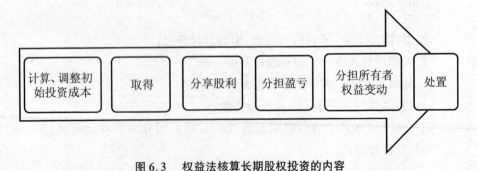

图6.3　权益法核算长期股权投资的内容

知识点 1

长期股权投资的取得

企业取得的长期股权投资采用权益法核算,相比于成本法核算情况下,要考虑对已确认的初始投资成本进行调整。具体而言:

(1) 长期股权投资的初始投资成本大于投资时应该享有的被投资单位可辨认净资产公允价值份额的,不调整;借记"长期股权投资——成本",贷记"银行存款"等。

(2) 长期股权投资的初始投资成本小于投资时应该享有的被投资单位可辨认净资产公允价值份额的,其差额贷记"营业外收入"。

知识点 2

持有期间被投资单位实现净利或发生净亏

1. 被投资单位发放现金股利

长期股权投资持有期间被投资单位宣告发放现金股利或者利润时,若采用权益法核算,企业按照应享有的份额确认为投资收益,借记"应收股利",贷记"长期股权投资——损益调整"科目。

2. 被投资单位发放股票股利

收到被投资单位宣告发放的股票股利,不进行账务处理,但应该在备查簿中进行登记。

3. 被投资单位实现盈利

企业在持有长期股权投资期间,根据被投资单位实现的净利润计算应该享有的份额,借记"长期股权投资——损益调整"科目,贷记"投资收益"科目。

4. 被投资单位发生亏损

企业在持有长期股权投资期间,被投资单位如果发生净亏损,也是按应该享有的份额进行分担,借记"投资收益"科目,贷记"长期股权投资——损益调整"科目,但以"长期股权投资"科目的账面价值减记到零为限。

所谓"长期股权投资"科目账面价值减记到零,是指"长期股权投资——成本""长期股权投资——损益调整""长期股权投资——其他权益变动"这3个二级明细科目余额合计为零。

知识点 3

持有期间被投资单位所有者权益的其他变动

在持股比例不变的情况下,被投资单位除净损益外所有者权益的其他变动,企业按持股比例计算应享有的份额,借记或贷记"长期股权投资——其他权益变动"科目,贷记或借记"资本公积——其他资本公积"科目。

知识点 4

长期股权投资的处置

企业处置长期股权投资时,按照实际取得的价款与长期股权投资账面价值的差额确认为投资收益,同时结转已经计提的长期股权投资减值准备。

按实际收到的价款借记"银行存款"科目,按已经计提的减值准备借记"长期股权投资减值准备"科目;按账面余额贷记"长期股权投资"科目,按尚未领取的现金股利或者利润贷记"应收股利"科目;二者差额贷记或者借记"投资收益"科目。

同时,还要结转原来计入资本公积的相关金额,借记或贷记"资本公积——其他资本公积"科目,贷记或借记"投资收益"科目。

演练 2　权益法核算长期股权投资

☞情景 1　取得长期股权投资

甲公司 2012 年 1 月 20 日买入东方股份有限公司发行的股票 50 000 000 股准备长期持有,占东方股份有限公司股份的 30%。每股买入价格为 6 元,另外,购买这些股票时发生相关税费 500 000 元,款项已经由银行存款支付。2011 年 12 月 31 日,东方股份有限公司所有者权益的账面价值(与其公允价值不存在差异)1 000 000 000 元。

买入东方股份股票时,甲公司应编制如下会计分录:

借:长期股权投资——东方股份有限公司——成本　300 500 000
　　贷:其他货币资金——存出投资款　　　　　　　　　　300 500 000

☞情景2 持有长期股权投资

2012年东方股份有限公司实现净利润10 000 000元,甲公司按照持股比例确认投资收益3 000 000元。2013年5月15日,东方股份有限公司宣告发放现金股利,每10股分派0.3元,甲公司可分派到1 500 000元。2013年6月15日,甲公司收到东方股份有限公司分派的现金股利。

甲公司应编制如下会计分录:

(1) 确认从东方股份有限公司实现的投资收益时

借:长期股权投资——东方股份有限公司——损益调整
　　贷:投资收益

(2) 东方股份有限公司宣告发放现金股利时

借:应收股利——东方股份有限公司
　　贷:长期股权投资——东方股份有限公司——损益调整

(3) 收到东方股份有限公司宣告发放的现金股利时

借:其他货币资金——存出投资款
　　贷:应收股利——东方股份有限公司

假如2012年东方股份有限公司的可供出售金融资产公允价值增加了4 000 000元,甲公司按照持股比例确认相应的资本公积1 200 000元。

甲公司应编制如下会计分录:

借:长期股权投资——东方股份有限公司——其他权益变动
　　贷:资本公积——其他资本公积——东方股份有限公司

☞情景3 处置长期股权投资

2013年7月20日,甲公司出售所持有的东方股份有限公司股票50 000 000股,每股出售价格为10元,款项已经收到。甲公司应该编制如下会计分录:

借:其他货币资金——存出投资款　　　　　　　　500 000 000
　　贷:长期股权投资——东方股份有限公司——成本　　300 500 000
　　　　　　——东方股份有限公司——损益调整　　　　1 500 000
　　　　　　——东方股份有限公司——其他权益变动
　　　　　　　　　　　　　　　　　　　　　　　　　1 200 000
　　　　投资收益　　　　　　　　　　　　　　　　196 800 000

同时:
借:资本公积——其他资本公积——东方股份有限公司　1 200 000
　　贷:投资收益　　　　　　　　　　　　　　　　　　　1 200 000
亲爱的同学们,想想看,权益法对应收股利的处理与成本法相比有什么不一样?

任务四　长期股权投资的减值

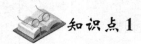

长期股权投资减值金额的确定

1. 企业对子公司、合营企业及联营企业的长期股权投资

企业对子公司、合营企业及联营企业的长期股权投资在资产负债表日存在可能发生减值的迹象时,其可收回金额低于账面价值的,应当将该长期股权投资的账面价值减记至可收回金额,减记的金额确认为减值损失,计入当期损益,同时计提相应的资产减值准备。

2. 企业对被投资单位不具有控制、共同控制或重大影响且在活跃市场中没有报价、公允价值不能可靠计量的长期股权投资

企业对被投资单位不具有控制、共同控制或重大影响且在活跃市场中没有报价、公允价值不能可靠计量的长期股权投资,应当将该长期股权投资在资产负债表日的账面价值,与按照类似金融资产当时市场收益率对未来现金流量折现确定的现值之间的差额,确认为减值损失,计入当期损益。

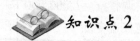

长期股权投资减值的账务处理

企业计提长期股权投资减值准备,应当通过设置"长期股权投资减值准备"科目进行核算。企业按照应减记的金额,借记"资产减值损失——计提的长期股权投资减值准备"科目,贷记"长期股权投资减值准备"科目。

长期股权投资减值损失一经确认,在以后会计期间不得转回。

 趣话

学长:长期股权投资虽然比较难,但学长希望你们能坚定信心,好好学习!大家上学是要交出真金白银的,你们父母交的学费记入了银行存款的贷方,借记什么科目则完全取决于你们的孝心了。

小贵:学长,有孝心的同学该怎么记账呀?

学长:有孝心的同学,在学校就会好好读书,学好本领,他的账应该借记"长期股权投资";反之,如果你吊儿郎当,书没读好,就借记"管理费用";如果你根本就不想读,直接借记"营业外支出"得了。

项目七 "无形"的大象——无形资产和其他资产

任务书

任务名称	无形的"大象"——无形资产和其他资产	任务编号	007	时间要求	3课时
要 求	1. 掌握外购、自行研发无形资产的会计处理; 2. 掌握无形资产的摊销、处置以及减值的会计处理; 3. 掌握长期待摊费用的会计处理				
培养目标	让学生能够对企业中的无形资产和其他资产进行会计核算				
教学地点	教室				
教学设备	投影设备、投影幕布、电脑				
训 练 内 容					
1. 外购、自行研发无形资产的会计处理; 2. 无形资产的摊销、处置以及减值的会计处理; 3. 长期待摊费用的会计处理					
训 练 要 求					
1. 能够说明无形资产的含义以及其他资产的内容; 2. 能够开展外购、自行研发无形资产的会计处理; 3. 能够开展无形资产的摊销、处置以及减值的会计处理; 4. 能够开展长期待摊费用的会计处理					

续表

成果要求及评价标准				
1. 能够说明无形资产的含义以及其他资产的内容(10分) 2. 能够开展外购、自行研发无形资产的会计处理(40分) 3. 能够开展无形资产的摊销、处置以及减值的会计处理(30分) 4. 能够开展长期待摊费用的会计处理(20分)				
任务产出一	成员姓名与分工	组长	学号	分工
		成员1	学号	
		成员2	学号	
		成员3	学号	
		成员4	学号	
		成员5	学号	
		成员6	学号	
任务产出二	1. 无形资产的特征、构成、取得(10分) 2. 无形资产的账务处理(10分) 3. 开展外购无形资产的会计处理(20分) 4. 开展自行研发无形资产的会计处理(20分) 5. 无形资产摊销的方法(10分) 6. 无形资产减值的方法(10分) 7. 无形资产处置的方法(10分) 8. 对其他资产长期待摊费用的账务处理(20分)			
项目组评价				总分
教师评价				

王老吉"红绿之争"——中国商标第一案

1995年,广药集团把红罐王老吉的生产销售权益租给了加多宝。

王老吉品牌崛起后,广药自己则生产绿色利乐包装的王老吉凉茶。

1997年,广药集团注册申请了王老吉商标,然后与加多宝的投资方香港鸿道集团签订了商标许可使用合同,授权鸿道集团独家使用王老吉商标经营红色罐装饮品。

鸿道集团则主要通过其在大陆设立的加多宝集团进行王老吉凉茶的生产经营与运作。

2000年双方第二次签署合同,约定鸿道对"王老吉"商标的租赁期限于2010年5月2日到期(图7.1)。

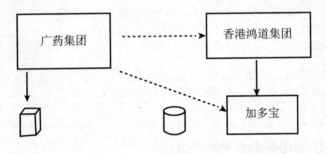

图7.1 广药 VS 鸿道

2003年,"怕上火喝王老吉"的广告词推出,影响力迅速波及全国。2007年,红色罐装王老吉凉茶饮料荣获人民大会堂宴会用凉茶饮品称号,2009年被国家工商总局认定为驰名商标。王老吉凉茶的销量也从2002年的1亿元,飞速增长至2009年的160亿元,超越可口可乐在中国的销售额,成为国内饮品行业的龙头企业。

2002~2003年期间,鸿道集团与广药集团签署过补充协议,将租赁期限延长到2020年。但是,广药认为,时任广药总经理的李益民是收取了鸿道数百万元的贿赂后,才签署了将租赁期延长到2020年的授权书。李益民东窗事发后,广药认为该补充协议无效,商标租赁期限已经在2010年5月到期。

2008年开始,广药与鸿道交涉,但一直没有结果;同年8月,广药向鸿道发出律师函,称李益民签署的两个补充协议无效。

2010年11月,广药启动王老吉商标评估程序。经北京名牌资产评估有限公司评估,其品牌价值为1 080亿元,成为中国目前第一品牌。

2011年4月,广药向中国国际经济贸易仲裁委员会提出仲裁请求;2011年12月29日,打了一年口水战的"红绿之争"终于对簿公堂,"红罐王老吉"生产商加多宝集团与代表"绿盒王老吉"的广药集团,在国际商会大厦内仲裁,争论该商标合同究竟是2010年到期还是2020年到期。

中国国际经济贸易仲裁委员会于 2012 年 5 月 9 日作出裁决书,要求加多宝集团停止使用"王老吉"商标。至此,历经 10 余年将王老吉做成价值千亿的品牌的加多宝集团被裁定不能继续使用王老吉商标。

(资料来源:新浪财经,http://finance.sina.com.cn/focus/2010wlj)

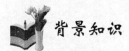

学长:怕上火喝——啥?这场"红绿之争"其实还没有完全结束,因为"王老吉"这一商标蕴含利益巨大,广药集团和加多宝集团还是纷争不断啊!商标权就是一项典型的无形资产。

小美:学长,王老吉商标是怎么样蕴含巨大利益的呢?

学长:商标权具有垄断性,是企业重要的经济资源,受到法律保护。你们有没有注意到,王老吉出名的时候,销售量是飞速增长的?

小贵:是啊,这项无形资产评估价格达到了 1 080 亿元!

学长:所以,无形资产是企业非常重要的资产类型。它虽然不具有实物形态,但是它本身的价值、它能为企业带来的经济利益却可能是许多实物资产无法相比的。从上面案例你们也看到了,无形资产的管理和保护很重要。这么宝贵的资产,我们做会计的可要留神了!

任务一 无形资产:你真的看"透"我了吗

无形资产的特征

无形资产是指企业拥有或者控制的没有实物形态的可辨认非货币性资产。它具有三个特征:

(1) 不具有实物形态。

(2) 具有可辨认性。所谓可辨认性,有两个判断标准,一是可以用于买卖,或者它是一种合同、法律规定了的权利。

(3) 属于非货币性长期资产。它的使用年限在一年以上,能够在许多个会计期间给企业带来经济利益。

学长：小美，要是你掉了100块钱，你会怎么记账？

小美：100块钱？我会很心疼的，得记"营业外支出"。

学长：小贵，你也这么记吗？

小贵：100块钱！我要自己找回来，我记"其他应收款"！

学长：我当时想，这是我管理不当，应该记"管理费用"。可是我师傅啊，跟我们做的都不一样。师傅说："掉了钱是个教训，教训也是值钱的，所谓'吃一堑长一智'，应该记'无形资产'啊！"

无形资产的构成

无形资产主要包括专利权、非专利技术、商标权、著作权、土地使用权和特许权等。

（1）专利权。专利权是指国家专利主管机关依法授予发明创造专利申请人对他的发明创造在法定期限内所享有的专有权利，包括发明专利权、实用新型专利权和外观设计专利权。

（2）非专利技术。非专利技术是指专有技术或技术秘密、技术诀窍，是指先进的、没有公开的、没有申请专利的、可以带来经济效益的技术诀窍，包括工业专有技术、商业（贸易）专有技术、管理专有技术。

（3）商标权。商标权是指专门在某类指定的商品或产品上使用特定的名称或图案的权利。商标经过注册登记，就获得了法律上的保护。

（4）著作权。著作权又称版权，指作者对其创作的文学、科学和艺术作品依法享有的某些特殊权利。著作权包括两方面的权利，即精神权利（人身权利）和经济权利（财产权利）。

（5）土地使用权。土地使用权是指国家准许某一企业或单位在一定期间内对国有土地享有开发、利用、经营的权利。

（6）特许权。特许权又称经营特许权、专营权，指企业在某一地区经营或销售某种特定商品的权利或是一家企业接受另一家企业使用其商标、商号、技术秘密等的权利。

知识点 3

无形资产的账务处理

为了反映和监督无形资产的取得、摊销和处置等情况，企业应当设置"无形资产""累计摊销"等科目进行核算。

"无形资产"科目核算企业持有的无形资产成本，借方登记取得无形资产的成本，贷方登记出售无形资产转出的无形资产账面余额，期末借方余额，反映企业无形资产的成本。"无形资产"科目应当按照无形资产的项目设置明细科目进行核算。

"累计摊销"科目属于"无形资产"的调整科目，核算企业对使用寿命有限的无形资产计提的累计摊销，贷方登记企业计提的无形资产摊销，借方登记处置无形资产转出的累计摊销，期末贷方余额，反映企业无形资产的累计摊销额。

此外，企业无形资产发生减值的，还应当设置"无形资产减值准备"科目进行核算。

学长：其实无形资产的核算和固定资产的核算是类似的。资产是怎么取得的？资产长年使用怎么分摊它的成本？资产跟不上时代，发生了减值怎么处理？

下面就按这个思路来看一看在企业里应该怎样对无形资产进行会计核算吧！

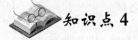

知识点 4

无形资产的取得

无形资产应该按照成本进行初始计量。

企业取得无形资产的主要方式有外购、自行研发等，不同的方式下对应的会计处理有所差别。

(1) 外购无形资产的会计处理，类似一般采购，借记"无形资产"，贷记"银行存款"等科目。

(2) 自行研发的无形资产稍微复杂，需要区分"研究阶段支出"和"开发阶

段支出":

① 研究阶段支出,不满足费用化条件的,借记"研发支出——费用化支出"科目,期末转入"管理费用"科目;满足资本化条件的,借记"研发支出——资本化支出",研发成功后转入"无形资产"。

② 开发阶段支出,计入"研发支出——资本化支出",研发成功后转入"无形资产"。

如果无法可靠区分研究阶段的支出和开发阶段的支出,就把发生的研发支出全部费用化,记入"管理费用"科目。

趣话

小美:学长,和自行建造固定资产相比,自行研发无形资产的核算怎么这么复杂?

学长:嘿嘿,小美,这个的话,你们女孩子应该最懂了。

小贵:学长快讲讲吧,小美懂的我也想懂哇!

学长:咳咳,自行研发无形资产的账务处理与相亲、定亲、结婚有异曲同工之妙哇!相亲阶段发生的任何费用,都直接作为期间费用处理,不能资本化;但进入定亲阶段,那些带过去的烟酒、猪肉、水果以及给女方的衣物等,一般作资本化处理,记"研发支出——资本化支出"科目;等到结婚时,再借记"无形资产——爱情",贷记"研发支出——资本化支出"……

亲爱的同学们,你们理解"定亲阶段"的支出处理了吗?来看看下面的实务情景吧!

演练1 自行研发无形资产的账务处理

甲公司自行研究、开发一项技术,截至2011年12月31日,发生研发支出额合计2 000 000元,经过测试后确定,这项研发活动完成了研究阶段,从2012年1月1日开始进入开发阶段。

2012年发生开发支出300 000元,假定符合《企业会计准则第6号——无形资产》规定的开发支出资本化的条件。

2012年6月30日,研发活动结束,最终开发出一项非专利技术。

甲公司编制如下会计分录:

(1) 2011年发生的研发支出
借:研发支出——费用化支出　　　　　2 000 000
　　贷:银行存款等　　　　　　　　　　2 000 000
(2) 2011年12月31日,发生的研发支出全部属于研究阶段的支出
借:管理费用　　　　　　　　　　　　2 000 000
　　贷:研发支出——费用化支出　　　　2 000 000
(3) 2012年,发生研发支出并满足资本化确认条件
借:研发支出——资本化支出　　　　　300 000
　　贷:银行存款等　　　　　　　　　　300 000
(4) 2012年6月30日,技术研发完成并形成无形资产
借:无形资产
　　贷:研发支出——资本化支出
亲爱的同学们,算一算无形资产的成本是多少? 请补充完最后一条会计分录哦!

无形资产的摊销

1. 无形资产的摊销范围

企业应该在取得无形资产时分析判断其使用寿命。使用寿命有限的无形资产应该进行摊销。使用寿命不确定的无形资产不进行摊销。

使用寿命有限的无形资产,通常其残值视为零,从可以使用的当月起开始摊销。

被处置的无形资产当月不再摊销。

2. 无形资产的摊销方法

无形资产的摊销方法包括年限平均法(直线法)、生产总量法等。企业选择的无形资产的摊销方法,应当反映与该无形资产有关的经济利益的预期实现方式。无法可靠确定时,就选择直线摊销法。

无形资产摊销时,贷记"累计摊销",借记科目按"谁受益、谁负担"的原则来确定。比如,企业自用的无形资产,摊销金额计入管理费用;出租的无形资产,摊销金

额计入其他业务成本,等等。

亲爱的同学们,固定资产也是按月摊销的,它的摊销时间和无形资产相比有什么不同呢?

无形资产的处置

企业处置无形资产,应当把取得的价款扣除其账面价值、出售相关税费后的差额作为营业外收入(支出)进行会计处理。

例如,如果处置无形资产时卖了个好价钱,发生盈利,编制会计分录如下:

借:银行存款　　　　　　　　　　　×××
　　累计摊销　　　　　　　　　　　×××
　贷:应交税费　　　　　　　　　　　×××
　　无形资产　　　　　　　　　　　×××
　　营业外收入——非流动资产处置利得　×××

无形资产的减值

无形资产在资产负债表日存在可能发生减值的迹象时,其可收回金额低于账面价值的,企业应当将该无形资产的账面价值减记至可收回金额,减记的金额确认为减值损失,计入当期损益,同时计提相应的资产减值准备。

按照应减记的金额,借记"资产减值损失——计提的无形资产减值准备"科目,贷记"无形资产减值准备"科目。

无形资产减值损失一经确认,在以后会计期间不得转回。

学长:小贵,上次你说"固定资产"对你的生活非常重要。你可知道无形资产也是非常重要的?

小贵:是啊,无形资产虽然很低调,但它给企业带来的价值却往往是不可估量的……

学长:小贵,你没有理解学长的"深意"。学长想告诉你,会计是一门"美妙的语言"!

小美:哈哈,学长,会计语言不是都很严肃吗?它怎么样美妙呢?

学长:亲爱的同学们,你们可以把下面这一段记忆熟练,以后一定用得上!

"拿会计语言来讲,爱情就是使用寿命不确定的无形资产,在持有期间是无需摊销的,但为了让爱情保鲜,至少在每年年末进行减值测试。我会努力呵护我们的感情,首先,让它永远不会减值,更别说计提减值准备了;其次,让它不断增值,不过在账上,我会谦虚地保持其价值不变……"

亲爱的同学们,学长的原创"会计情书"是不是帮助你们轻松掌握无形资产的会计处理了呢?

任务二 其他资产:明明白白我的心

其他资产

其他资产是指除货币资金、交易性金融资产、应收及预付款项、存货、长期股权投资、持有至到期投资、可供出售金融资产、固定资产、无形资产等以外的资产,如长期待摊费用等。

长期待摊费用

长期待摊费用是指企业已经发生但应由本期和以后各期负担的分摊期限在一年以上的各项费用,如以经营租赁方式租入的固定资产发生的改良支出等。企业应设置"长期待摊费用"科目对此类项目进行核算。

演练2 长期待摊费用的账务处理

2013年4月1日,甲公司对以经营租赁方式新租入的办公楼进行装修,发生以下有关支出:领用生产用材料500 000元,购进该批原材料时支付的增值税进项税额为85 000元;辅助生产车间为该装修工程提供的劳务支出为180 000元;有关人员工资等职工薪酬435 000元。2012年11月30日,该办公楼装修完工,达到预定可使用状态并交付使用,按租赁期10年进行摊销。假定不考虑其他因素。

甲公司发生的办公楼总支出合计为1 200 000(585 000+180 000+435 000)元,2012年12月份应该分摊的装修支出为1 200 000÷10÷12=10 000(元)。

甲公司应该如何编制会计分录呢?

借:管理费用

　　贷:长期待摊费用

思考

学长:一说到"长期待摊费用",我就想到以前镇上那只聪明的藏獒来……

小美:学长,这是为什么呀?

学长:以前镇上有家企业花费12万元买了一只藏獒,让它晚上和值班保安一起看门,老板要会计入账,几个会计讨论了一宿,也没得出个说法。

小贵:那后来怎么样了呢?

学长:最后,倒是那只藏獒看不下去了,只好站出来自己解说花费的那12万元的入账方法。藏獒说:

你们人类啊,记个破账都能吵翻天,有人要把我记为生物资产,有人要把我记为固定资产,有人要把我记为存货,更可恨的是有人有眼无珠要将我记为无形资产,最可笑的是有人还要把我推进资本市场,将我记为可供出售金融资产,甚至持有至到期投资。还有其他不少五花八门的记账方法啊,我就不一一道来了。真好比当年巴比伦人建造"通天塔",天天为个方案争来争去,形不成一个统一意见,因此,最终也没建成。

我是一只活泼可爱又勇猛无敌的小生灵,按理说应作为生物资产对待,但我是负责给你们看工厂大门的,不是在农场中专门给你们下崽或者给那些没人性、可恨的人当食材用的,所以,作为生物资产是不合适的。另外,我这么活泼好动,肯定不是机器狗、机器猫之类的,作为固定资产处理就更不合适了。

你们将我记入存货,真的让我难过,表明你们随时都想将我卖掉,你们没良心啊,对我这么没有感情,会让我伤心流泪到天明的!如果你们还想将我包装一番,将我上市推入资本市场这个"火炕"中去出售,就更没有天理了。我看门是好努力的,你们好意思这么对待我吗?

我个人的意见是将我记到长期待摊费用中去,保安给你们看门,你们没把人家当做资产记入账簿,但每月至少还给个工资吧,从我看门以来,你们从来就没给过我工资,我也从来没见过钱。因此,不将我记入资产是说不过去的。所以啊,说来说去,你们将我记为长期待摊费用是最合适的,你们估计我能活多久,就将那花掉的 12 万块钱摊多久就行了,我平时吃、穿、住、行的费用,你们记入管理费用就好了。

另外,我要是实在耐不住寂寞,处了个对象,不小心生下了个小藏獒,你们在财务上可不做处理,在备查账簿上登记一下就可以了。我的孩儿吃的东西记入当期管理费用吧。万一哪天你们这些没良心的人卖掉了我的小藏獒,就按"其他业务收入"处理吧。

不说了,说得我好伤心啊!

亲爱的同学们,"资产"这一会计要素我们就学习到这里啦!镇上这只活泼可爱、勇猛无敌的小藏獒说得有道理吗?它说得好伤心,你们能明白它的心吗?

(资料来源:http://weibo.com/p/101010n_18254622_18254623_u_1410448443)

项目八 "双刃剑"不好使——流动负债

任务书

任务名称	"双刃剑"不好使——流动负债	任务编号	008	时间要求	6课时
要 求	1. 掌握短期借款的内容； 2. 掌握应付及预收账款的内容； 3. 掌握应付职工薪酬的内容； 4. 掌握应交税费的内容； 5. 了解应付股利及其他应付款				
培养目标	让学生能对企业中的流动负债进行会计核算与处理				
教学地点	教室				
教学设备	投影设备、投影幕布、电脑				
训练内容					
1. 掌握短期借款的核算； 2. 掌握应付以及预收账款的核算； 3. 掌握应付职工薪酬的核算； 4. 掌握应交税费的核算； 5. 了解应付股利及其他应付款的核算					
训练要求					
1. 能够解释流动负债的含义与内容； 2. 能够开展短期借款的核算； 3. 能够开展应付以及预收账款的核算； 4. 能够开展应付职工薪酬的核算； 5. 能够开展应交税费的核算； 6. 能够进行应付股利及其他应付款的核算					

续表

成果要求及评价标准			
1. 能够解释流动负债的含义与内容(5分)			
2. 能够开展短期借款的核算(20分)			
3. 能够开展应付以及预收账款的核算(20分)			
4. 能够开展应付职工薪酬的核算(25分)			
5. 能够开展应交税费的核算(25分)			
6. 能够进行应付股利及其他应付款的核算(5分)			
任务产出一	成员姓名与分工	组长	学号	分工
		成员1	学号	
		成员2	学号	
		成员3	学号	
		成员4	学号	
		成员5	学号	
		成员6	学号	
任务产出二	1. 短期借款的内容与核算方法(5分) 2. 应付账款的核算(10分) 3. 应付票据的核算(10分) 4. 预收款项的核算(10分) 5. 应付职工薪酬的内容、确定与发放(10分) 6. 货币性与非货币性福利的确定与发放(10分) 7. 应交税费的内容及应交增值税(5分) 8. 进项税额和应交增值税的核算(10分) 9. 应交消费税和应交营业税的核算(10分) 10. 其他应交税费的账务处理(10分) 11. 个人所得税的账务处理(5分) 12. 应付股利及其他应付款的账务处理(5分)			
项目组评价				总分
教师评价				

中国人的一生要交多少税

"在我的生活中,到底什么要交税,什么不要交税,还是所有东西都要交税?交了税,为什么没有'完税凭证'?我这辈子究竟交了多少税?都用到哪里去了?从哪里可以查到?我一无所知。"为了明明白白活一回,表姐拿出笔来,想要好好算算这本"糊涂账"。

"这只是一个粗线条的统计,很多人家的实际支出远远不止我列的这些,某些企业的税收减免也没有考虑。我急于知道维持一个三口之家的正常生活,在中国需要多少成本。"

个税:最早让表姐认识到自己是纳税人的,就是每个月的工资条。

表姐每月税前工资15 000元,扣除1 335元"三险一金",缴纳个税为1 958元。丈夫每月税前工资28 000元,扣除2 223元"三险一金",缴纳个税为4 569.25元。一年算下来,表姐夫妻俩的总收入为516 000元,缴纳个税78 327元,占比超过15%。

只要有消费,就要缴纳增值税。不仅如此,在我们这个实行流转税的国家,企业所交的税以及以费的名目和形式征收的"变相税",如消费税、营业税、城建税、教育附加费、印花税、关税……最终也都会通过市场价格传递到每一个人身上。表姐以吃、穿、用、住、行、理财几大类,分别统计。

吃:"每天早晨都像打仗一样紧张,基本上都是面包+牛奶,再给孩子煮一个鸡蛋。"得益于表姐爱保留购物小票的好习惯,可以得知面包每个3.5元,纯牛奶每包1.5元,一斤碧福缘山林绿壳鸡蛋29.49元,折合每个鸡蛋3元。

夫妻俩的午餐、晚餐均在公司附近解决,平均一餐15元。每月全家至少下四次馆子,每餐至少100多元。

难得周末一家团聚,表姐喜欢下厨露两手。上个星期的超市小票上记录有乌鸡、牛腩、鲫鱼、甜豌豆、生菜、鸭梨……这些食材大概是两天的量,一共消费了近122元。油盐酱醋这些调料加在一起,每个月的开销约为128元。

一家人每月还会为红茶花费200元,果汁花费300元。

"面包、纯牛奶、食醋、绵白糖适用的增值税税率为17%,鲜牛奶、蔬菜肉蛋、酱油、食用油、食盐适用的增值税税率为13%。餐饮业的营业税是5%,如果不幸都使用了木制一次性筷子,还要每顿饭多交5%的消费税。而且我发现,只要缴纳过增值税、消费税、营业税其中之一,都要同时在税额总数上再增加7%的城建税和3%的教育附加费,这两项一般是雷打不动的。我以前从来没有意识到,哪怕我买一根针,都为城市建设和教育掏了钱包。"

"这么算下来,我们这一家三口,一个月仅早饭就为国家缴了近100元税费,计算公式如下:{[(3.5+1.5)×3×17%×(1+7%+3%)]+3×13%×(1+7%+3%)}×30=97元。一个月在吃上的税费大约有438元。"

穿:表姐一家人在穿上讲究舒适随意,并不追求大品牌。

"我大概估算了一下,去年我给自己买了6 800元的衣服鞋袜,老公是2 250元,宝宝是1 200元。衣服的增值税是17%,加上城建税和教育附加费,一年缴税大约为1 916元。"

用:在算"用"这一项的时候,表姐不由一阵惭愧。"以前看过一篇文章说女人25岁之后就要学会保养,一直都在化妆品和护肤品上特别敢于花钱,追求高档品牌,在这上面一年花了6 000多元。我查了最新的消费税税率,才知道高档化妆品的消费税居然高达30%,还要加上10%的关税、17%的增值税。我仅化妆品,一年就要交税3 420元。原来我才是家里真正的'纳税大户'……"

香水:年消费500元,税率等同高档化妆品,缴税约300元。

理发:年消费1 000元,5%的营业税+城建税+教育附加费,缴税约55元。

小孩玩具:年消费2 000元,17%的增值税+城建税+教育附加费,缴税约374元。

其余杂费:年消费1 200元,税率等同玩具,缴税约22.5元。

表姐翻出了2月份公共事业缴费单,电费300元,自来水费176元,燃气费47.15元,电话费+网络费220元,手机费300元。

"电费的增值税税率是17%,水和煤气是13%,国家为了支持邮电通信行业的发展,将电信营业税税率定位为较低的3%。我们一年在这上面的缴税大约为1 257元。"

一次性大宗支出:高档手表里含有20%的消费税和11%的关税。一块1.5万元的手表,税款就占到9 150元,非税价只有5 850元。金银首饰、钻戒共13 960元,包含5%的消费税、17%的增值税以及附加税,缴税4 065元。

"减掉一次性的大宗支出,我们一年仅吃、穿、用就为国家缴了1.3万元的税。我都有点不敢算那个天价奢侈品——房子了。"

住:几年前,表姐在东四环安了家,一套两居的房子,总价176万。那么这套房子中到底含有多少税费呢?

与房地产行业相关的各种税费纷繁复杂。全国人大代表、重庆市政协副主席陈万志曾表示,目前涉及房地产的税种有12项之多,涉及房地产的收费多达50项,两者共计62项,分别为营业税、企业所得税、契税、个人所得税、城建税、耕地占用税、房产税、城市房地产税、印花税、土地使用税(城镇土地使用税)、土地增值税、资源税、教育费附加等。在大城市,其中大约40%为土地出让金,各项税费占到15%。而陈万志抽样调查了部分项目的税费,发现竟然占到房地产价格的30%~40%。

仅以15%算,表姐这套房子的税费就高达26.4万。

装修花了7万多,按3%的营业税计算,税费约为2 163元。家具、电器、餐具、床上用品总共58 300元,按17%的增值税税率计算,税费约为9 911元。

"为了有一个像样的家,我光税就至少交了27.6万元,相当于我两年不吃不喝所有的工资收入。"表姐顿时觉得分外心疼起来。

行:2006年,表姐丈夫买了一辆马自达M3,花了16.98万。

"购置税=购车款/(1+17%)×购置税税率(10%),一次性花了14 512元。在北京,车船使用税是480元/年。1.6排量,适用的消费税为5%。每月汽油开支1 000元,按照17%增值税、无铅汽油每升消费税0.2元、7%城建税、3%教育费计算,占了油价的20.4%,一年交税2 448元。5年来,我们为这部爱车一共交了28 274元的税。"

如果按照新的《车船税法》,将来这辆车的车船使用税,还将提到每年660~960元。

理财:目前国家免征利息税,表姐家的银行存款暂时躲过一劫。股票按1‰印花税单边征收。"没有仔细算过,估计怎么一年下来也有2 000多元,5年大约1万元。"

累不累?看看税:

10年来,如果不计算波动,表姐一家共收入516万元,缴纳个税约78万元,五大类交税共计46万元,赋税总额124万元,占到总收入的24%。

(资料来源:网易新闻,http://focus.news.163.com/11/0322/11/6VOESGTS00011SM9.html)

背景知识

小美:学长,人的一生要交这么多税呀!

学长:外国一位伟人富兰克林先生有句名言:"人的一生唯有两件事是不可避

免的,一是死亡,一是纳税。"其实不仅仅是我们每个个体如此,企业也是一样呀!

小贵:看来要算税的话很复杂呀……

学长:在会计上有个科目叫"应交税费",专门用来核算我们"欠"地税局、国税局的钱。当然了,企业还欠其他人的钱,几乎没有企业不欠债的。企业能够借债也是一种本领!

小美:学长,这怎么理解呢?

学长:你们还记得资产的会计恒等式吗?

小贵:记得呀,资产=负债+所有者权益。

学长:很好,想一想,右边的负债增加的时候,左边的资产是不是也要增加呢?

小美:哦,原来如此……

学长:不过,学长首先要提醒你们:负债不是越多越好哦! 负债是一把"双刃剑",需要恰当使用。

以流动负债为例,流动负债作为一种筹资方式,具有期限短、成本低、风险小的特点,企业正确合理地运用流动负债资金,就能够优化企业的资本结构,增加经营资本,提高企业的运营效益,对企业有着积极的促进作用。

但如果流动资金比例失调,则也会给企业带来一定的消极后果,主要是提高了企业负债的偿还压力,使得企业的财务风险提高。因此,保持一个合理科学的流动负债比例,对企业的健康发展有着重要的意义,掌握好流动负债的管理与核算也就非常重要了。

任务一 短期借款,适可而止

知识点 1

短期借款的内容

短期借款是指企业向银行或者其他金融机构等借入的期限在 1 年以下(含 1 年)的各种款项。一般是企业为了满足正常生产经营所需的资金或者是为了抵偿某项债务而借入的。

 知识点 2

短期借款的核算

企业应当通过"短期借款"科目,核算短期借款的发生、偿还等情况。

取得短期借款时,借记"银行存款",贷记"短期借款"。

在资产负债表日,应当按照计算确定的短期借款利息费用,借记"财务费用",贷记"应付利息";实际支付利息时,借记"应付利息",贷记"银行存款"。

短期借款到期偿还本金时,借记"短期借款",贷记"银行存款"。

演练 1 短期借款的核算

甲公司 2012 年 1 月 1 日向银行借入一笔生产经营用短期借款,共计 120 000 元,期限为 9 个月,年利率为 4%。根据与银行签署的借款协议,该项借款的本金到期后一次归还,利息按季支付。甲公司应该编制如下会计分录:

(1) 1 月 1 日借入短期借款 120 000 元:

借:银行存款
　　贷:短期借款

(2) 1 月末,应计提本月应付利息,金额 = 120 000 × 4% ÷ 12 = 400 元,会计分录如下:

借:财务费用
　　贷:应付利息

2 月份处理与 1 月份相同。

(3) 3 月末,支付第一季度银行借款利息 1 200 元:

借:财务费用
　　应付利息
　　贷:银行存款

第二、三季度的处理与第一季度相同。

(4) 9 个月借款期满,10 月 1 日偿还银行借款本金:

借:短期借款　　　　　　　　　　　　　　120 000
　　贷:银行存款　　　　　　　　　　　　　　120 000

 **趣话**

学长:来来来,请你们吃喜糖啦!

小美:哇,学长的喜糖吗?

学长:嘿嘿,当然不是啦!学长会计还没学到家,怎么能够就结婚?这是我表哥的喜糖。不过,看看表哥给我发来的微信,我也不急着吃喜糖了……

小贵:什么呀,学长,念给我们听听吧!

学长:我表哥说,"看看我的结婚会计分录,就知道娶个老婆有多不容易!

借:生物资产——老婆

　　应交税金——付给丈母娘的钱

　　固定资产——房子、车子

　　低值易耗品——喜糖、小礼物

贷:银行存款——结婚用掉的钱(含礼金)

　　应付账款——结婚收到的礼金

　　短期借款——结婚透支的钱,信用卡奴

　　长期应付款——房奴,车奴

吃了喜糖,还得还钱还债,泪奔啊,有木有……"

小美:哎,喜糖很甜,结婚不易,且吃且珍惜……

亲爱的同学们,表哥的结婚会计分录你们读懂了吗?

任务二　融资暗器:应付及预收账款

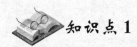 **知识点 1**

应付账款的核算

1. 应付账款的内容

应付账款是指企业因为购买材料、商品或接受劳务供应等经营活动而应付给供应单位的款项。

企业应通过"应付账款"科目,核算应付账款的发生、偿还、转销等情况。

购入材料、商品等验收入库,但货款尚未支付,根据有关凭证(发票账单、随货同行发票上记载的实际价款或暂估价值),借记"材料采购""在途物资"科目等,按照可抵扣的增值税进项税额,借记"应交税费——应交增值税(进项税额)"科目;按照应付的款项,贷记"应付账款"科目。

企业接受供应单位提供劳务而发生的应付未付款项,根据供应单位的发票账单,借记"生产成本""管理费用"等科目,贷记"应付账款"科目。

企业偿还应付账款,或者开出商业汇票抵付应付账款时,借记"应付账款"科目,贷记"银行存款""应付票据"等科目。

2. 应付账款现金折扣的处理

应付账款附有现金折扣的,应按照扣除现金折扣前的应付款总额入账。如果在折扣期限内付款,从而获得现金折扣,应该在偿付应付账款时冲减财务费用。

演练2　应付账款现金折扣的核算

乙百货商场于2012年4月2日,从B公司购入一批家电产品并验收入库。增值税专用发票上注明的该批家电的价款为1 000 000元,增值税为170 000元。

按照购货协议的规定,乙百货商场如在15天内付清货款,将获得1%的现金折扣(假定计算现金折扣时需考虑增值税)。

4月10日,乙商场按照扣除现金折扣后的金额,用银行存款付清了所欠B公司货款。

乙百货商场应编制如下会计分录:

(1) 4月2日确认应付账款:

借:库存商品
　　应交税费——应交增值税(进项税额)
　　贷:应付账款——B公司　　　　　　　　1 170 000

---

(2) 4月10日付款,享受现金折扣 1 170 000×1% = 11 700 元,实际支付的货款 = 1 170 000 - 11 700 = 1 158 300 元,编制会计分录如下:

借:应付账款——B公司
　　贷:银行存款
　　　　财务费用

亲爱的同学们,请帮忙把上面的会计分录补充完整哦!

3. 外购动力的实务核算技巧

实务中,企业外购电力、燃气等动力一般通过"应付账款"科目核算,即在每月付款时先作暂付款处理,借记"应付账款"等科目,贷记"银行存款"等科目;月末按照外购动力的用途,借记"生产成本""制造费用"和"管理费用"等科目,贷记"应付账款"等科目。

4. 应付账款转销

应付账款一般在较短期限内支付,但有时由于债权单位撤销或其他原因而使应付账款无法清偿。企业应将确实无法支付的应付账款予以转销,按其账面余额计入营业外收入,借记"应付账款"科目,贷记"营业外收入"科目。

 思考

学长:说到应付账款,学长想起了过年的红包钱……大伙收到红包时,那个欢天喜地啊!

小美:那当然!那不是"营业外收入"吗?我的最爱,嘻嘻!

小贵:是呀,我都借记"库存现金",贷记"营业外收入"。

学长:你们这样管理红包可就太粗心啦!依学长之见,我们收到红包时,大家多数时候只是一名出纳而已,过过手罢了。

不过,记账时分析红包的会计属性,还挺有意思的。收到红包时,属亲情馈赠的,转入"资本公积";随机收到、无需偿还的,转入"营业外收入";需要偿还的,应视做人情往来,转入"应付账款"。

 **知识点 2**

应付票据的核算

1. 应付票据的内容

应付票据是指企业因为购买材料、商品或接受劳务供应等而开出承兑的商业汇票,包括商业承兑汇票和银行承兑汇票。

企业应通过"应付票据"科目,核算应付票据的发生、偿付等情况。该科目贷方登记开出、承兑汇票的面值,借方登记支付票据的金额,余额在贷方,反映企业尚未到期的商业汇票的票面金额。

企业应当设置"应付票据备查簿",详细登记商业汇票的信息。应付票据到期结清时要在备查簿内予以注销。

2. 应付票据的账务处理

企业因购买材料、商品和接受劳务等而开出、承兑的商业汇票,应当按照票面金额作为应付票据的入账金额,借记"材料采购""原材料""库存商品""应付账款""应交税费——应交增值税(进项税额)"等科目,贷记"应付票据"科目。

3. 应付票据转销

应付商业承兑汇票到期,如果企业无力支付票款,应将应付票据按账面余额转作应付账款。

应付银行承兑汇票到期,如果企业无力支付票款,应该将应付票据的账面余额转作短期借款。

 **知识点 3**

预收款项的核算

预收账款是指企业按照合同规定向购货单位预收的款项。预收账款与应付账款同为企业短期债权,但与应付账款不同的是,预收账款所形成的负债不是以货币偿付的,而是以货物清偿的。

(1) 企业预收购货单位的款项时,借记"银行存款"科目,贷记"预收账款"科目。

(2) 销售实现时,按实现的收入和应交的增值税销项税额,借记"预收账款"科目,按照实现的营业收入,贷记"主营业务收入"科目,按照增值税专用发票上注明的增值税税额,贷记"应交税费——应交增值税(销项税额)"等科目。

(3) 企业收到购货单位补付的款项,借记"银行存款"科目,贷记"预收账款"科目。

(4) 向购货单位退回其多付的款项,借记"预收账款"科目,贷记"银行存款"科目。

预收货款业务不多的企业,可以不单独设置"预收账款"科目,其所发生的预收货款可通过"应收账款"科目核算。

学长:小贵,你有没有想过企业为什么会有预收款项?

小贵:我觉着吧,预收预付就像以前说的"娃娃亲"。因为人家的货好,所以要抢先跟人家预定,预先付款,因此就有预售款项啦。

小美:小贵,你真棒!

学长:哈哈,你分析得有道理。学长想跟你们说说实务中的情况。

在实务中,如果一个企业的预收账款有较多的余额,则要么是产品供不应求的企业,要么是房地产企业,因为只有这类企业,人家才急着打款进来。一般来讲,这类企业的毛利率较高,因为企业有较大的定价权。

虽然企业在预收款项时不作销售处理,但其实预收账款本质上不是什么负债,而是未来交货时的销售收入。

小贵:学长最后一句话好精辟!

任务三　五彩缤纷的应付职工薪酬

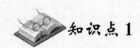

应付职工薪酬的内容

职工薪酬是指企业为获得职工提供的服务而给予各种形式的报酬以及其他相

关支出。

职工薪酬主要包括以下内容：

(1) 职工工资、奖金、津贴和补贴。

(2) 职工福利(图 8.1)费。

图 8.1　职工福利知多少

(3) 医疗保险费、养老保险费、失业保险费、工伤保险费和生育保险费等社会保险费。

(4) 住房公积金。

(5) 工会经费和职工教育经费。

(6) 非货币性福利，比如提供给企业高级管理人员使用的住房等。

(7) 因解除与职工的劳动关系而给予的补偿。

(8) 其他与获得职工提供的劳务相关的支出。

企业应当设置"应付职工薪酬"科目，核算应付职工薪酬的计提、结算、使用等情况。应付职工薪酬的账务处理主要包括确认和发放两个方面。

知识点 2

应付职工薪酬的确认

1. 货币性职工福利

企业应当在职工为其提供服务的会计期间，根据职工提供服务的受益对象，将应确认的职工薪酬(包括货币性薪酬和非货币性福利)计入相关资产成本或当期损益,同时确认应付职工薪酬。具体分以下几种情况进行处理:

(1) 生产部门人员的职工薪酬,借记"生产成本""制造费用""劳务成本"等科目,贷记"应付职工薪酬"科目。

(2) 管理部门人员的职工薪酬,借记"管理费用"科目,贷记"应付职工薪酬"科目。

(3) 销售人员的职工薪酬,借记"销售费用"科目,贷记"应付职工薪酬"科目。

(4) 应由在建工程、研发支出负担的职工薪酬,借记"在建工程""研发支出"科目,贷记"应付职工薪酬"科目。

企业在计量应付职工薪酬时,对于国家(或企业年金计划)统一规定了计提基础和计提比例,如企业应向社会保险经办机构(或企业年金基金账户管理人)缴纳的医疗保险费、养老保险费、失业保险费、工伤保险费、生育保险费等社会保险费,应向住房公积金管理中心缴存的住房公积金,以及应向工会部门缴纳的工会经费等,应当按照国家规定的标准计提。

国家(或企业年金计划)没有明确规定计提基础和计提比例,如职工福利费等职工薪酬,企业应当根据历史经验数据和实际情况,合理预计当期应付职工薪酬。当期实际发生金额大于预计金额的,应当补提应付职工薪酬;当期实际发生金额小于预计金额的,应当冲回多提的应付职工薪酬。

2. 非货币性职工福利

(1) 企业把自己生产的产品,作为非货币性福利发放给职工的,应当根据受益对象,按照产品的公允价值计入相关资产成本或者当期损益,同时确认应付职工薪酬,借记"管理费用""生产成本""制造费用"等科目,贷记"应付职工薪酬——非货币性福利"科目。

(2) 企业将自己拥有的房屋等资产无偿提供给职工使用的,应当根据受益对象,将该住房每期应该计提的折旧计入相关资产成本或者当期损益,同时确认应付职工薪酬,借记"管理费用""生产成本""制造费用"等科目,贷记"应付职工薪酬——非货币性福利"科目,并且同时借记"应付职工薪酬——非货币性福利"科目,贷记"累计折旧"科目。

(3) 租赁房屋等资产供职工无偿使用的,应当根据受益对象,把每期要付的租金计入相关资产成本或者当期损益,并确认应付职工薪酬,借记"管理费用""生产成本""制造费用"等科目,贷记"应付职工薪酬——非货币性福利"科目。

(4) 难以认定受益对象的非货币性福利,直接计入当期损益和应付职工薪酬。

知识点 3

应付职工薪酬的发放

1. 支付职工工资、奖金、津贴和补贴

实务中,企业一般在每月发放工资前,根据"工资结算汇总表"中的"实发金额"栏的合计数向开户银行提取现金,借记"库存现金"科目,贷记"银行存款"科目,然后再向职工发放。

企业按照有关规定向职工支付工资、奖金、津贴等,借记"应付职工薪酬——工资"科目,贷记"银行存款""库存现金"等科目。

企业从应付职工薪酬中扣还的各种款项(代垫的家属医药费、个人所得税等),借记"应付职工薪酬"科目,贷记"银行存款""库存现金""其他应收款""应交税费——应交个人所得税"等科目。

2. 支付职工福利费

企业向职工食堂、职工医院、生活困难职工等支付职工福利费时,借记"应付职工薪酬——职工福利"科目,贷记"银行存款""库存现金"等科目。

3. 支付工会经费、职工教育经费和缴纳社会保险费、住房公积金

企业在支付工会经费和职工教育经费用于工会运作和职工培训,或按照国家有关规定缴纳社会保险费、住房公积金时,借记"应付职工薪酬——工会经费(或职工教育经费、社会保险费、住房公积金)"科目,贷记"银行存款""库存现金"等科目。

4. 发放非货币性福利

企业以自产产品作为职工薪酬发放给职工时,应确认主营业务收入,借记"应付职工薪酬——非货币性福利"科目,贷记"主营业务收入"科目,同时结转相关成本,涉及增值税销项税额的,还应进行相应的处理。

企业支付租赁住房等资产供职工无偿使用所发生的租金,借记"应付职工薪酬——非货币性福利"科目,贷记"银行存款"等科目。

演练3　货币性职工福利的确认与发放

甲企业 2012 年 10 月份应付工资总额 693 000 元,工资费用分配汇总表中列示的产品生产人员工资为 480 000 元,车间管理人员工资为 105 000 元,企业行政管理人员工资为 90 600 元,专设销售机构人员工资为 17 400 元。甲企业应编制如下会计分录:

(1) 确认应付职工薪酬

借:生产成本——基本生产成本
　　制造费用
　　管理费用
　　销售费用
　　贷:应付职工薪酬——工资

(2) 发放前,向银行提取现金

借:库存现金
　　贷:银行存款

(3) 用现金发放工资

借:应付职工薪酬——工资
　　贷:库存现金

演练4　非货币性福利的确认与发放

甲公司为家电生产企业,共有职工 200 名,其中 170 名为直接参与生产加工的职工,30 名为总部管理人员。2012 年 2 月,甲公司以其生产的每台成本为 900 元的电暖器作为春节福利发放给每名职工。该型号的电暖器市场售价为每台 1 000 元,甲公司适用的增值税税率为 17%。

甲企业应编制如下会计分录：

(1) 确认应付职工薪酬

$$应付职工薪酬 = 200 \times 1\,000 + 200 \times 1\,000 \times 17\%$$
$$= 234\,000(元)$$

其中：

$$应记入"生产成本"的金额 = 170 \times 1\,000 + 170 \times 1\,000 \times 17\%$$
$$= 198\,900(元)$$

$$应记入"管理费用"科目的金额 = 30 \times 1\,000 + 30 \times 1\,000 \times 17\%$$
$$= 35\,100(元)$$

借：生产成本
　　管理费用
　　　贷：应付职工薪酬——非货币性福利

(2) 发放时

借：应付职工薪酬——非货币性福利　　234 000
　　贷：主营业务收入　　　　　　　　　200 000
　　　　应交税费——应交增值税（销项税额）　34 000

同时：

借：主营业务成本　　　　　　　　　180 000
　　贷：库存商品——电暖器　　　　　180 000

亲爱的同学们，你们注意到非货币性福利的计价方法了吗？请补充完整第一条会计分录哦！

任务四　唯死亡与纳税不可避免

目前我国税收分为流转税、所得税、资源税、财产税、行为税五大类，共19种。构成税种的主要因素有征税对象、纳税人、税目、税率、纳税环节、纳税期限等。

每个税种一般都制定一个实体法,规定其具体的税制要素,由征收双方遵照执行。

应交税费知多少

企业根据税法规定应该缴纳的各种税费包括:增值税、消费税、营业税、城市维护建设税、资源税、企业所得税、土地增值税、房产税、车船税、土地使用税、教育费附加、矿产资源补偿费、印花税、耕地占用税等。

企业应通过"应交税费"科目,总括反映各种税费的应交、缴纳等情况。根据具体税种名称,设置明细科目。

请注意:
(1) 企业代扣代缴的个人所得税等,也通过"应交税费"科目核算。
(2) 企业交纳的印花税、耕地占用税等不需要预计应交税的税金,因此不通过"应交税费"科目核算。

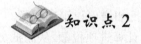

应交增值税

增值税是以商品(包括应税劳务)在流转过程中产生的增值额作为计税依据而征收的一种流转税。

企业作为增值税纳税人,可分为一般纳税人和小规模纳税人。不同性质的纳税人,其纳税方法不一样:

一般纳税人应交增值税税额 = 当期销项税额 − 当期进项税额

小规模纳税人应交增值税税额 = 应税销售额 × 征收率

其中:

应税销售额 = 含税销售额/(1 + 征收率)

销项税额是指从销售货物或者提供劳务中按规定收取的增值税,进项税额是指从购入货物或者接受应税劳务所支付的增值税,二者之差,便构成了对"增值额"的征税。

实务中,一般实行凭购物发票进行抵扣,即可以从销项税额中抵扣进项税额。但是,不是所有的进项税额都可以用来抵扣。其中,可以从销项税额中进行抵扣的进项税额通常包括:

(1) 从销售方取得的增值税专用发票上注明的增值税税额。

(2) 从海关取得的完税凭证上注明的增值税税额。

1. 一般纳税人应交增值税的账务处理

为了核算企业应交增值税的发生、抵扣、交纳、退税及转出等情况,增值税一般纳税人应在"应交税费"科目下设置"应交增值税"明细科目,并在"应交增值税"明细账内设置"进项税额""已交税金""销项税额""出口退税""进项税额转出"等专栏。

(1) 关于进项税额

① 采购商品和接受应税劳务:

企业从国内采购商品或者接受应税劳务等,根据增值税专用发票上注明的可抵扣的增值税税额,借记"应交税费——应交增值税(进项税额)"科目。购入货物发生退货,做相反的会计分录。

② 根据扣除率计算增值税的两种情况:

第一种情况是,购进(以及销售)货物以及在生产经营过程中支付运输费用的,按照运输费用结算单据上注明的运输费用金额和规定的扣除率计算进项税额。

第二种情况是,企业购入免征增值税货物,一般不能够抵扣增值税销项税额。但是对于购入的免税农产品,可以按照买价和规定的扣除率计算进项税额,从而抵扣销项税额。

演练 5　进项税额的计算

甲企业是增值税一般纳税人,适用的增值税税率为 17%,原材料按照计划成本核算,销售商品价格为不含增值税的公允价格。2013 年 8 月发生以下事项。

☞情景 1

8 月 5 日买进一台不需要安装的设备,价款以及运输保险费用等合计为 180 000 元,增值税专用发票上注明的增值税税额为 30 600 元。

可抵扣的进项税额为多少?

☞情景 2

8 月 15 日生产车间委托外单位修理机器设备,增值税专用发票上注明修理费用 20 000 元,增值税税额为 3 400 元。

可抵扣的进项税额是多少?

☞ 情景3

8月20日向农场采购高粱一批,价款200 000元,规定的扣除率为13%。这批高粱的进项税额为多少?

☞ 情景4

8月25日购进原材料一批,增值税专用发票上注明的货款是120 000元,增值税税额为20 400元,货物还没到仓库,货款和进项税额则已经用银行存款支付。另外,还用银行存款支付了运输公司运输费5 000元,运输费用的进项税额扣除率为7%。

这笔采购的进项税额总共是多少?

③ 进项税额转出:

企业购进的货物发生非常损失(即非正常的损失),以及将购进货物改变用途(比如用于非应税项目、集体福利、个人消费等),其进项税额不能再用来抵扣销项税额,也就是要把进项税额转出,贷记"应交税费——应交增值税(进项税额转出)"科目。

属于转作待处理财产损失的进项税额,应该与遭受非常损失的购进货物、在产品或者库存商品的成本一并处理。

购进货物改变用途通常是指购进的货物在没有经过任何加工的情况下,对内改变用途的行为,如企业在建工程项目领用原材料。

例如,刚才的甲企业8月份还发生了如下事件:

8月10日库存材料因为意外火灾毁损一批,有关增值税专用发票上注明的成本为20 000元,增值税税额为3 400元。甲应该这样做分录:

借:待处理财产损溢——待处理流动资产损溢　　23 400

　　贷:原材料　　　　　　　　　　　　　　　　20 000

　　　　应交税费——应交增值税(进项税额转出)　3 400

18日企业所属的职工宿舍维修,领用了原材料6 000元,购入原材料时支付的增值税为1 020元。

借:应付职工薪酬——非货币性福利　　　　　7 020

　　贷:原材料　　　　　　　　　　　　　　　6 000

应交税费——应交增值税(进项税额转出)　　　　1 020

(2) 关于销项税额

① 销售物资或者提供应税劳务：

企业销售货物或者提供应税劳务，按照增值税专用发票上注明的增值税税额，贷记"应交税费——应交增值税(销项税额)"。发生的销售退回，做相反的会计分录。

② 视同销售：

企业的有些交易和事项从会计角度来看不属于销售行为，不能确认销售收入，但是按照税法规定，应视同对外销售处理，计算应交增值税。视同销售需要交纳增值税的事项，如企业将自产或委托加工的货物用于非应税项目、集体福利或个人消费，将自产、委托加工或购买的货物作为投资、分配给股东或投资者、无偿赠送他人等。在这些情况下，企业应当贷记"应交税费——应交增值税(销项税额)"。

(3) 关于出口退税

企业出口产品按规定退税的，按应收的出口退税额，借记"其他应收款"科目，贷记"应交税费——应交增值税(出口退税)"科目。

(4) 关于增值税的实际交纳

企业交纳的增值税，借记"应交税费——应交增值税(已交税金)"科目，贷记"银行存款"科目。"应交税费——应交增值税"科目的贷方余额，表示企业应交纳的增值税。

(5) 关于增值税专用发票

需要说明的是，企业购入材料不能取得增值税专用发票的，发生的增值税应计入材料采购成本，借记"材料采购""在途物资"等科目，贷记"银行存款"等科目。

演练6　应交增值税的核算

2013年8月份，甲企业发生销项税额合计136 000元，进项税额转出合计4 420元，进项税额合计80 750元。甲企业当月应交增值税计算如下：

应交增值税 = 136 000 + 4 420 - 80 750 = 59 670(元)

用银行存款交纳增值税，甲企业应编制如下会计分录：

借：应交税费——应交增值税(已交税金)

　　贷：银行存款

亲爱的同学们，请补充完整上面的会计分录，一般纳税人增值税的账务处理你们是否已经掌握？

2. 小规模纳税人的账务处理

小规模纳税企业应当按照不含税销售额和规定的增值税征收率计算交纳增值税，销售货物或提供应税劳务时只能开具普通发票，不能开具增值税专用发票。小规模纳税企业不享有进项税额的抵扣权，其购进货物或接受应税劳务支付的增值税直接计入有关货物或劳务的成本。因此，小规模纳税企业只需在"应交税费"科目下设置"应交增值税"明细科目，不需要在"应交增值税"明细科目中设置专栏。"应交税费——应交增值税"科目贷方登记应交纳的增值税，借方登记已交纳的增值税；期末贷方余额反映尚未交纳的增值税，借方余额反映多交纳的增值税。

小规模纳税企业购进货物和接受应税劳务时支付的增值税，直接计入有关货物和劳务的成本，借记"材料采购""在途物资"等科目，贷记"应交税费——应交增值税"科目。

3. 营业税改增值税试点企业增值税的账务处理

经国务院批准，自2012年1月1日起，在我国部分地区部分行业开展深化增值税制度改革试点，逐步将营业税改征增值税。试点行业为交通运输业、部分现代服务业等生产性服务业。

(1) 一般纳税人差额征税的会计处理

增值税一般纳税人接受应税服务时，按规定允许扣减销售额而减少的销项税额，借记"应交税费——应交增值税(营改增抵减的销项税额)"科目，按实际支付或应付的金额与上述增值税税额的差额，借记"主营业务成本"等科目，按实际支付或应付的金额贷记"银行存款""应付账款"等科目。

对于期末一次性进行账务处理的企业，期末，按规定当期允许扣减销售额而减少的销项税额，借记"应交税费——应交增值税(营改增抵减的销项税额)"科目，贷记"主营业务成本"等科目。

(2) 小规模纳税人差额征税的会计处理

增值税小规模纳税人接受应税服务时，按规定允许扣减销售额而减少的应交增值税，借记"应交税费——应交增值税"科目，按实际支付或应付的金额与上述增值税税额的差额，借记"主营业务成本"等科目，按实际支付或应付的金额，贷记"银行存款""应付账款"等科目。对于期末一次性进行账务处理的企业，期末，按规定当期允许扣减销售额而减少的应交增值税，借记"应交税费——应交增值税"科目，贷记"主营业务成本"等科目。

思考

甲企业是增值税小规模纳税人,适用增值税税率为3%,原材料按实际成本核算。甲企业从贵州公司购入原材料一批,取得的专用发票中注明货款30 000元,增值税5 100元,甲企业用银行存款支付了35 100元,材料也已经验收入库。

甲企业这个月又销售产品一批,开出的普通发票中注明的货款(含税)为51 500元,货款也已经收入银行。然后用银行存款缴纳增值税1 500元。

学长:大家可以从交易的双方来分析增值税的交纳以及小规模纳税人和一般纳税人的区别。

(1) 甲企业从贵州公司购入原材料,贵州公司使用的是17%的增值税税率(5 100/30 000)。贵州公司收到的5 100元增值税,要贷记"应交税费——应交增值税——销项税额",借记"银行存款"。

(2) 而甲企业这时却不能够把5 100元计入"应交增值税——进项税额",因为它是小规模纳税人,没有抵扣的"权利",它只能认这个"亏",默默地把这笔额外的钱计入原材料的成本。也就是做如下分录:

借:原材料　　　　　　　　　　　　　　　　　　35 100
　　贷:银行存款　　　　　　　　　　　　　　　　35 100

这有什么不对劲的吗?想想如果甲企业是一般纳税人,他的原材料采购成本就是30 000元,比它作为小规模纳税人时的买价要"便宜"5 100元!

(3) 甲企业在销售时也是类似,他只能开具普通发票,增值税只是默默地包含在货款里面,而不是单独注明。但是,不是说他的增值税默默地包含在货款里,他就不用交增值税了。甲作为小规模纳税人,销售的产品含税时的总价款是51 500元,那么他的应交增值税是多少?

用如下公式:

应纳增值税 = 不含税销售额 × 征收率

不含税销售额 = 含税销售额/(1 + 征收率)

由此可得,不含税销售额 = 51 500/(1 + 3%) = 50 000(元),应交增值税 = 50 000 × 3% = 1 500(元)。所以,销售产品时,甲企业做如下会计分录:

借:银行存款　　　　　　　　　　　　　　　　　　51 500
　　贷:主营业务收入　　　　　　　　　　　　　　50 000

　　　　应交税费——应交增值税　　　　　　　　　　　　1 500
　　然后甲企业用银行存款交纳了1 500元增值税。
　　(4) 假设乙公司买了甲企业的产品,乙公司该怎么对这批产品计价? 是50 000元还是51 500元? 我们试着考虑乙公司的不同身份来分析。
　　假如乙公司也是小规模纳税人,那么类似甲企业购买贵州公司材料的核算方法,它购买甲企业的产品按照51 500元入账。
　　假如乙公司是一般纳税人,这里,这批产品他还是按照51 500元来入账。为什么呢? 一般情况下乙公司进货可以用购物发票去抵扣增值税,但是刚才说了,准予抵扣的是"增值税专用发票"上注明的增值税税额,而甲开具的是"普通发票",普通发票是不行的。
　　(5) 综上,抵扣增值税必须要用"增值税专用发票",而只有一般纳税人才有权使用"增值税专用发票";小规模纳税人采取简易方法核算应交增值税,他们购进货物时,同等条件下比一般纳税人确认的货物成本要高,高出的部分是"增值税";小规模纳税人这一身份"害人又害己",买他们东西的小伙伴也同样地要接受更高的售价。

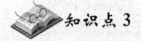

知识点3

应交消费税

1. 认识消费税

　　消费税是指在我国境内生产、委托加工和进口应税消费品的单位和个人,按其流转额交纳的一种税。

　　消费税有从价定率和从量定额两种征收方法。采取从价定率方法征收的消费税,以不含增值税的销售额为税基,按照税法规定的税率计算。企业的销售收入包含增值税的,应将其换算为不含增值税的销售额。

　　采取从量定额计征的消费税,根据按税法确定的企业应税消费品的数量和单位应税消费品应缴纳的消费税计算确定。

　　小美:学长,为什么要征收消费税呢?

小贵：是不是说销售某些产品的时候，不仅要征收增值税，还要征收消费税？

学长：对，消费税是在对货物普遍征收增值税的基础上，选择少数消费品再征收的一个税种。征收消费税主要是为了调节产品结构，引导消费方向，保证国家财政收入。

小美：怎样引导消费方向呢？

学长：因为是对少数商品征收消费税，一般是一些奢侈品，比如现行消费税的征收范围主要包括：烟，酒及酒精，鞭炮，焰火，化妆品，成品油，贵重首饰及珠宝玉石，高尔夫球及球具，高档手表，游艇，木制一次性筷子，实木地板，汽车轮胎，摩托车，小汽车等。这些东西被征收税后，价格变高了，购买量就可能受到影响。

小贵：恩，也并不是所有企业都要交消费税的。

2. 应交消费税的账务处理

企业应在"应交税费"科目下设置"应交消费税"明细科目，核算应交消费税的发生、交纳情况。该科目贷方登记应交纳的消费税，借方登记已交纳的消费税；期末贷方余额反映企业尚未交纳的消费税，借方余额反映企业多交纳的消费税。

（1）销售应税消费品

企业应借记"营业税金及附加"科目，贷记"应交税费——应交消费税"科目。

例如，甲企业销售所生产的化妆品，价款 1 000 000 元（不含增值税），适用的消费税税率为 30%，不考虑其他相关税费。甲企业的应交消费税是：

$$应纳消费税税额 = 1\,000\,000 \times 30\% = 300\,000（元）$$

（2）自产自用应税消费品

企业将生产的应税消费品用于在建工程等非生产机构时，按规定应交纳的消费税，借记"在建工程"等科目，贷记"应交税费——应交消费税"科目。

（3）委托加工应税消费品

企业如有应交消费税的委托加工物资，一般应由受托方代收代缴税款。

委托加工物资收回后直接销售的，应将受托方代收代缴的消费税计入委托加工物资的成本，借记"委托加工物资"等科目，贷记"应付账款""银行存款"等科目；委托加工物资收回后用于连续生产的，按规定准予抵扣的，应按已由受托方代收代缴的消费税，借记"应交税费——应交消费税"科目，贷记"应付账款""银行存款"等科目。

知识点 4

应交营业税

1. 认识营业税

营业税是对在我国境内提供应税劳务、转让无形资产或者销售不动产的单位和个人征收的税种。其中：

(1) 应税劳务是指属于交通运输业、建筑业、金融保险业、邮电通信业、文化体育业、娱乐业、服务业税目征收范围的劳务，不包括加工、修理修配等劳务；

(2) 转让无形资产，是指转让无形资产的所有权或使用权的行为；

(3) 销售不动产，是指有偿转让不动产的所有权，转让不动产的有限产权或永久使用权，以及单位将不动产无偿赠予他人等视同销售不动产的行为。

营业税以营业额作为计税依据。营业额是指纳税人提供应税劳务、转让无形资产和销售不动产而向对方收取的全部价款和价外费用。税率从 3%～20% 不等。

2. 应交营业税的账务处理

企业应在"应交税费"科目下设置"应交营收税"明细科目，核算应交营业税的发生、交纳情况。该科目贷方登记应交纳的营业税，借方登记已交纳的营业税，期末贷方余额反映尚未交纳的营业税。

(1) 企业按照营业额及其适用的税率，计算应交的营业税，借记"营业税金及附加"科目，贷记"应交税费——应交营业税"科目。

(2) 企业处置原作为固定资产管理的不动产应交的营业税，借记"固定资产清理"等科目，贷记"应交税费——应交营业税"科目。

(3) 企业转让无形资产使用权应交的营业税，借记"营业税金及附加"科目，贷记"应交税费——应交营业税"科目。

(4) 转让无形资产所有权应交营业税，不通过"营业税金及附加"科目，直接计入营业税费。

实际交纳营业税时，借记"应交税费——应交营业税"科目，贷记"银行存款"科目。

例如，六盘水运输公司运营收入为 600 000 元，公司属于交通运输业，应该交纳营业税，适用的营业税税率为 3%。六盘水运输公司应编制如下会计分录：

(1) 计算应交营业税

借：营业税金及附加　　　　　　　　　　　18 000
　　贷：应交税费——应交营业税　　　　　　18 000

(2) 交纳营业税时

借：应交税费——应交营业税　　　　　　　18 000
　　贷：银行存款　　　　　　　　　　　　　18 000

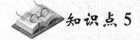

知识点 5

其他应交税费

其他应交税费是指除上述应交税费以外的其他各种应上交国家的税费，包括应交资源税、应交城市维护建设税、应交土地增值税、应交所得税、应交房产税、应交土地使用税、应交车船税、应交教育费附加、应交矿产资源补偿费、应交个人所得税等。

企业应当在"应交税费"科目下设置相应的明细科目进行核算，贷方登记应交纳的有关税费，借方登记已交纳的有关税费，期末贷方余额反映尚未交纳的有关税费。

1. 应交资源税

资源税是对在我国境内开采矿产品或者生产盐的单位和个人征收的税，具体包括原油、天然气、煤炭、其他非金属矿原矿、黑色金属矿原矿、有色金属矿原矿、盐这七类。

资源税按照应税产品的课税数量和规定的单位税额计算，公式为：

$$应交资源税 = 课税数量 \times 单位税额$$

开采或生产应税产品对外销售的，以销售数量为课税数量；开采或生产应税产品自用的，以自用数量为课税数量。

对外销售应税产品应交纳的资源税应记入"营业税金及附加"科目，借记"营业税金及附加"科目，贷记"应交税费——应交资源税"科目；自产自用应税产品应交纳的资源税应记入"生产成本""制造费用"等科目，借记"生产成本""制造费用"等科目，贷记"应交税费——应交资源税"科目。

2. 城市维护建设税

城市维护建设税是以增值税、消费税、营业税为计税依据征收的一种税。

其纳税人为交纳增值税、消费税、营业税的单位和个人,以纳税人实际缴纳的增值税、消费税、营业税税额为计税依据,并分别与三项税金同时缴纳。税率因纳税人所在地区不同从1%~7%不等。公式为:

应纳城市维护建设税 =（应交增值税 + 应交消费税 + 应交营业税）× 适用税率

企业按规定计算出应交纳的城市维护建设税,借记"营业税金及附加"等科目,贷记"应交税费——应交城市维护建设税"科目。

交纳城市维护建设税,借记"应交税费——应交城市维护建设税"科目,贷记"银行存款"科目。

 讨论

小贵:小美,你知道我们贵州省的城市维护建设税有哪些规定吗?

小美:我不太了解呀,学长知道哪些呢?

学长:根据《贵州省城市维护建设税实施细则》,城市维护建设税的开征范围是城市、县城和农村。

城市是指经国务院批准建立的市,即贵阳市、六盘水市、遵义市、安顺市、都匀市和凯里市的市区。

县城是指各县(区、特区)政府所在地的城关镇(区)。

农村呢,除上述市区、县城以外,均属农村。

小贵:啊,它虽然叫城市维护建设税,但是农村也要交吗?

学长:呵呵,怎么判断企业要不要交城市维护建设税呢? 不是看他是在城市里还是在农村里。按照规定,凡是缴纳产品税、营业税(包括临时经营税)、增值税的单位和个人,都是城市维护建设税的纳税义务人。所以,跟企业的营业点没有直接关系的啦。

小美:原来如此。那么,税率怎么定呢?

学长:贵州省城市维护建设税,城市市区税率为百分之七;县城税率为百分之五;农村税率为百分之一。

小美:所以是在1%~7%之间的呀!

3. 应交教育费附加

教育费附加是为了发展教育事业而向企业征收的附加费用。

企业按照应交流转税的一定比例计算交纳,计算公式如下:

应交教育费附加 =（实际缴纳的增值税 + 消费税 + 营业税）× 3%

企业按规定计算出应交纳的教育费附加,借记"营业税金及附加"等科目,贷记"应交税费——应交教育费附加"科目。

4. 应交土地增值税

土地增值税是对转让国有土地使用权、地上的建筑物及其附着物（以下简称转让房地产）并取得增值性收入的单位和个人所征收的一种税。计算公式是:

应交土地增值税 = 转让房地产所取得的增值额 × 规定的税率

转让房地产的增值额是转让收入减去税法规定扣除项目金额后的余额,其中:

(1) 转让收入包括货币收入、实物收入和其他收入。

(2) 扣除项目主要包括取得土地使用权所支付的金额、房地产开发成本及费用、与转让房地产有关的税金、旧房及建筑物的评估价格、财政部确定的其他扣除项目等。

土地增值税采用四级超率累进税率,其中最低税率为 30%,最高税率为 60%。

根据企业对房地产核算方法的不同,企业应交土地增值税的账务处理也有所区别:

(1) 企业转让的土地使用权连同地上建筑物及其附着物一并在"固定资产"科目核算的,转让时应交的土地增值税,借记"固定资产清理"科目,贷记"应交税费——应交土地增值税"科目。

(2) 土地使用权在"无形资产"科目核算的,按实际收到的金额,借记"银行存款"科目,按应交的土地增值税,贷记"应交税费——应交土地增值税"科目,同时冲销土地使用权的账面价值,贷记"无形资产""累计摊销""无形资产减值准备"等科目,按其差额,借记"营业外支出"科目或贷记"营业外收入"科目。

(3) 房地产开发经营企业销售房地产应交纳的土地增值税,借记"营业税金及附加"科目,贷记"应交税费——应交土地增值税"科目。

交纳土地增值税,借记"应交税费——应交土地增值税"科目,贷记"银行存款"科目。

5. 应交房产税、城镇土地使用税、车船税和矿产资源补偿费

房产税是国家对在城市、县城、建制镇和工矿区征收的,由产权所有人缴纳的一种税。房产税依照房产原值一次减除 10%～30% 后的余额计算交纳。没有房产原值作为依据的,由房产所在地税务机关参考同类房产核定;房产出租的,以房产租金收入为房产税的计税依据。

城镇土地使用税是以城市、县城、建制镇、工矿区范围内使用土地的单位和个人为纳税人,以其实际占用的土地面积和规定税额计算征收。

车船税由拥有并且使用车船的单位和个人按照适用税额计算交纳。

矿产资源补偿费是对在我国领域和管辖海域开采矿产资源而征收的费用。矿产资源补偿费按照矿产品销售收入的一定比例计征,由采矿人交纳。

企业应交的房产税、城镇土地使用税、车船税、矿产资源补偿费,记入"管理费用"科目,借记"管理费用"科目,贷记"应交税费——应交房产税(或应交城镇土地使用税、应交车船税、应交矿产资源补偿费)"科目。

演练7 其他应交税费的账务处理

甲企业按照税法规定本期应该交纳房产税 160 000 元,车船税 45 000 元,城镇土地使用税 38 000 元。该企业应编制如下会计分录:

(1) 计算应交纳的上述税金

借:管理费用
    贷:应交税费——应交房产税   160 000
           ——应交城镇土地使用税   45 000
           ——应交车船税   38 000

(2) 用银行存款交纳上述税金

借:应交税费——应交房产税
         ——应交城镇土地使用税
          ——应交车船税
  贷:银行存款

6. 应交个人所得税

企业职工按规定应交纳的个人所得税通常由单位代扣代缴。

企业按规定计算的代扣代缴的职工个人所得税,借记"应付职工薪酬"科目,贷记"应交税费——应交个人所得税"科目。

企业交纳个人所得税时,借记"应交税费——应交个人所得税"科目,贷记"银行存款"等科目。

> **演练 8　应交个人所得税的账务处理**
>
> 甲企业计算本月应付职工工资总额 300 000 元,按照税法规定应该代扣代缴的职工个人所得税共计 3 000 元,实发放工资 297 000 元。甲企业应编制如下会计分录:
>
> (1) 代扣个人所得税
>
> 　借:应付职工薪酬——工资
>
> 　　贷:应交税费——应交个人所得税
>
> (2) 交纳个人所得税
>
> 　借:应交税费——应交个人所得税
>
> 　　贷:银行存款
>
> 亲爱的同学们,请记得把会计分录补充完整哦!

任务五　应付股利及其他应付款

知识点 1

应付股利

应付股利是指企业根据股东大会或类似机构审议批准的利润分配方案,确定分配给投资者的现金股利或利润。

企业通过"应付股利"科目,核算企业确定或宣告支付但尚未实际支付的现金股利或利润。该科目贷方登记应支付的现金股利或利润;借方登记实际支付的现金股利或利润;期末贷方余额反映企业应付未付的现金股利或利润;本科目按照投资者设置明细科目进行明细核算。

企业根据股东大会或类似机构审议批准的利润分配方案,确认应付给投资者的现金股利或者利润时,借记"利润分配——应付现金股利或利润"科目,贷记"应付股利"科目;向投资者实际支付现金股利或利润时,借记"应付股利"科目,贷记"银行存款"等科目。

此外,需要说明的是,企业董事会或类似机构通过的利润分配方案中拟分配的现金股利或利润,不需要进行账务处理,但应在附注中披露。

企业分配的股票股利不通过"应付股利"科目核算。

演练9 应付股利的账务处理

贵州有限责任公司有甲、乙两个股东,分别占注册资本的30%和70%。2011年度该公司实现净利润6 000 000元,经过股东会批准,决定2012年分配股利4 000 000元。股利已用银行存款支付。贵州公司应编制如下会计分录:

(1) 确认应付投资者利润

借:利润分配——应付股利
　　贷:应付股利——甲股东
　　　　　　　　——乙股东

(2) 支付投资者利润

借:应付股利——甲股东
　　　　　　——乙股东
　　贷:银行存款

知识点2

其他应付款

其他应付款是指企业除应付票据、应付账款、预收账款、应付职工薪酬、应交税费、应付股利等经营活动以外的其他各项应付、暂收的款项,如应付经营租赁固定资产、租入包装物租金、存入保证金等。

企业应通过"其他应付款"科目,核算其他应付款的增减变动及结存情况,贷方登记发生的各种应付、暂收款项;借方登记偿还或转销的各种应付、暂收款项;期末贷方余额,反映企业应付未付的其他应付款项;按照其他应付款的项目和对方单位

(或个人)设置明细科目,进行明细核算。

　　企业发生其他各种应付、暂收款项时,借记"管理费用"等科目,贷记"其他应付款"科目;支付或退回其他各种应付、暂收款项时,借记"其他应付款"科目,贷记"银行存款"等科目。

演练 10　其他应付款的账务处理

　　甲公司从 2012 年 1 月 1 日起,以经营租赁方式租入管理用办公设备一批,每月租金 8 000 元,按季支付。3 月 31 日,甲公司以银行存款支付应付租金 24 000 元。甲公司应编制如下会计分录:

(1) 1 月 31 日计提应付经营租入固定资产租金

借:管理费用
　　贷:其他应付款

2 月底计提应付经营租入固定资产租金的会计处理同上。

(2) 3 月 31 日支付租金

借:其他应付款
　　管理费用
　　贷:银行存款

项目九 亲,有借有还再借不难
——非流动负债

任务书

任务名称	亲,有借有还再借不难——非流动负债	任务编号	009	时间要求	3课时
要 求	1. 掌握长期借款的核算; 2. 掌握应付债券的核算; 3. 掌握长期应付款的核算				
培养目标	让学生能够对企业中的非流动负债开展核算				
教学地点	教室				
教学设备	投影设备、投影幕布、电脑				
训练内容					
1. 对长期借款开展核算; 2. 对应付债券进行核算; 3. 对长期应付款进行核算					
训练要求					
1. 掌握长期借款的核算; 2. 掌握应付债券的核算; 3. 掌握长期应付款的核算					
成果要求及评价标准					
1. 掌握长期借款的核算(35分) 2. 掌握应付债券的核算(35分) 3. 掌握长期应付款的核算(30分)					

续表

任务产出一	成员姓名与分工	组长	学号	分工
		成员1	学号	
		成员2	学号	
		成员3	学号	
		成员4	学号	
		成员5	学号	
		成员6	学号	
任务产出二	1. 长期借款取得与使用(10分) 2. 长期借款利息的确认(15分) 3. 长期借款的归还(10分) 4. 发行债券的核算(10分) 5. 债券利息的确认(15分) 6. 债券还本付息(10分) 7. 应付融资租赁款的核算(15分) 8. 具有融资性质的延期付款的核算(15分)				
项目组评价					总分
教师评价					

案例导入

华北电力集团公司长期借款的管理

1. 华北电力集团公司长期借款的形成

华北电力集团公司的长期借款主要是"八五"和"九五"期间为了解决北京地区缺电问题,对石景山发电厂、滦河发电厂、沙岭子电厂、北京第一热电厂等老厂进行扩建和改造并新建盘山发电厂、秦皇岛电厂、十三陵抽水蓄能电厂等,以及为电厂配套进行的送出、输出项目形成的借款,这期间的借款利率均在14%以上,资金成本很高。还有为了加大售电量所进行的北京城网改造和华北地区农网改造项目形成的借款,这些项目的借款数额大,投资回收期长,回报率低。

2. 华北电力集团公司长期借款的管理状况

华北电力集团公司的长期借款一部分是各电厂和供电公司自行借款,按概算进行建设使用;另一部分是集团公司统一借款按计划拨付建设单位使用。建设期的借款费用计入资产价值,投产后的借款费用计入当期损益。

由于集团公司是统一的核算单位,造成了基层单位借款但不负责还款,也不与其经济责任制挂钩。因此,借款费用的高低对基层单位的经济利益没有影响,基层单位只是按照集团公司下达的还贷计划和拨付的还贷资金进行还贷,而且归还时间也不及时;集团公司则在计划经济的管理模式下,每年根据基层单位编报的还贷预算,严格按照还贷资金的来源渠道安排和使用。

这就形成了:一方面企业长期借款大幅度增加,而能够用于还贷的折旧资金也满足不了不断增长的还贷计划增加;另一方面企业由于新建成的电厂电价走不出去,电量增长缓慢,没有利润还贷,而长期借款利息又不断加大,从而财务费用不断增加,使企业的经济效益不断降低,直至亏损或形成大额挂账利息。

因此,在企业进入市场经济的时代,在企业财务管理以资金管理为中心的今天,如何加强长期借款的管理,减少企业财务费用就显得至关重要。

为了加强长期借款管理,华北电力集团采取了如下主要措施:

(1) 加强合同管理,建立健全合同管理台账

集团公司和基层单位一起清理近10年的长期借款合同,建立了300多个合同管理台账,对不规范的借款合同与贷出方进行协商,将合同予以完善。

(2) 开发借贷资金管理系统,正确计算利息

利用半年的时间开发、培训和推广使用了借贷资金管理系统,按季结息,并与银行利息进行核对,如发现问题,应及时与银行协商解决。通过使用借贷资金管理系统,我们发现并为企业找回了由于银行未及时调整利率和计算错误多给企业计算的2 000多万元,这是以前多个单位、多人管理长期借款和偿付利息所做不到的,避免了给企业造成的经济损失。

(3) 根据还贷计划,提前完成还贷指标

根据借贷资金管理系统编制的还贷计划,在年初集中资金归还当年的长期借款还贷指标,这样比在年底还贷可以少付11个月的利息,从1998年至今共计归还34亿元,减少财务费用2.9亿元。

(4) 优先归还利率高的长期借款

根据借贷资金管理系统提供的每个借款合同的利率表,通过对长期借款利率进行分析,我们优先归还利率高的长期借款的本金和利息,从1998年至今共计归还30亿元,减少财务费用1.5亿元。

(5) 合理调度资金,归还以前年度挂账利息

集团公司通过执行现金调度管理办法,将基层单位的大部分资金集中到集团公司,使得集团公司在保证生产和经营正常运行的前提下,合理安排基建支出,适时拨付基层单位基本建设资金,集中企业资金归还以前年度挂账利息11亿元,减少财务费用1.4亿元。

(6) 利用借短还长,减少财务费用

利用借短还长的办法,即企业通过短期借款来归还到期的而又没有还贷资金来源的长期借款,以避免长期借款的逾期发生。从1998年至今共计借短还长9亿元,减少财务费用8 200万元。

(7) 利用好中行降息政策,降低企业财务费用

通过使用借贷资金管理系统,发现地方委托借款利率很高,而且中国人民银行几次降息,北京地方投资公司和河北地方投资公司都没有给华北电力集团公司所属借款单位降息,执行利率从12.42%~15.696%不等。

为此,集团公司积极与北京地方投资公司和河北地方投资公司进行协商,并以文件的形式阐述集团公司要求调整利率的理由和理论依据,对每个借款合同的应付利息进行了重新计算,最后,经各投资公司确认共调减利息3.5亿元,为集团公司增收节支做出了巨大的贡献。

加强长期借款管理为华北电力集团取得了显著的经济效益:一是减少了财务费用,增加了企业利润;二是降低了企业资产负债率,最终使得企业财务状况根本好转。

(参考资料:王瑾.加强长期借款管理,减少企业财务费用[J].华北电业,2000(3):23-25.)

学长:你们能说说企业什么时候会发生非流动负债吗?

小贵:非流动负债,是使用期限在一年以上的负债,那么,一定是企业需要占用资金一年以上的时候……

小美:对呀,看华北电力公司发生了许多长期借款,主要是为了建设电厂,这应该需要好几年时间,要投入很多钱!

学长:你们分析得很好。像长期借款这类非流动负债,主要是用于支持企业大型资产的建造、购买,对企业的发展起到助推器的作用。但是天下没有免费的午餐,长期借款的利息也不少,会给企业带来一些财务负担,管理不当时会严重影响企业的生产经营;相反,管理得好的时候,就能大大提高企业的经营效益。

小美:所以要适量地使用非流动负债。

学长:对,企业要根据自己的发展阶段、生产规模等,合理安排借款,比如说现在大多数企业负债的比例在50%~70%之间。

小贵:那除了长期借款,企业还有其他负债方式来筹集长期资金吗?

学长:有哇,应付债券、应付融资租赁、某些延期付款……

任务一 长期借款:甜蜜的负担

知识点1

认识长期借款

长期借款是指企业向银行或其他金融机构借入的期限在1年以上(不含1年)的各项借款。

就长期借款的用途来讲,企业一般用于固定资产的购建、改扩建工程、大修理工程、对外投资以及为了保持长期经营能力等方面的需要。

与短期借款相比,长期借款除数额大、偿还期限较长外,其借款费用需要根据权责发生制的要求,按期预提计入所构建资产的成本或直接计入当期财务费用。

由于长期借款的期限较长,至少在一年以上,因此在资产负债表非流动负债项目中列示。

由于长期借款的使用关系到企业的生产经营规模和效益,因此,必须加强管理与核算。企业除了要遵守有关的贷款规定、编制借款计划并要有不同形式的担保外,还应监督借款的使用、按期支付长期借款的利息以及按规定的期限归还借款本金等。

因此,长期借款会计处理的基本要求是反映和监督长期借款的借入、借款利息的结算和借款本息的归还情况,促使企业遵守信贷纪律、提高信用等级,同时也要确保长期借款发挥效益。

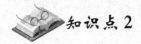

长期借款账务处理

企业应通过"长期借款"科目,核算长期借款的借入、归还等情况。该科目的贷方登记长期借款本息的增加额;借方登记本息的减少额;贷方余额表示企业尚未偿还的长期借款。

"长期借款"科目可以按照贷款单位和贷款种类设置明细账,分别设置"本金""利息调整"等进行明细核算。

长期借款账务处理的内容主要包括取得长期借款、确认利息以及归还长期借款(图9.1)。

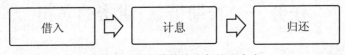

图 9.1 长期借款的账务处理内容

1. 长期借款取得与使用

企业借入长期借款,应该按照实际收到的金额,借记"银行存款"科目,贷记"长期借款——本金";如果存在差额,还应借记"长期借款——利息调整"科目。

2. 长期借款利息的确认

长期借款利息费用应当在资产负债表日按照实际利率法计算确定,实际利率与合同利率差异较小的,也可以采用合同利率计算确定利息费用。长期借款计算确定的利息费用,按以下原则计入有关成本、费用:

(1) 属于企业筹建期间的,计入管理费用。

(2) 属于生产经营期间的,计入财务费用。

(3) 如果长期借款用于购建固定资产的,在固定资产尚未达到预定可使用状态前,所发生的应当资本化的利息支出数,计入在建工程成本;固定资产达到预定可使用状态后发生的利息支出,以及按规定不予资本化的利息支出,计入财务费用。

长期借款按合同利率计算确定的应付未付利息,记入"应付利息"科目,借记"在建工程""制造费用""财务费用""研发支出"等科目,贷记"应付利息"科目。

3. 长期借款的归还

企业归还长期借款的本金时,按归还的金额,借记"长期借款——本金"科目,贷记"银行存款"科目;按归还的利息,借记"应付利息"或"长期借款——应计利息"科目,贷记"银行存款"科目。

演练 1　长期借款的核算

图 9.2 是贵州银行公司网站上挂出的贷款基准利率表。

甲公司从贵州银行借入资金 3 000 000 元,借款期限为五年,假设采用的利率就是贷款基准利率。到期一次还本付息,不计复利,所借款项存入了甲公司的银行账户。

%　贷款基准利率

项目	利率
一、短期贷款	
六个月以内(含六个月)	5.60
六个月至一年(含一年)	6.00
二、中长期贷款	
一至三年(含三年)	6.15
三至五年(含五年)	6.40
五年以上	6.55
三、贴现	同上
四、个人住房公积金贷款	
五年以下(含五年)	4.00
五年以上	4.50

图 9.2　贵州银行存款基准利率

(1) 取得借款时:
借:银行存款
　　贷:长期借款——本金
(2) 每个月末计提应计利息:3 000 000×6.4%×12＝16 000 元。
借:财务费用
　　贷:长期借款——应计利息
(3) 五年后,借款到期,一次性归还本金和利息:
借:财务费用　　　　　　　　　　　16 000
　　长期借款——本金　　　　　　3 000 000
　　　　　　——应计利息　　　　　944 000
　　贷:银行存款　　　　　　　　　3 960 000

亲爱的同学们,长期借款的利息是按月计提的,但你们知道 6.4% 是怎么来的吗？五年后甲企业归还本金和利息的总数你们知道是怎样计算的吗？

任务二　应付债券:"私人订制"

应付债券面面观

应付债券是指企业为筹集(长期)资金而发行的债券。

通过发行债券取得的资金,构成了企业一项非流动负债,企业会在未来某一特定日期按债券所记载的利率、期限等约定还本付息。

企业债券发行价格的高低一般取决于债券票面金额、债券票面利率、发行当时的市场利率以及债券期限的长短等因素。企业债券示例如图9.3所示。

图9.3　企业债券示例

债券发行有面值发行、折价发行和溢价发行三种情况(表9.1)。企业债券按其面值价格发行,称为面值发行;以低于债券面值价格发行,称为折价发行;以高于债券面值价格发行,称为溢价发行。债券溢价或折价不是发行债券企业的收益或损失,而是发行债券企业在债券存续期内对利息费用的一种调整。

表9.1　债券发行的三种情况

面值发行	折价发行	溢价发行
发行价格＝面值价格	发行价格＜面值价格	发行价格＞面值价格

知识点 2

应付债券账务处理

企业应通过设置"应付债券"科目,核算应付债券发行、计提利息、还本付息等情况,处理内容与长期借款类似。

"应付债券"科目贷方登记应付债券的本金和利息;借方登记归还的债券本金和利息;期末贷方余额表示企业尚未偿还的长期债券。本科目可以按"面值""利息调整""应计利息"等设置明细科目进行明细核算。

企业应当设置"企业债券备查簿",详细登记每一企业债券的票面金额、债券票面利率、还本付息期限与方式、发行总额、发行日期和编号、委托代售单位、转换股份等资料。企业债券到期结清时,应当在备查簿内逐笔注销。

应付债券有面值发行、溢价发行和折价发行三种会计处理方法,下面以按面值发行的债券为例来学习应付债券的账务处理。

1. 发行债券

企业按面值发行债券时,应按实际收到的金额,借记"银行存款"等科目,按债券票面金额,贷记"应付债券——面值"科目;存在差额的,还应借记或贷记"应付债券——利息调整"科目。

2. 债券利息的确认

发行长期债券的企业,应按期计提利息。

对于按面值发行的债券,在每期采用票面利率计算计提利息时,应当按照与长期借款相一致的原则计入有关成本费用,借记"在建工程""制造费用""财务费用""研发支出"等科目。其中,对于分期付息、到期一次还本的债券,其按票面利率计算确定的应付未付利息通过"应付利息"科目核算;对于一次还本付息的债券,其按票面利率计算确定的应付未付利息通过"应付债券——应计利息"科目核算。

应付债券按实际利率(实际利率与票面利率差异较小时也可按票面利率)计算确定的利息费用,应按照与长期借款相一致的原则计入有关成本、费用。

3. 债券还本付息

长期债券到期,企业支付债券本息时,借记"应付债券——面值"和"应付债券——应计利息""应付利息"等科目,贷记"银行存款"等科目。

演练2　华侨城集团债券的账务处理

华侨城集团成立于1985年11月11日,是一家大型中央企业,它由深圳湾畔的一片滩涂起步,培育了房地产及酒店开发经营、旅游及相关文化产业经营、电子配套包装产品制造等三项国内领先的主营业务。如今,集团总资产超过1 000亿元,年销售收入近500亿元。

华侨城集团公司旗下拥有华侨城控股、华侨城(亚洲)控股、康佳集团三家境内外上市公司以及锦绣中华、民俗文化村、世界之窗、欢乐谷(图9.4)、波托菲诺、新浦江城、何香凝美术馆、OCT-LOFT创意文化园、华夏艺术中心、长江三峡旅游、华侨城大酒店、威尼斯酒店、茵特拉根大酒店、城市客栈等一系列国内著名的企业和产品品牌,是少数几个连续六年入选中国企业500强的企业之一。

图9.4　华侨城集团下属的欢乐谷

这样庞大的企业,其发展必然离不开大量的资金投入。在2009年,华侨城集团发行了中期债券来筹集资金。

华侨城集团当时发行的债券基本信息如下:

债券名称　华侨城集团公司 2009 年度第一期中期票据
债券简称　09 华侨城 MTN1
信用评级　AA+
信用评级机构　联合资信评估有限公司
债券代码　0982120
发行总额　30 亿元
债券期限　3 年
票面年利率　4.20%
计息方式　附息式（固定利率）
付息频率　12 月/次
发行日　2009 - 8 - 31
起息日　2009 - 9 - 1
债权债务登记日　2009 - 9 - 1
交易流通起始日　2009 - 9 - 2
交易流通终止日　2012 - 8 - 29
兑付日　2012 - 9 - 1

假设 09 华侨城 MTN1 债券是按面值发行的，付息发生在月末，且不考虑其他因素，我们应该如何运用应付债券的账务处理知识进行业务处理呢？

2009 年 8 月 31 日债券发行时：
借：银行存款
　　贷：应付债券

2009 年 9 月 30 日计提利息：
$$3\,000\,000\,000 \times 4.2\% \div 12 = 10\,500\,000(元)$$

借：财务费用
　　贷：应计利息

以后月末都计提利息。

12 个月后即 2010 年 8 月 31 日，计提当月利息：
借：财务费用
　　贷：应计利息

同时,支付 12 个月的利息:
$$10\ 500\ 000 \times 12 = 126\ 000\ 000(元)$$
借:应计利息
 贷:银行存款
三年后,即 2012 年 9 月 1 日兑付日,华侨城归还投资者债券本金:
借:应付债券
 贷:银行存款
亲爱的同学们,在动笔之前先和同学们一起读一读华侨城债券的基本信息,确定关键的数据,这样才能事半功倍哦!

任务三 长期应付款:固定资产专属

认识长期应付款

长期应付款,是指企业除长期借款和应付债券以外的其他各种长期应付款项,包括应付融资租入固定资产的租赁费、以分期付款方式购入固定资产发生的应付款项等。长期应付款除具有长期负债的一般特点外,还具有款项主要形成固定资产并分期付款的特点。

企业应设置"长期应付款"科目,用以核算企业融资租入固定资产和以分期付款方式购入固定资产时应付的款项及偿还情况。该科目贷方反映应付的长期应付款项;借方反映偿还的长期应付款项;期末贷方余额,反映企业应付未付的长期应付款项。本科目可以按长期应付款的种类和债权人设置明细科目进行明细核算。

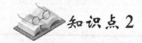

应付融资租赁款

1. 应付融资租赁款是怎样形成的

应付融资租赁款,是指企业融资租入固定资产而形成的非流动负债。企业融资租入固定资产的流程如图9.5所示。

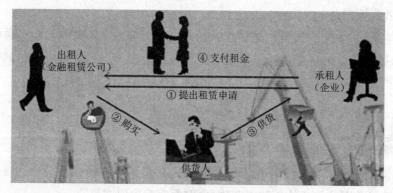

图9.5 企业融资租入固定资产的流程

企业融资租入固定资产,在租赁有效期限内,资产的所有权仍然是出租方的,但是承租方获得了租赁资产的实质控制权,享有了资产在有效使用期限内带来的各种经济利益,同时作为取得这项权利的代价,需要支付大致相等于这项资产的公允价值的金额,这些款项在支付前就构成了融资租赁款。

2. 应付融资租赁款怎样进行账务处理

融资租入固定资产时,在租赁期开始日,按应计入固定资产成本的金额(租赁开始日租赁资产的公允价值与最低租赁付款现值两者中较低者,加上初始直接费用),借记"在建工程"或者"固定资产"科目,按最低租赁付款额,贷记"长期应付款"科目。按发生的初始直接费用贷记"银行存款"等科目。按其差额,借记"未确认融资费用"科目。

在融资租赁下,承租人向出租人支付的租金中,包含了本金和利息两部分。承租人支付租金时,一方面应减少长期应付款,另一方面应将未确认的融资费用,在租赁期内各个期间按一定的方法确认为当期融资费用。企业应当采用实际利率法计算确认当期的融资费用。

知识点3

具有融资性质的延期付款

企业购买资产有可能延期支付有关价款。

如果延期支付的购买价款超过正常信用条件,实质上具有融资性质的,所购资产的成本应该以延期支付购买价款的现值为基础确定。实际支付的价款与购买价款的现值之间的差额,应当在信用期间内采用实际利率法进行摊销,计入相关资产成本或者当期损益。

具体来说,企业购入资产超过正常信用条件延期付款,实质上具有融资性质时,应按购买价款的现值,借记"固定资产""在建工程"等科目,按应支付的价款总额,贷记"长期应付款"科目,按其差额,借记"未确认融资费用"科目。

 思考

学长:今天来给大家分享一下做会计这一行应该具备的性格特点。这是我师傅观察了好多成功的会计总结出来的,你们看看对你们有用没。

"第一,让人放心。这特点其实没什么可说的,你说呢,干什么事你不得让人放心啊。但在会计这行里,这点啊就稍微让人觉得重要了。你也知道,现在的公司啊,尤其是些个小公司,找个会计,非得要个亲戚熟人的,哪怕这人不太懂也无所谓,他们要的就是个放心,算不算清账不重要,重要的是别把钱丢了就行,有时候水平太高的会计还不敢要,害怕会计作弊。还有,就是会计掌握了公司的机密,这些个老板害怕会计知道太多,将来要挟什么的,当然,这都是庸人之见,但是中国大地上这种公司太多了,你不信看看,有些个公司招聘实在没亲戚朋友介绍的会计的,都会在最后加个什么本地户口优先。

当然啦,这不是全部,但这其实体现了很多公司对会计人员的基本要求,就是你得让人家相信你,让人家放心你。你也不能全怪这些庸人的想法,这是因为现在这社会诚信缺失得太多了,所以,你必须具备这点基本的素质,这点也是你做会计的底线素质。所以,无论怎样,你至少要表现出来你是让人放心的。所以,刚入行的会计啊,你最好眼睛里让人看出你的诚恳和老实。这样也许机会多一点,而且无论怎样,你最好也不要干超越底线的事,不要要挟别人,或出卖别人。还有,这让人放心,不是说你看着傻。

第二,头脑开阔。你在大点的公司干啊,放不放心,显然已经不是老板考虑你成为人才的首要因素了。因为,一般的公司都具备了严密的内控制度,周到的财务流程,所以,你只是环节中的一个而已,一般,个把会计已经构不成威胁了。你要想在这里尽快出类拔萃,就需要具备灵活的头脑、敏锐的洞察力。

原来的会计总给人死板、较劲的感觉,但那是普通的会计,你要出众,就要开阔,我说的开阔,就是你不仅要熟悉会计上的事,最好要了解你公司业务上的事,还

要了解社会上的事。你千万别坐在你桌子后电脑前，记完账就回家了，那样你注定就是一个普通的会计。你要摈弃你只是一个会计的想法。你要了解公司的业务，就能懂得公司的特点，就会知道公司的矛盾在哪、行业的特点在哪，为你管理公司提供条件，同时，你必须知道社会的现状，为你现在所处的工作角度提供依据。

还有，头脑开阔，就是要有一定的想象力，哪位看官说了，"干会计，就是准则加公式，最不需要想象力了"。我给你说啊，那都是普通会计的看法，会计工作一定要有想象力，这样你看问题的角度就会多元化，表达会计事项就不会绝对，处理问题就不会死板，也不会给你造成不必要的风险。

第三，胆大心细。如果你接触的事情多了，处理问题复杂了的话，这时候就必须具备这条素质了。我认为，在中国社会，这胆大心细是所有成功人士都必须具备的特点，会计也不例外，而且这点最重要了，你要做到这点去干会计，就很快会显露出来你，你也能处理很多普通人处理不了的事。

这胆大和心细缺一不可，胆大不代表你要违法乱纪，但你看，这刀光剑影、纷繁复杂的会计工作，没有胆量，是绝对干不下去的，当然，你胆大不是不要命，你还要处处精心，严密的分析，周到的思考，这就是心细，保证你的会计工作周密无误。这样你就能充分预估风险、化解危机，达到利益风险的平衡。

还有，你要胆大就必须要有果断的判断力和正确的感觉作为前提，你要心细就最好要有充分的知识和丰富的阅历作后盾。你要培养这方面的气质就要多经历些事情。

就这三点，真的，就这么简单。虽然简单，一般人也不见得能做得到位，当然，一个成功的会计不单单具备这些，但我感觉只需要这三点就足够用了，不信你认真揣摩揣摩，你按这个办，你旁边再放本新会计准则，忘了的时候翻翻，不用几天，你就出类拔萃了。"

亲爱的同学们，读了老会计的经验分享，是不是获益匪浅呢？你们是不是对会计工作有了更多的期待呢？

(资料来源：http://weibo.com/p/1001593698831609977432)

项目十 "老本"在哪儿——所有者权益

任务书

任务名称	"老本"在哪儿——所有者权益		任务编号	010	时间要求	3课时
要　　求	1. 掌握实收资本的会计核算； 2. 掌握资本公积的会计核算； 3. 掌握留存收益的会计核算					
培养目标	让学生能够对企业的所有者权益项目进行会计核算					
教学地点	教室					
教学设备	投影设备、投影幕布、电脑					
训　练　内　容						
1. 所有者权益的来源与构成； 2. 实收资本的会计核算； 3. 资本公积的会计核算； 4. 留存收益的会计核算						
训　练　要　求						
1. 能够解释所有者权益的来源与构成； 2. 能够开展实收资本的会计核算； 3. 能够开展资本公积的会计核算； 4. 能够开展留存收益的会计核算						
成果要求及评价标准						
1. 能够解释所有者权益的来源与构成(20分) 2. 能够开展实收资本的会计核算(30分) 3. 能够开展资本公积的会计核算(30分) 4. 能够开展留存收益的会计核算(20分)						

续表

任务产出一	成员姓名与分工	组长	学号	分工
		成员1	学号	
		成员2	学号	
		成员3	学号	
		成员4	学号	
		成员5	学号	
		成员6	学号	

任务产出二	1. 所有者权益的来源与构成(20分) 2. 接受现金资产投资的核算(10分) 3. 接受非现金资产投资的核算(10分) 4. 实收资本(或股本)的增减变动(10分) 5. 资本公积的核算(30分) 6. 利润分配的账务处理(10分) 7. 盈余公积的账务处理(10分)

项目组评价		总分	
教师评价			

 案例导入

天使投资简介

"天使投资"一词起源于百老汇,指那些富有的人出资来帮助演出得以实现。最初的天使投资带有公益性的赞助性质。时至今日,天使投资成为一种民间投融资的方式,它是一种大众化的、分散的、小型的权益性资本投资。在西方,天使投资的总规模是我们所熟悉的风险投资的3~5倍,听起来似乎有点不可思议。

其实在出现"天使投资"这个专业金融术语之前,天使投资这种偏向于个人对初创企业的投资行为早就在现实生活中存在了。比如某人要开办企业,但缺乏足够的资金,这种情况下,除了向银行贷款以外,他或许第一个会想到去向某个比较

富有的亲戚或是朋友借这笔资金。事实上,借钱给他的人从某种程度上来说,充当了一回天使投资者。

在美国硅谷,有一个天使投资最常被人引用的经典案例:1998年,两位还没毕业的穷学生去向Sun公司的共同创始人安迪·贝托尔斯海姆讲述他们的创业梦想,后者对他们说:"我听不懂你们的商业模式,先给你们一张支票,半年之后告诉我你们在做什么。"靠着这20万美元支票起家,两个人一步步打造出了今天的Google,而贝托尔斯海姆的20万美元后来演变成了近3亿美元。

(资料来源:搜狐新闻,http://news.sohu.com/20090203/n262032139.shtml)

背景知识

小贵:学长,听说现在很多年轻人以后都想自己开店、做老板,自己创业。可是这创业得要很多钱吧?该怎么筹集那么多资金呢?

小美:可以向银行借款、发行债券呀。

学长:小美说的是负债方式的筹资。但是啊,这对于刚刚设立的企业来说比较困难。我们还可以考虑权益方式的筹资,"天使投资"就是典型的权益融资方法。

小美:天使投资人为什么愿意投资刚出生的企业呢?

学长:刚设立的企业,成功与否都很不确定,风险很高。但是天使投资人精明又胆大,他们敢为人先,善于发现未来的机会。

他们不是真的"天使",他们把钱投到你的企业里,是为了让他的资本增值。他是相信你的企业会有前途,能让他的钱生出更多的钱,他才愿意投资你的。事实上,当他知道你企业潜力很大的时候,他更愿意成为企业的所有者,而不是债权人。

我们要在"所有者权益"而不是"负债"中来核算天使投资人的投资。你们想想所有者权益指的是什么?

小美:是企业资产扣除负债后由所有者享有的剩余权益……

学长:好。所有者权益有什么特点呢?第一,企业一般不需偿还所有者权益;第二,所有者凭借所有者权益能够参与企业利润的分配。

小贵:所以呢,贝托尔斯海姆的20万美元后来演变成了3亿美元!

学长:对啦。当然,不要忘了所有者权益的第三个特点,就是万一企业破产了,要先还清所有债务后,若还有剩下的才还给企业所有者。这其实就是"高风险,高收益"的道理!

小贵:去哪里找天使投资人呢?

学长:"天使"有可能就在我们身边……好好想想!

任务一 实收资本:"不用还"的钱

实收资本面面观

实收资本是指企业按照章程或者合同、协议约定,接受投资者投入企业的资本。实收资本的构成比例或者股东的股份比例,是确定所有者在企业所有者权益中份额的基础,也是企业进行利润或者股利分配的主要依据。

投资者投资企业的方式多种多样。我国《公司法》规定,股东可以用货币出资,也可以用实物、知识产权、土地使用权等可用货币估价并且可依法转让的非货币财产作价出资,除非法律、行政法规规定不得作为出资。

企业应当对作为出资的非货币财产评估作价、核实财产,不得高估或者低估作价。法律、行政法规对评估作价有规定的,要遵守法律法规的规定。

全体股东的货币出资金额不得低于有限责任公司注册资本的30%。

不论以哪种方式出资,投资者如果在投资过程中违反投资合约或者协议约定,不按规定按时缴足出资额,企业就可以依法追究投资者的违约责任。

除股份有限公司外,其他企业应该设置"实收资本"科目,核算投资者投入资本的增减变动情况。股份有限公司应该设置"股本"科目核算公司实际发行股票的面值总额。

企业收到所有者投入企业的资本后,应该根据有关原始凭证(比如投资清单、银行通知单等),分别以不同的出资方式进行会计处理。

接受现金资产投资的核算

企业接受现金资产投资时,在实际收到现金资产时,借记"银行存款",贷记"实收资本",可以按投资者设置明细科目。

不过,对于股份有限公司,其账务处理稍微复杂。股份有限公司通过发行股票来募集资本。股份有限公司发行股票时,既可以按面值发行股票,也可以溢价发行(我们国家现在不允许折价发行)。

股份有限公司在核定的股本总额、股份总额范围内发行股票时,应该在实际收到现金资产时进行会计处理。

演练 1　接受现金资产投资的核算

假设若干年后小美、小贵、学长三人共同投资设立了"学贵美"有限责任公司。公司注册资本为 2 000 000 元,小美、小贵、学长持股比例分别为 60%、25% 和 15%。按照公司章程规定,三人投入资本分别为 1 200 000 元、500 000 元和 300 000 元。"学贵美"公司已经如期收到了他们一次缴足的款项。

学贵美公司应如何编制会计分录呢?

借:银行存款
　　贷:实收资本——小美
　　　　　　　　——小贵
　　　　　　　　——学长

实收资本的构成比例就是投资者的出资比例,通常也是确定所有者在企业所有者权益中所占的份额和参与企业生产经营决策的基础,也是企业进行利润分配或者股利分配的依据,同时还是企业清算时所有者对净资产要求权的依据。

所以,亲爱的同学们,目前来看,在"学贵美"有限责任公司,小美、小贵、学长三人中谁的话语权最大呢?

知识点 3

接受非现金资产投资

1. 接受投入固定资产

企业接受投资者作价投入的房屋、建筑物及其设备等固定资产,应该按照投合同或者协议约定的价值确定固定资产价值（投资合同或者协议约定价值不公允的除外）和在注册资本中应该享有的份额。

例如，甲有限责任公司在设立时收到乙公司作为资本投入的不需要安装的机器设备一台。合同约定该机器设备的价值为 2 000 000 元，增值税进项税额为 340 000 元。经约定，甲有限责任公司接受乙公司的投入资本为 2 340 000 元。假设合同约定的固定资产价值与公允价值相等，不考虑其他因素。

甲公司编制了如下会计分录：

借：固定资产　　　　　　　　　　　　　2 000 000
　　应交税费——应交增值税（进项税额）　340 000
　贷：实收资本——乙公司　　　　　　　　2 340 000

2. 接受投入材料物资

企业接受投资者作价投入的材料物资，应该按照投资合同或者协议约定价值确定材料物资价值（投资合同或者协议约定价值不公允的除外）和在注册资本中应该享有的份额。

例如，乙有限责任公司在设立时收到 B 公司作为资本投入的原材料一批，这批原材料投资合同约定的价值为 100 000 元，增值税进项税额为 17 000 元。B 公司已经开具了增值税专用发票。假设合同约定的价值与公允价值相等，不考虑其他因素，原材料按实际成本进行日常核算。

乙有限责任公司编制了如下会计分录：

借：原材料　　　　　　　　　　　　　　100 000
　　应交税费——应交增值税（进项税额）　17 000
　贷：实收资本——B公司　　　　　　　　117 000

3. 接受投入无形资产

企业收到以无形资产方式投入的资本，应该按照投资合同或者协议约定的价值确定固定资产价值（投资合同或者协议约定价值不公允的除外）和在注册资本中应该享有的份额。

例如，丙有限责任公司在设立时收到 A 公司作为资本投入的非专利技术一项，该非专利技术投资合同约定的价值为 60 000 元；同时还收到了 B 公司作为资本投入的土地使用权一项，投资合同约定的价值为 80 000 元。

假设丙公司接收的这两项无形资产均符合国家注册资本管理的有关规定，可以按照合同约定作为实收资本入账,合同约定的价值是公允的,不考虑其他因素。

丙公司编制了如下会计分录:

借:无形资产——非专利技术	60 000
——土地使用权	80 000
贷:实收资本——A公司	60 000
——B公司	80 000

知识点4

实收资本(或股本)的增减变动

一般情况下,企业的实收资本是相对固定不变的,只在某些特定情况下才发生增减变动。

我国企业法人登记管理条例规定,除国家另有规定以外,企业的注册资金应该与实收资本相一致。当实收资本比原来注册资金增加或者减少的幅度超过20%时,企业应该持使用证明或者验资证明,向原来登记主管机关申请变更登记,如果擅自改变注册资本或者抽逃资金,要受到工商行政管理部门的处罚。

1. 实收资本(或股本)的增加

实收资本的增加有三个途径:

(1) 投资者追加投资;

(2) 资本公积转增资本;

(3) 盈余公积转增资本。

需要注意的是,由于资本公积和盈余公积都属于所有者权益,用它们转增资本时,如果是独资企业则比较简单,直接结转即可;如果是股份有限公司或者有限责任公司,则应该按照原投资者各自出资比例相应增加各个投资者的出资额。

2. 实收资本(或股本)的减少

企业减少实收资本应该按照法定程序报经批准,股份有限公司采用收购本公司股票方式减资的,按照股票面值总额冲减股本,按照注销库存股的账面余额与所冲减股本的差额冲减股本溢价,股本溢价不足以冲减时,应依次冲减"盈余公积""利润分配——未分配利润"等科目。如果回购股票支付的价款低于面值总额的,所注销库存股的账面余额与所冲减股本的差额作为增加资本公积(股本溢价)处理。

演练2 实收资本增减变动的核算

话说"学贵美"公司成立后生意兴隆,因扩大经营规模需要,经过批准,公司决定按原出资比例将资本公积 1 000 000 元转增资本。学贵美公司应该如何编制会计分录呢?

借:盈余公积
  贷:实收资本——小美
     ——小贵
     ——学长

任务二 资本公积:多多益善

认识资本公积

1. 资本公积的来源

资本公积是企业收到投资者出资额超出其在注册资本(或股本)中所占份额的部分,以及直接计入所有者权益的利得和损失等。资本公积包括资本溢价(或股本溢价)和直接计入所有者权益的利得与损失等(图10.1)。

形成资本溢价(或股本溢价)的原因有溢价发行股票、投资者超额缴入资本等。

直接计入所有者权益的利得和损失是指不应计入当期损益、会导致所有者权益发生增减变动的、与所有者投入资本或者向所有者分配利润无关的利得或者损失,比如企业的长期股权投资在采用权益法核算时,因被投资单位除净损益以外所有者权益的其他变动,投资企业按应享有份额而增加或减少的资本公积。

此外,企业根据国家有关规定实行股权激励的,如果在等待期内取消了授予的权益工具,企业应在进行权益工具加速行权处理时,将剩余等待期内应确认的金额立即计入当期损益,并同时确认资本公积。企业集团(由母公司和其全部子公司构成）内发生的股份支付交易，如结算企业是接受服务企业的投资者，应当按照授予日权益工具的公允价值或应承担负债的公允价值确认为对接受服务企业的长期股权投资，同时确认资本公积（其他资本公积）或负债。

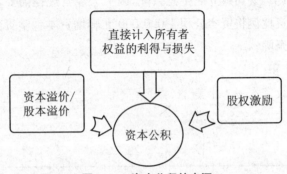

图 10.1　资本公积的来源

2. 资本公积与实收资本（或股本）的区别

第一，从来源和性质来看。实收资本（或股本）是指投资者按照企业章程或合同、协议的约定，实际投入企业并依法进行注册的资本，它体现了企业所有者对企业的基本产权关系。

资本公积是投资者的出资额超出其在注册资本中所占份额的部分，以及直接计入所有者权益的利得和损失，它不直接表明所有者对企业的基本产权关系。

第二，从用途来看。实收资本（或股本）的构成比例是确定所有者参与企业财务经营决策的基础，也是企业进行利润分配或股利分配的依据，同时还是企业清算时确定所有者对净资产的要求权的依据。

资本公积的用途主要是用来转增资本（或股本）。资本公积不体现各所有者的占有比例，也不能作为所有者参与企业财务经营决策或进行利润分配（或股利分配）的依据。

3. 资本公积与留存收益的区别

留存收益是企业从历年实现的利润中提取或形成的留存于企业的内部积累，来源于企业生产经营活动实现的利润。

资本公积的来源不是企业实现的利润，而主要来自资本溢价（或股本溢价）等。

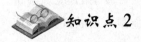知识点 2

资本公积的核算

资本公积的核算包括资本溢价(或股本溢价)的核算、其他资本公积的核算和资本公积转增资本的核算等内容。

1. 资本溢价

除股份有限公司外的其他类型的企业,在企业创立时,投资者认缴的出资额与注册资本一致,一般不会产生资本溢价。

但在企业重组或有新的投资者加入时,常常会出现资本溢价。因为在企业进行正常生产经营后,其资本利润率通常要高于企业初创阶段,另外,企业有内部积累,新投资者加入企业后,对这些积累也要分享,所以新加入的投资者往往要付出大于原投资者的出资额,才能取得与原投资者相同的出资比例。投资者多缴的部分就形成了资本溢价。

思考

学长、小贵和小美三人设立的"学贵美"公司现在注册资本已经达到了 3 000 000 元,假如这时候你也想投资入股,和公司签订投资协议。按照投资协议,你需要投入 4 00 000 元,同时享有公司 10% 的股份,那么"学贵美"公司的资本溢价是多少呢?

2. 股本溢价

股份有限公司是以发行股票的方式筹集股本的,股票可按面值发行,也可按溢价发行,我国目前不准折价发行。

与其他类型的企业不同,股份有限公司在成立时可能溢价发行股票,因此在成立之初,就可能会产生股本溢价。

$$股本溢价 = 发行股票实际收到的款额 - 股票面值总额$$

在按面值发行股票的情况下,企业发行股票取得的收入,应全部作为股本处理;在溢价发行股票的情况下,企业发行股票取得的收入,等于股票面值部分作为股本处理,超出股票面值的溢价收入作为股本溢价处理。

发行股票相关的手续费、佣金等交易费用,如果是溢价发行股票的,应从溢价中抵扣,冲减资本公积(股本溢价);无溢价发行股票或溢价金额不足以抵扣的,应将不足以抵扣的部分冲减盈余公积和未分配利润。

演练3 贵州茅台发行股票核算

图10.2是贵州茅台酒股份有限公司招股说明书的首页,列出了公司2001年7月31日拟在上海证券交易所发行股票的基本情况,假设现在款项已经全部收到,不考虑其他因素。据此应该如何进行账务处理?

贵州茅台酒股份有限公司招股说明书

发行股票类型:人民币普通股

发行数量:71,500,000 股

其中:新股发行 65,000,000 股 国有股存量发行 6,500,000 股

单位:人民币元

单位	面值	发行价格	发行费用	募集资金
每股	1.00	31.39	0.6772	30.7128
合计	71,500,000	2,244,385,000	48,422,200	2,195,962,800

发行方式: 上网定价发行

发行日期: 2001年7月31日

拟上市地: 上海证券交易所

主承销商: 南方证券有限公司

图10.2 贵州茅台酒股份有限公司招股说明书

首先,计算应计入资本公积科目的金额 = 实际收到的价款 − 股票面值总额 = 2 195 962 800 − 71 500 000 = 2 124 462 800(元)。

因此,编制会计分录如下:

借:银行存款

 贷:股本

  资本公积——股本溢价

亲爱的同学们,你们注意到了发行费用 48 422 200 元是怎么处理的吗?

3. 其他资本公积的账务处理

其他资本公积是指除资本溢价（或股本溢价）项目以外所形成的资本公积，其中主要是直接计入所有者权益的利得和损失。

比如，在长期股权投资中，企业对被投资单位的长期股权投资采用权益法核算的，在持股比例不变的情况下，对于被投资单位除净损益以外的所有者权益的其他变动，应该记入"资本公积——其他资本公积"。

4. 资本公积转增资本

经股东大会或类似机构决议，用资本公积转增资本时，应冲减资本公积，同时按照转增资本前的实收资本（或股本）的结构或比例，将转增的金额记入"实收资本"（或"股本"）科目下各所有者的明细分类账。

任务三 留存收益：革命果实

知识点 1

认识留存收益

留存收益是指企业从历年实现的利润中提取或形成的留存于企业的内部积累，包括盈余公积和未分配利润两类（图10.3）。

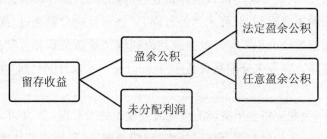

图 10.3 留存收益的构成

1. 盈余公积

盈余公积是指企业按照有关规定从净利润中提取的积累资金。公司制企业的盈余公积包括法定盈余公积和任意盈余公积。法定盈余公积是指企业按照规定的比例从净利润中提取的盈余公积。任意盈余公积是指企业按照股东会或股东大会决议提取的盈余公积。

企业提取的盈余公积经批准可用于弥补亏损、转增资本以及发放现金股利或利润等。

2. 未分配利润

未分配利润是指企业实现的净利润经过弥补亏损、提取盈余公积和向投资者分配利润后留存在企业的、历年结存的利润。相对于所有者权益的其他部分来说，企业对于未分配利润的使用有较大的自主权。

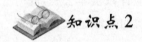

利润分配的账务处理

利润分配是指企业根据国家有关规定和企业章程、投资者协议等，对企业当年可供分配的利润所进行的分配。

可供分配的利润 = 当年实现的净利润（或净亏损）
　　　　　　　　+ 年初未分配利润（或年初未弥补亏损）+ 其他转入

利润分配的顺序依次是：

（1）提取法定盈余公积；

（2）提取任意盈余公积；

（3）向投资者分配利润。

企业应通过"利润分配"科目，核算企业利润的分配（或亏损的弥补）和历年分配（或弥补）后的未分配利润（或未弥补亏损）。该科目应分别通过"提取法定盈余公积""提取任意盈余公积""应付现金股利或利润""盈余公积补亏""未分配利润"等进行明细核算。企业未分配利润通过"利润分配——未分配利润"明细科目进行核算。

年度终了，企业应将全年实现的净利润或发生的净亏损，自"本年利润"科目转入"利润分配——未分配利润"科目，并将"利润分配"科目所属其他明细科目的余额，转入"未分配利润"明细科目。

结转后，"利润分配——未分配利润"科目如为贷方余额，则表示累积未分配的利润数额；如为借方余额，则表示累积未弥补的亏损数额。

知识点 3

盈余公积的账务处理

按照《公司法》有关规定,公司制企业应按照净利润(减弥补以前年度亏损,下同)的10%提取法定盈余公积。按照《企业所得税法》规定,以前年度亏损(5年内)可以用税前利润弥补,从第6年起只能用税后利润弥补。

非公司制企业法定盈余公积的提取比例可超过净利润的10%。法定盈余公积累计额已达注册资本的50%时可以不再提取。

值得注意的是,如果以前年度未分配利润有盈余(即年初未分配利润余额为正数),在计算提取法定盈余公积的基数时,不包括企业年初未分配利润;如果以前年度有亏损(即年初未分配利润余额为负数),应先弥补以前年度亏损再提取盈余公积。

公司制企业可以根据股东会或股东大会的决议提取任意盈余公积。非公司制企业经类似权力机构批准,也可提取任意盈余公积。法定盈余公积和任意盈余公积的区别在于其各自计提的依据不同,前者以国家的法律法规为依据,后者由企业的权力机构自行决定。

企业提取的盈余公积经批准可用于弥补亏损、转增资本、发放现金股利或利润等。盈余公积的账务处理如表10.1所示。

表10.1 盈余公积的账务处理

事 项	借方科目	贷方科目
提取法定盈余公积	利润分配——法定盈余公积	盈余公积——法定盈余公积
提取任意盈余公积	利润分配——任意盈余公积	盈余公积——任意盈余公积
盈余公积补亏	盈余公积	利润分配——盈余公积补亏
盈余公积转增资本	盈余公积	股本
盈余公积发放现金股利	盈余公积等	应付股利

演练4 利润分配的账务处理

学贵美公司年初未分配利润为0元,成立后第一年实现净利润2 000 000元,本年提取法定盈余公积200 000元,宣告发放现金股利800 000元,假定不考虑其他因素。学贵美公司应该如何编制会计分录呢?

(1) 结转实现净利润时

借:本年利润
  贷:利润分配——未分配利润

(2) 提取法定盈余公积、宣告发放股利时

借:利润分配——提取法定盈余公积
    ——应付现金股利
  贷:盈余公积
    应付股利

(3) 将"利润分配"科目所属其他明细科目的余额结转至"未分配利润"明细科目

借:利润分配——未分配利润   1 000 000
  贷:利润分配——提取法定盈余公积 200 000
    ——应付现金股利   800 000

思考

学长:今天和大家分享一个名人的会计理念,这个人虽然是会计的外行,但是却为会计学做出了重要贡献。

他叫稻盛和夫。我知道你们肯定不认识他,但是没关系,因为学长也不认识他,只知道传说中他也不属于聪明人,初中、高中、大学考试常常不及格。他原本想当个医生,可是却只能在一个陶瓷厂找到一份工作。但现在他创办了两家世界500强的企业,一家是京瓷,另一家是叫KDDI的通信公司。

他做生意怎么这么牛? 这跟他的会计学得好大有关系! 好啦,我们来听听这

位牛人关于会计的独特理解:

稻盛和夫认为:"会计学,和京瓷独创的'阿米巴'经营管理模式一起,渗透到企业内部,成为京瓷快速成长的原动力之一。"随着全球化时代的到来,现代企业面临的市场环境和内部情境复杂多变。"企业经营者必须正确把握自己企业实际的经营状况,在此基础上做出正确的经营判断。而要做到这一点,前提就是要精通会计原则以及会计处理的方法。"显然,会计是"现代经营的中枢"。

稻盛强调,如果将企业比作天空中飞行的飞机,那么会计不仅仅是告诉飞行员已经飞了多远、多久,更重要的是告诉飞机现在面临的状况:高度、速度、姿势、方向、天气、油耗等。这一比喻,直指会计数据滞后影响经营的命门。所以,对会计一窍不通的稻盛和夫可以理直气壮地宣称:"不懂会计怎能经营企业!"

正因为稻盛和夫在会计上是外行,而创业和经营要求他必须弄清楚会计是什么,所以他以"做人何为正确"为原则来考虑会计问题,不拘泥于会计制度规范,而是直逼会计的本质。随着京瓷的发展壮大,稻盛和夫关于会计的理念和思考,逐渐系统化为"会计七原则"。

一、以现金为基础经营。近代会计以年度为单位,从收入中扣除所有费用,就是利润。按照会计制度,收支钱款的实际时间与其成为可核算的收益和费用的时间不一致,往往导致账面数字与实际现金数量脱节,在企业经营实际过程中出现账面盈利但手头没钱的现象。另外,有些资产在账面上是财富,但事实上已经变成了垃圾,账目没错却没有现钱。有些企业经营者根据账面上的利润进行决策,以借贷的方式筹措资金,为开拓新事业或增加生产设备进行投资。然而,依靠借贷进行投资,会直接受到市场利率、资金供需变动以及政府和银行的政策影响,一旦银根紧缩,企业的资金链就有断裂的危险。所以,稻盛强调,企业经营必须以手头的现金为基础,努力提升自有资本比率,保证自己的现金流量。

二、一一对应的原则。企业经营过程中,必然发生钱和物的流动,稻盛和夫要求必须保证钱、物和票据一一对应。表面看来,这种对应是理所当然的,但现实中却往往不是如此。稻盛说:"票据已经先行处理了,货物后来才送到。又或者相反,货物先送到了,票据却等第二天才开。这种情况,即使在一流企业也会频频发生。这样的'票据操作'乃至'账簿外处理',哪怕只允许一丝一毫,都意味着数字不过是一种权宜之计,想怎么改就怎么改。说得极端些,这样,这个企业的结算就不值得相信了。"因为一旦允许不对应,就会产生欺骗。例如,这个月销售数据不理想,就和关系好的客户串通先开出一张票据来把账面"做"好看,这样的公司将会没有道德,也没有前途。在京瓷,稻盛坚决要求杜绝这种行为,"构建一个玻璃般透明的系统,使隐蔽或模糊事实的企图变得不可能。"不论是在什么情况下,都必须保证钱、物和票据的一一对应,尤其是赊销和赊购,每一笔对应的是什么必须清清楚楚,不能笼统对冲。坚持贯彻一一对应原则,数据就能够如实地反映经营事实,票据上的数字累加起来,就是公司整体的真实数据,据以做出的结算报表就能够如实体现公司现状。更重要的是,贯彻该原则能够提高公司的道德水准,使员工相互信任,对于保证企业健康运行具有重大意义。

三、收入费用配比原则(或者称为"筋肉坚实"原则)。公司股票一旦上市,为了让股民维持信心,经营者就需要维持企业的良好形象。装饰形象就会衍生出赘肉,稻盛认为,经营者必须具备坚强的意志,克服过分美化企业的诱惑。大致而言,可以通过如下措施实现收入费用配比原则:

第一,减少固定费用,降低生产成本。京瓷的经验是采购二手货。创业之初,由于缺乏资金,往往购买二手设备。一流设备的价格往往是二手货的十几倍,但工作效率可能只提高了两三倍,相比于价格便宜的二手货,其投资效率并不高。若企业过分投资先进设备,固定费用会迅速增加,盈亏平衡点会大幅上扬,不利于企业的持续发展。

第二,及时清理库存。京瓷采取订单生产方式,会按照正常的良品率额外生产一定数量的产品,这些额外产品会变成卖不出去的库存。例如,有一万件产品的订单,为了保险起见生产了一万两千件,这两千件存于库房的产品尽管品质没问题,但已经没用了,稻盛把它比喻为"路边的石块"。他主张,不能为了资产账面上的数字好看而将已经毫无价值的东西作为财产放着,库管人员不会清除这些"石块",经营者应该时常亲自检查仓库,及时将"石块"清理出去,这就是稻盛的"陶瓷石块论"。

第三,警惕固定费用的增加。稻盛说的固定费用,主要包括设备费用与人工费用。稻盛认为,大量的设备投资和非生产员工的增加,实际上是"虚胖",必须高度警惕。

第四,靠汗水换取利润,绝不投机。稻盛十分反感滥用"理财"概念,对"风险投资"深恶痛绝,认为那就是投机。日本泡沫经济时代,许多企业空手套白狼,从银行贷款买地皮,转手卖掉就能发财。对这种得来全不费工夫的利润,有些企业趋之若鹜。然而，稻盛认为:"只有自己额头流汗、辛勤工作赚来的钱，才能成为利润。"所以当银行建议稻盛投资房地产时，他坚决拒绝。正因为稻盛经受住了这种诱惑，才使得京瓷在泡沫经济的冲击下岿然不动。

第五，即用即买。稻盛提出:"不要预算制度，需要花钱时，即时申请，即时裁决。"在采购方面，稻盛坚持"买一升"原则。就是哪怕买一斗更便宜更诱人，我只买眼下需要的一升，绝不积压。

四、完美主义原则。"所谓完美主义，是指不允许暧昧和妥协，所有工作都要追求完美，达至每个细节。"身为企业的经营者，不但要宏观把握企业的发展方向，而且要了解工作的细节。"甚至可以说，部下请假的时候，自己如果不可以代替他工作，就没有资格做领导。"对于生产、销售目标以及研究开发的进度，都要百分之百确保实现，哪怕差一点点，也绝不通融，否则，"公司经营就会怠慢，公司内部纪律就会松弛"。对于会计统计数据，经营者要严格审核，不允许出现任何错误。经营者自身严格贯彻执行，完美主义原则就能够渗透到整个公司，成为每位成员的习惯。"对不起，我重做"是一种遁词，错误不可能用橡皮擦掉。

五、双重确认的原则。稻盛和夫倡导"以心为本"的经营理念，他认为，人心是脆弱的，同时又是最可靠的。因为人心具有脆弱性，所以需要制度来加以约束，避免员工因为一念之差而铸成大错。为此，京瓷从原材料的接收、产品的发送到应收款的回收，整个管理系统都实行"双重确认"制度，让两个以上的人和部门互相审核，互相确认，由此推进工作。

具体而言，对于进出款项的处理，开票的人和管钱的人必须分开;对于每日合计的现金余额，必须同票据数额保持一致，不仅是总额一致，而且必须在每一个时点都保持一致;对于公司印章，设置双重护锁，使用必须经过两人;采购物品和服务时，需要物品的部门必须向采购部开具委托购买的票据，请采购人员发出订单，禁止需要物品的部门同供货商直接联系;对于赊销赊购款项的收付，亦非销售人员一手包办，而是一律通过公司财务部办理;对于废料处理，必须双重确认数量和金额;乃至自动售货机和投币电话的现金回收，尽管数字很小，也不能一人办理而要两人互相确认。

稻盛和夫强调，双重确认原则并非基于对员工的不信任，更非"人性恶"假设，而是出于防范人心脆弱的一面，"是经营者对员工的关爱之心，是不让员工犯罪的善的信念"。

六、提高效益的原则。提高效益的方式,主要表现为阿米巴经营的"单位时间效益核算制"。"阿米巴的经营计划、业绩管理、劳务管理等所有经营上的事都由他们自己运作。"由阿米巴实现全员参与的透明经营,独立核算。需要注意的是,阿米巴经营是把市场规则运用于企业内部,但绝不是倡导阿米巴之间的激烈竞争,而是通过阿米巴的独立核算能够明确反映出其对公司整体做出的贡献,推进公司的互相支持和共存共荣。

七、玻璃般透明的经营原则。经营的透明,首先要表现为光明正大的财务,绝不可在财务上做手脚。不但高层要知道员工在干什么,而且员工也要了解高层在干什么。松下幸之助曾经为公司规模扩大后如何实现信息公开和透明而苦恼,稻盛和夫的阿米巴经营解决了这个问题。但是,要保证阿米巴的良好运行,还需要公司的整体信息能够全面准确及时地传达到每个员工。实行阿米巴经营的前提之一在于组织成员之间互相信任,员工对领导是否信任取决于领导能否如实公布信息,并率先垂范,"经营者带头奋斗的身影,员工们会一目了然"。部分领导者出于保密原因,主张不公布企业的经营数据。稻盛认为这种行为弊大于利,因为员工无法得知企业的相关情况,就难以同领导人产生共鸣,更不会产生努力工作的动力。为了做到玻璃般透明经营,稻盛和夫主张最重要的是领导者要严格自律、公正无私,然后将领导思考的问题、企业的现状以及目标如实告知员工,即便有"不好的事",也要即时如实通报。企业上市之后,就成为社会公器,如实公开信息更是经营者的职责所在。当企业经营出现困难时,及时公开有助于给投资者传达正确信息,避免谣言,长远来看有利于投资者增强信心、提升股价。

稻盛和夫强调,如果企业始终坚持一一对应等管理会计原则,对企业的现状了然于胸,那么自然就不会担心信息公布之后可能出现意料之外的问题。所以,一一对应等原则是实质条件,玻璃般透明原则是限制条件,企业经营者坚持正确的做人之道,彻底贯彻一一对应等原则,水到渠成就能够做到玻璃般透明。反之,如果经营过程中存在不规范行为,那么经营者当然不敢落实玻璃般透明原则。

亲爱的同学们,你们认可稻盛和夫关于会计的见解吗?

(资料来源:http://weibo.com/p/101010n_17431283_17431284_u_1410448443)

项目十一 钱,您从哪儿来,又到哪儿去

 任务书

任务名称	钱,您从哪儿来,又到哪儿去	任务编号	011	时间要求	12课时
要　求	1. 掌握收入的核算; 2. 掌握成本、期间费用的核算; 3. 掌握利润的核算				
培养目标	1. 让学生理解企业中资金循环的流程,能够开展收入、成本、费用与利润的会计; 2. 核算与账务处理				
教学地点	教室				
教学设备	投影设备、投影幕布、电脑				
训练内容					
1. 销售商品收入、提供劳务收入和让渡资产使用权收入的核算; 2. 营业成本与期间费用的核算; 3. 本年利润的结转与账务处理					
训练要求					
1. 能够开展销售商品收入、提供劳务收入和让渡资产使用权收入的核算; 2. 能够对营业成本与期间费用开展核算; 3. 能够完成本年利润的结转与账务处理					
成果要求及评价标准					
1. 能够开展销售商品收入、提供劳务收入和让渡资产使用权收入的核算(30分) 2. 能够对营业成本与期间费用开展核算(30分) 3. 能够完成营业外收支、所得税费用的核算(20分) 4. 能够完成利润的核算、本年利润的结转与账务处理(20分)					

任务产出一	成员姓名与分工	组长	学号	分工
		成员1	学号	
		成员2	学号	
		成员3	学号	
		成员4	学号	
		成员5	学号	
		成员6	学号	

任务产出二	1. 销售商品收入的核算（10分） 2. 提供劳务收入的核算（10分） 3. 让渡资产使用权收入的核算（10分） 4. 营业成本、营业税金及附加、期间费用的核算（30分） 5. 营业外收支的核算（10分） 6. 所得税费用的核算（10分） 7. 利润的核算、本年利润的结转与账务处理（20分）
项目组评价	总分
教师评价	

万福生科财务造假案

万福生科湖南农业开发股份有限公司（以下简称万福生科）始建于2003年，主要从事稻米精深加工系列产品的研发、生产和销售，即以稻谷为主要原料，通过物理、化学和生物技术生产大米淀粉糖、大米蛋白粉等系列产品。该公司曾经获得"诚信守法乡镇企业""绿色先锋""小米粒享有大价值"等诸多荣誉称号。

2011年9月万福生科在深交所创业板挂牌上市，一年后便曝出财务造假丑闻，成为"创业板造假第一股"。2008年至2011年累计虚增收入约7.4亿元，虚增营业利润约1.8亿元，虚增净利润约1.6亿元。最严重的年份是2011年，在上市的这一年,万福生科虚增收入 2.8 亿元,虚增营业利润 6 541 万元,虚增净利润 5 913 万元。

万福生科采取了多种造假手段。

1. 采取多种手段虚增营业收入

在营业收入造假方面,首先,万福生科所披露的 10 家主要客户中,有 6 家存在或涉嫌虚假交易、虚增销售收入等行为。其次,万福生科为了让虚假收入看起来真实合理,还进行了伪造销售合同、虚开销售发票、编制银行单据以及假出库单,甚至为虚假收入纳税等一系列造假工序予以配合。第三,万福生科利用隐藏的关联方关系和关联交易的非关联化等手段,进行自买自卖和虚假销售。最后,万福生科还吸取了胜景山河财务造假被揭穿的教训,为了成功虚增营业收入,还虚假宣传产品,并且在各大超市临时摆货销售,从而制造销售兴旺的假象。

2. 通过在建工程和预付款项虚增资产

万福生科年报显示,2011 年的应收账款、预付账款、存货和在建工程分别增加 2 890 万、9 765 万、5 495 万和 3 932 万元,分别占总资产增量的 5.28%、17.85%、10.05% 和 7.19%。显然这四类资产的增量属于重大的、异常的波动。万福生科没有选择投资者关注度较高的"应收账款"科目进行过多的虚增,而是主要假借"预付账款"和"在建工程"来隐瞒企业虚增的资产。

以在建工程科目为例对其造假流程进行简要分析。首先,万福生科以虚构的工程承包方的名义开设一个存款账户,并向该虚构的存款账户支付一笔工程款。一方面,现金减少;另一方面,预付工程款记入在建工程,在建工程增加。第二步,万福生科虚构一个大客户,再把它所控制的虚假工程承包商的银行账户中的资金转移至这个假客户的账户中。第三步,假客户向万福生科进行虚假购买,其账户中的资金又顺利流回了万福生科的银行账户。至此,万福生科的现金账户金额不变,但在建工程科目余额成功虚增,实现了虚增利润的闭环。

3. 未计提存货减值准备

从万福生科 2011 年年报附注可知,公司当期因存货、固定资产等未发现减值迹象,从而未计提减值准备。而在市场竞争加剧产品滞销的情况下,万福生科未计提库存商品减值准备显然是不可取的。同时,参考同行业公司金健米业,其在 2012 年对其库存商品计提了近 103 万元折旧,所以公司没有计提减值准备的目的极有可能是降低费用,虚增利润和资产。

4. 低估期间费用

万福生科还通过低估期间费用的手段达到虚增利润的目的。首先,万福生科

2011年营业收入增加了27.6%,但与之极度不匹配的是,装卸运输费用却下降了49.3%。这种矛盾的现象从一个侧面反映出万福生科通过低估部分期间费用达到虚增利润的目的。第二,万福生科的科研费用降低,与其加大研发投入的公司战略不相符合,也有降低费用、虚增利润之嫌。

(资料来源:黄多.万福生科财务舞弊案例研究[J].时代金融,2013(7):324.)

背景知识

小美:万福生科的造假方法真是令人触目惊心……

小贵:没想到我们以为最熟悉的"收入",却能产生这么多的问题!

学长:财务造假是个老生常谈的问题了,企业的定义就是"以盈利为目的的经济组织",所以把利润做大是每个企业的最大心愿啊,尤其当企业希望有一个好的经营成果来吸引投资的时候。

大家都知道"利润=收入-费用",企业想要把利润最大化,就会尽量提高收入、降低费用。有的企业不诚信经营,就在这两个要素上动了手脚。

小贵:有什么办法可以防范造假呢?

学长:办法倒是有,这就得从收入确认、费用确认、利润核算这些最基础的说起啦!

任务一 收入:人见人爱

知识点1

重新认识收入

收入是指企业在日常活动中形成的、会导致所有者权益增加的、与所有者投入资本无关的经济利益的总流入。企业提高销售收入的各种方法如图11.1所示。

收入按企业从事日常活动的性质不同,分为销售商品收入、提供劳务收入和让渡资产使用权收入。

收入按企业经营业务的主次不同,分为主营业务收入和其他业务收入。主营业务收入是指企业为完成其经营目标所从事的经常性活动实现的收入;其他业务收入是指企业为完成其经营目标所从事的与经常性活动相关的活动实现的收入。

图 11.1　企业提高销售收入的各种方法

收入的确认条件

销售商品收入同时满足以下五个条件时,才能在会计上确认为收入:

(1) 企业已经将商品所有权上的主要风险和报酬转移给购货方;

(2) 企业既没有保留通常与所有权相联系的继续管理权,也没有对已经出售的商品实施有效控制;

(3) 相关的经济利益很可能流入企业;

(4) 收入的金额能够可靠地计量;

(5) 相关的已发生或者将发生的成本能够可靠地计量。

1. 企业已将商品所有权上的主要风险和报酬转移给购货方

企业已将商品所有权上的主要风险和报酬转移给购货方,是指与商品所有权有关的主要风险和报酬同时转移。与商品所有权有关的风险,是指商品可能发生减值或者毁损等形成的损失;与商品所有权有关的报酬,是指商品增值或通过使用商品等形成的经济利益。企业已将商品所有权上的主要风险和报酬转移给购货方,构成确认销售商品收入的重要条件。

判断企业是否已将商品所有权上的主要风险和报酬转移给购货方,应当关注交易的实质,并结合所有权凭证的转移进行判断。如果与所有权有关的任何损失均不需要销货方承担,与商品所有权有关的任何经济利益也不归销货方所有,就意味着商品所有权上的主要风险和报酬转移给了购货方。

2. 企业既没有保留通常与所有权相联系的继续管理权，也没有对已售出的商品实施有效控制

在通常情况下，企业售出商品后不再保留与商品所有权相联系的继续管理权，也不再对售出商品实施有效控制，商品所有权上的主要风险和报酬已经转移给了购货方，通常应在发出商品时确认收入。如果企业在商品销售后保留了与商品所有权相联系的继续管理权，或能够继续对其实施有效控制，就说明商品所有权上的主要风险和报酬没有转移，销售交易不能成立，不能确认收入，如售后租回。

3. 相关的经济利益很可能流入企业

在销售商品的交易中，与交易相关的经济利益主要表现为销售商品的价款。相关的经济利益很可能流入企业，是指销售商品价款收回的可能性大于不能收回的可能性，即销售商品价款收回的可能性超过 50%。企业在销售商品时，如果估计销售价款不是很可能收回，即使收入确认的其他条件均已满足，也不应当确认收入。

企业在确定销售商品价款收回的可能性时，应当结合以前和买方交往的直接经验、政府有关政策、其他方面取得信息等因素进行分析。企业销售的商品符合合同或者协议要求，已将发票账单交付买方，买方承诺付款，通常表明相关的经济利益很可能流入企业。

如果企业判断销售商品收入满足确认条件而予以确认，同时确认了一笔应收债权，以后由于购货方资金周转困难无法收回债权时，不应该调整原来的会计处理，而应该对这笔债权计提坏账准备、确认坏账损失。

如果企业根据以前与买方交往的直接经验判断买方信誉较差，或者销售时得知买方在另一项交易中发生了巨额亏损、资金周转十分困难，或者在出口商品时不能肯定进口企业所在国政府是否允许将款项汇出等，就可能会出现与销售商品相关的经济利益不能流入企业的情况，不应该确认收入。

4. 收入的金额能够可靠地计量

收入的金额能够可靠地计量是指收入的金额能够合理地估计。收入金额能否合理地估计是确认收入的基本前提，如果收入的金额不能够合理地估计，就无法确认收入。企业在销售商品时，商品销售价格通常已经确定。但是，由于销售商品过程中某些不确定的因素的影响，也有可能存在商品销售价格发生变动的情况。在这种情况下，新的商品销售价格未确定前通常不应该确认销售商品收入。

5. 相关的已发生或者将发生的成本能够可靠地计量

根据收入和费用配比原则，与同一项销售有关的收入和费用应该在同一会计期间予以确认,即企业应在确认收入的同时或者同一会计期间结转相关的成本。

相关的已发生或者将发生的成本能够可靠地计量,是指与销售商品有关的已发生或者将发生的成本能够合理地估计。

通常情况下,与销售商品相关的已发生或将发生的成本能够合理地估计,如库存商品的成本、商品运输费用等。如果库存商品是本企业生产的,则其生产成本能够可靠计量;如果是外购的,则其购买成本能够可靠计量。

有时,与销售商品相关的已发生或将发生的成本不能够合理地估计,此时企业不应确认收入,若已收到价款,应将已收到的价款确认为负债。

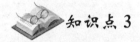

销售商品收入

销售商品的会计处理主要涉及:
(1) 一般销售商品收入;
(2) 已经发出商品但不符合收入确认条件的销售业务;
(3) 销售折让;
(4) 销售退回;
(5) 采用预收款方式销售商品;
(6) 采用支付手续费方式委托代销商品等情况。

1. 一般销售商品收入

在进行销售商品的会计处理时,首先要考虑销售商品收入是否符合收入确认条件。如果符合收入准则所规定的五项确认条件的,应当提供确凿的证据。

通常情况下,销售商品采用托收承付方式的,在办妥托收手续时确认收入;交款提货销售商品的,在开出发票账单收到货款时确认收入。交款提货销售商品是指购买方已经根据企业开出的发票账单支付货款并取得提货单的销售方式。在这种方式下,购货方支付货款取得提货单,企业尚未支付商品,销售方保留的是商品所有权上的次要风险和报酬,商品所有权上的主要风险和报酬已经转移给了购货方,通常应该在开出发票账单收到货款时确认收入。

企业销售商品满足收入确认条件时,应当按照已收或者应收合同或者协议价款的公允价值作为销售收入的金额。

通常情况下,购货方已经收回或者应收的合同或协议价款就是其公允价值,应当以此确定销售商品收入的金额。企业销售商品所实现的收入以及应结转的相关销售成本,通过"主营业务收入""主营业务成本"等科目核算。

演练 1 销售商品收入的账务处理

甲公司向乙公司销售商品一批,开出的增值税专用发票上注明售价为 400 000 元,增值税税额为 68 000 元;甲公司收到乙公司不带息银行承兑汇票一张,票面金额为 468 000 元,期限为 2 个月;商品已经发出,甲公司用银行存款代垫了运杂费 2 000 元;这批商品成本为 320 000 元。

甲公司应该编制如下会计分录:
借:应收票据
　　应收账款
　贷:主营业务收入
　　　应交税费——应交增值税(销项税额)
　　　银行存款
以及:
借:主营业务成本　　　　　　　　　320 000
　贷:库存商品　　　　　　　　　　　320 000

亲爱的同学们,这是销售收入的经典核算之一,你们完成了吗?

---

2. 已经发出商品但不符合收入确认条件的销售业务

如果企业售出商品不符合销售商品收入确认的五项条件,则不应确认收入。为了单独反映已经发出但尚未确认销售收入的商品成本,企业应增设"发出商品"科目。"发出商品"科目核算一般销售方式下已经发出但尚未确认收入的商品成本。

这里要注意的一个问题是,尽管发出的商品不符合收入确认条件,但如果销售该商品的纳税义务已经发生,比如已经开出增值税专用发票,则应确认应交的增值税销项税额。借记"应收账款"等科目,贷记"应交税费——应交增值税(销项税额)"科目。如果纳税义务没有发生,则需要进行上述处理。

例如,甲公司 2013 年 3 月 3 日采用托收承付结算方式向乙公司销售了一批商品,开出的增值税专用发票上注明售价为 100 000 元,增值税税额为 17 000 元;这批商品的成本为 60 000 元。

甲公司在销售这批商品时,得知乙公司资金流转暂时发生困难,但为了减少存货积压,同时也为了维持和乙公司长期以来建立的商业关系,甲公司仍然将商品发出,并办好托收手续。

假定甲公司销售这批商品时,纳税义务已经发生。那么甲公司的账务处理如下。

发出商品时:
借:发出商品　　　　　　　　　　　　　　60 000
　　贷:库存商品　　　　　　　　　　　　　　60 000
同时,因为纳税义务已经发生,要确认应交的增值税税额:
借:应收账款　　　　　　　　　　　　　　17 000
　　贷:应交税费——应交增值税(销项税额)　17 000
假如半年后,乙公司经营状况好转,向甲公司承诺近期付款,那么甲公司应该在乙公司作出承诺时确认收入,编制如下会计分录:
借:应收账款　　　　　　　　　　　　　　100 000
　　贷:主营业务收入　　　　　　　　　　　100 000

3. 商业折扣、现金折扣和销售折让的处理

企业销售商品收入的金额通常按照从购货方已收或应收的合同或协议价款确定。在确定销售商品收入的金额时,应注意区分商业折扣、现金折扣和销售折让及其不同的账务处理方法。

总的来讲,确定销售商品收入的金额时,不应考虑预计可能发生的现金折扣、销售折让,即应按总价确认,但应是扣除商业折扣后的净额。

商业折扣、现金折扣和销售折让的区别以及处理方法如下:

(1) 商业折扣

商业折扣是指企业为促进商品销售而给予的价格扣除。例如,企业为鼓励客户多买商品,可能会规定购买10件以上商品给予客户10%的折扣,或客户每买10件送1件。此外,企业为了尽快出售一些残次、陈旧、冷背的商品,也可能降价(即打折)销售。

商业折扣在销售时即已发生,并不构成最终成交价格的一部分。企业销售商品涉及商业折扣的,应当按照扣除商业折扣后的金额确定销售商品收入金额。

(2) 现金折扣

现金折扣是指债权人为鼓励债务人在规定的期限内付款而向债务人提供的债务扣除。现金折扣一般用符号"折扣率/付款期限"表示。

例如"2/10，1/20，N/30"表示：销货方允许客户最长的付款期限为30天，如果客户在10天内付款，销货方可按商品售价给予客户2%的折扣；如果客户在20天内付款，销货方可按商品售价给予客户1%的折扣；如果客户在21～30天内付款，将不能享受现金折扣。

现金折扣发生在企业销售商品之后，企业销售商品后现金折扣是否发生以及发生多少要视买方的付款情况而定，企业在确认销售商品收入时不能确定现金折扣金额。因此，企业销售商品涉及现金折扣的，应当按照扣除现金折扣前的金额确定销售商品收入金额。现金折扣实际上是企业为了尽快回笼资金而发生的理财费用，应在实际发生时计入当期财务费用。

在计算现金折扣时，还应注意销售方式是按不包含增值税的价款提供现金折扣，还是按包含增值税的价款提供现金折扣，两种情况下购买方享有的折扣金额不同。例如，销售价格为1 000元的商品，增值税税额为170元，如不包含增值税，按1%折扣率计算，购买方享有的现金折扣金额为10元；如果购销双方约定计算现金折扣时一并考虑增值税，则购买方享有的现金折扣金额为11.7元。

(3) 销售折让

销售折让是指企业因售出商品质量不符合要求等原因而在售价上给予的减让。企业将商品销售给买方后，如果买方发现商品在质量、规格等方面不符合要求，可能会要求卖方在价格上给予一定的减让。

销售折让如发生在确认销售收入之前，则应在确认销售收入时直接按扣除销售折让后的金额确认；已确认销售收入的售出商品发生销售折让，且不属于资产负债表日后事项的，应在发生时冲减当期销售商品收入；如按规定允许扣减增值税税额的，还应冲减已确认的应交增值税销项税额。

4. 销售退回

企业销售商品除了可能发生销售折让外，还有可能发生销售退回。企业售出商品发生的销售退回，应当分别以不同情况进行会计处理：

一是尚未确认销售收入的售出商品发生销售退回的，应当冲减"发出商品"科目，同时增加"库存商品"科目。

二是已确认销售商品收入的售出商品发生销售退回的，除属于资产负债表日后事项外，一般应在发生时冲减当期销售商品收入，同时冲减当期销售商品成本。

如按规定允许扣减增值税税额的，应同时扣减已确认的应交增值税销项税额。

如该项销售退回已发生现金折扣，应同时调整相关财务费用的金额。

5. 采用预收款方式销售商品

预收款销售方式下，销售方直至收到最后一笔款项才将商品交付给购货方，表明商品所有权的主要风险和报酬只有在收到最后一笔款项时才转移给购货方,销售方通常应在发出商品时确认收入,在此之前预收的货款应确认为预收账款。

6. 采用支付手续费方式委托代销商品

采用支付手续费委托代销方式下,委托方在发出商品时,商品所有权上的主要风险和报酬并未转移给受托方,委托方在发出商品时通常不应确认销售商品收入,而应在收到受托方开出的代销清单时确认为销售商品收入,同时将应支付的代销手续费计入销售费用;受托方应在代销商品销售后,按合同或协议约定的方式计算确定代销手续费,确认劳务收入。

受托方可通过"受托代销商品""受托代销商品款"或"应付账款"等科目,对受托代销商品进行核算。确认代销手续费收入时,借记"受托代销商品款"科目,贷记"其他业务收入"等科目。

7. 销售材料等存货的处理

企业在日常活动中还可能发生对外销售不需用的原材料、随同商品对外销售单独计价的包装物等业务。企业销售原材料、包装物等存货也视同商品销售,其收入确认和计量原则比照商品销售。企业销售原材料、包装物等存货实现的收入作为其他业务收入处理,结转的相关成本作为其他业务成本处理。

企业销售原材料、包装物等存货实现的收入以及结转的相关成本,通过"其他业务收入""其他业务成本"科目核算。"其他业务收入"科目核算企业除主营业务活动以外的其他经营活动实现的收入,包括销售材料、出租包装物和商品、出租固定资产、出租无形资产等实现的收入。该科目贷方登记企业实现的各项其他业务收入;借方登记期末转入"本年利润"科目的其他业务收入;结转后该科目应无余额。

"其他业务成本"科目核算除主营业务活动以外的其他经营活动所产生的成本,包括销售材料的成本、出租固定资产的折旧额、出租无形资产的摊销额、出租包装物的成本或摊销额。该科目借方登记企业结转或发生的其他业务成本;贷方登记期末结转入"本年利润"科目的其他业务成本;结转后该科目应无余额。

知识点 4

提供劳务收入

企业提供劳务的种类有很多,如旅游、运输、饮食、广告、咨询、代理、培训、产品安装等,有的劳务一次就能完成且一般为现金交易,如饮食、理发、照相等;有的劳务则要花费一段较长的时间才能完成,如安装、旅游、培训、远洋运输等。企业提供劳务收入的确认原则因劳务完成时间的不同而不同。

1. 在同一会计期间内开始并完成的劳务

对于一次就能完成的劳务或在同一会计期间内开始并完成的劳务,应在提供劳务交易完成时才确认收入,确认的金额通常为从接受劳务方已收或应收的合同或协议价款,确认原则参照销售商品收入的确认原则。

企业对外提供劳务,如果属于企业的主营业务,所实现的收入应作为主营业务收入处理,结转的相关成本应作为主营业务成本处理;如果属于主营业务以外的其他经营活动,所实现的收入应作为其他业务收入处理,结转的相关成本应作为其他业务成本处理。

企业对外提供劳务发生的支出一般通过"劳务成本"科目予以归集,待确认为费用时,从"劳务成本"科目转入"主营业务成本"或"其他业务成本"科目。

对于一次就能完成的劳务,企业应在提供劳务完成时确认收入及相关成本。

对于持续一段时间但在同一会计期间开始并完成的劳务,企业应在为提供劳务发生相关支出时确认劳务成本。劳务完成时再确认劳务收入,并结转相关劳务成本。

2. 劳务的开始和完成分属于不同的会计期间

(1) 提供劳务交易结果能够可靠估计

如劳务的开始和完成分属于不同的会计期间,且企业在资产负债表日提供劳务交易结果能够可靠估计的,应采用完工百分比法确认提供劳务收入。同时满足下列条件的,说明提供劳务交易的结果能够可靠估计:

① 收入的金额能够可靠地计量。收入的金额能够可靠地计量,是指提供劳务收入的总额能够合理估计。通常情况下,企业应当按照从接受劳务方已收入或应收入的合同或协议价款确定提供劳务收入总额。随着劳务的不断提供,可能会根据实际情况增加或减少已收或应收的合同或协议价款,此时,企业应及时调整提供劳务收入总额。

② 相关的经济利益很可能流入企业。相关的经济利益很可能流入企业,是指提供劳务收入总额收回的可能性大于不能收回的可能性。企业在确定提供劳务收入总额能否收回时,应当结合接受劳务方的信誉、以前的经验以及双方就结算方式和期限达成的合同或协议条款等因素,综合进行判断。通常情况下,企业提供的劳务符合合同或协议要求,接受劳务方承诺付款,就表明提供劳务收入总额收回的可能性大于不能收回的可能性。

③ 交易的完工进度能够可靠地确定。企业可以根据提供劳务的特点,选用下

列方法确定提供劳务交易的完工进度:

ⅰ.已完工作的测量。这是一种比较专业的测量方法,由专业测量师对已经提供的劳务进行测量,并按一定方法计算确定提供劳务交易的完工程度。

ⅱ.已经提供的劳务占应提供劳务总量的比例。这种方法主要以劳务量为标准确定提供劳务交易的完工程度。

ⅲ.已经发生的成本占估计总成本的比例。这种方法主要以成本为标准确定提供劳务交易的完工程度。只有反映已提供劳务的成本才能包括在已经发生的成本中,只有反映已提供或将提供劳务的成本才能包括在估计总成本中。

ⅳ.交易中已发生和将发生的成本能够可靠地计量。交易中已发生和将发生的成本能够可靠地计量,是指交易中已经发生和将要发生的成本能够合理地估计。企业应当建立完善的内部成本核算制度和有效的内部财务预算及报告制度,准确地提供每期发生的成本,并对完成剩余劳务将要发生的成本作出科学、合理的估计。同时应随着劳务的不断提供或外部情况的不断变化,随时对将要发生的成本进行修订。

(2) 提供劳务交易结果不能可靠估计

如果劳务的开始和完成分属于不同的会计期间,且企业在资产负债表日提供劳务交易结果不能可靠估计的,即不能同时满足上述四个条件的,不能采用完工百分比法确认提供劳务收入。此时,企业应当正确预计已经发生的劳务成本能否得到补偿,分别以下列情况进行处理:

① 发生的劳务成本预计全部能够得到补偿的,应按已收或预计能够收回的金额确认提供劳务收入,并结转已经发生的劳务成本。

② 已经发生的劳务成本预计部分能够得到补偿的,应按能够得到部分补偿的劳务成本金额确认提供劳务收入,并结转已经发生的劳务成本。

③ 已经发生的劳务成本预计全部不能得到补偿的,应将已经发生的劳务成本计入当期损益(主营业务成本或其他业务成本),不确认提供劳务收入。

演练2 提供劳务收入的账务处理

甲公司2012年12月25日接受乙公司委托,为其培训一批学员,培训期为6个月,2013年1月1日开学。协议约定,乙公司应该向甲公司支付的培训费总额为60 000元,分三次等额支付,第一次在开学时预付,第二次在2013年3月1日支付,第三次在培训结束时支付。

2013年1月1日,乙公司预付第一次培训费用。至2013年2月28日,甲公司发生培训成本30 000元(假定均为培训人员薪酬)。2013年3月1日,甲公司得知乙公司经营发生困难,后两次培训费能否收回难以确定。假定不考虑相关税费。甲公司应编制如下会计分录:

(1) 2013年1月1日收到乙公司预付的培训费

借:银行存款　　　　　　　　　　　　20 000
　　贷:预收账款　　　　　　　　　　　　　　20 000

(2) 实际发生培训成本30 000元

借:劳务成本　　　　　　　　　　　　30 000
　　贷:应付职工薪酬　　　　　　　　　　　　30 000

(3) 2013年2月28日确认提供劳务收入

借:预收账款
　　贷:主营业务收入

并结转劳务成本:

借:主营业务成本
　　贷:劳务成本

亲爱的同学们,最后两条分录该怎么填呢?

温馨提示:公司已经发生的劳务成本30 000元预计只能部分得到补偿,即只能按预收款项得到补偿,应按预收账款20 000元确认劳务收入,并将已经发生的劳务成本30 000元结转入当期损益。

知识点5

让渡资产使用权收入

如前所述,让渡资产使用权收入主要指让渡无形资产等资产使用权的使用费收入、出租固定资产取得的租金、进行债权投资收取的利息、进行股权投资取得的现金股利等,也构成让渡资产使用权收入。这里主要介绍让渡无形资产等资产使用权的使用费收入的核算。

1. 让渡资产使用权收入的确认和计量

让渡资产使用权的使用费收入同时满足下列条件的,才能予以确认:

(1) 相关的经济利益很可能流入企业

企业在确定让渡资产使用权的使用费收入金额是否很可能收回时,应当根据对方企业的信誉和生产经营情况、双方就结算方式和期限等达成的合同或协议条款等因素,综合进行判断。如果企业估计使用费收入金额收回的可能性不大,就不应确认收入。

(2) 收入的金额能够可靠地计量

当让渡资产使用权的使用费收入金额能够可靠估计时,企业才能确认收入。让渡资产使用权的使用费收入金额,应该按照有关合同或者协议约定的收费时间和方法计算确定。

如果合同或协议规定一次性收取使用费,且不提供后续服务的,应当视同销售该项资产一次性确认收入;提供后续服务的,应在合同或协议规定的有效期内分期确认收入。

如果合同或协议规定分期收取使用费的,应按合同或协议规定的收款时间和金额或规定的收费方法计算确定的金额分期确认收入。

2. 企业让渡资产使用权收入的账务处理

企业让渡资产使用权的使用费收入,一般通过"其他业务收入"科目核算;所让渡资产计提的摊销额等,一般通过"其他业务成本"科目核算。

企业确认让渡资产使用权的使用费收入时,按确定的收入金额,借记"银行存款""应收账款"等科目,贷记"其他业务收入"科目。

企业对所让渡资产计提摊销以及所发生的与让渡资产有关的支出等,借记"其他业务成本"科目,贷记"累计摊销"等科目。

演练3 让渡商标使用权的账务处理

甲公司向乙公司转让某商标的使用权,约定乙公司每年年末按年销售收入的10%支付使用费,使用期10年。第一年,乙公司实现销售收入1 200 000元;第二年,乙公司实现销售收入1 800 000元。

假定甲公司都是每年年末收到使用费的,不考虑相关税费,甲公司编制如下会计分录:

第一年年末确认使用费收入:

应确认的使用费收入 = 1 200 000 × 10% = 120 000(元)

借:银行存款
　　贷:其他业务收入
第二年年末确认使用费收入:
　　应确认的使用费收入 = 1 800 000 × 10% = 180 000(元)
借:银行存款
　　贷:其他业务收入

亲爱的同学们,还记得王老吉商标的"红绿之争"吗？做完这道习题,你们不仅会理解其他业务收入,还会对无形资产有更深的认识!

任务二　费用:收入的"天仙配"

知识点 1

深入理解费用

1. 费用的内容

费用是指企业在日常活动中发生的、会导致所有者权益减少的、与向所有者分配利润无关的经济利益的总流出。

费用包括企业日常活动中所产生的经济利益的总流出,主要指企业为取得营业收入进行产品销售等营业活动所发生的企业货币资金的流出。具体包括成本费用和期间费用。企业为生产产品、提供劳务等发生的可归属于产品成本、劳务成本等的费用,应当在确认销售商品收入、提供劳务收入等时,将已销售商品、已提供劳务的成本等计入当期损益。

(1) 成本费用包括主营业务成本、其他业务成本、营业税金及附加等。

(2) 期间费用是指企业日常活动发生的不能计入特定核算对象的成本,而应计入发生当期损益的费用。期间费用发生时直接计入当期损益。期间费用包括销售费用、管理费用和财务费用。

2. 费用的特点

(1) 费用是企业在日常活动中所形成的

费用必须是企业在其日常活动中所形成的,这些日常活动的界定与收入定义中设计的日常活动的界定一致。因日常活动所产生的费用通常包括销售成本(营业成本)、管理费用等。

将费用界定为日常活动所形成的,目的是为了将其与损失相区分,企业非日常活动所形成的经济利益的流出不能确认为费用,而应计入损失。例如:工业企业制造并销售产品、商业企业购买并销售商品、咨询公司提供咨询服务、软件开发企业为客户开发软件、安装公司提供安装服务、租赁公司出租资产等活动中发生的经济利益总流出构成费用。

企业处置固定资产、无形资产等非流动资产,违约支付罚款、对外捐赠、自然灾害等非正常原因造成财产毁损等,这些活动或小项形成的经济利益的总流出属于企业的损失而不是费用。

(2) 费用会导致企业所有者权益的减少

与费用相关的经济利益的流出应当导致所有者权益的减少,不会导致所有者权益减少的经济利益的流出不符合费用的定义,不应确认为费用。

企业经营管理中的某些支出并不减少企业的所有者权益,也就不构成费用。例如,企业以银行存款偿还一项负债,只是一项资产和负债的等额减少,对所有者权益没有影响,因此不构成企业的费用。

(3) 费用导致的经济利益总流出与向所有者分配利润无关

费用的发生应当会导致经济利益的流出,从而导致资产的减少或者负债的增加(最终也会导致资产的减少)。其表现形式包括现金或者现金等价物的流出,存货、固定资产和无形资产等的流出或者消耗等。

企业向所有者分配利润也会导致经济利益的流出,而该经济利益的流出属于投资者投资的回报分配,是所有者权益的直接抵减项目,不应确认为费用,应当将其排除在费用的定义之外。

知识点 2

营 业 成 本

营业成本是指企业为生产产品、提供劳务等发生的可归属于产品成本、劳务成本等的费用,应当在确认销售商品收入、提供劳务收入等时,将已销售商品、已提供劳务的成本等计入当期损益。营业成本包括主营业务成本和其他业务成本。

1. 主营业务成本

主营业务成本是指企业销售商品、提供劳务等经常性活动所发生的成本。企业一般在确认销售商品、提供劳务等主营业务收入时,或在月末,将已销售商品、已提供劳务的成本转入主营业务成本。

企业应当设置"主营业务成本"科目,按主营业务的种类进行明细核算,用于核算企业因销售商品、提供劳务或让渡资产使用权等日常活动而发生的实际成本,借记该科目,贷记"库存商品""劳务成本"等科目。

期末,将主营业务成本的余额转入"本年利润"科目,借记"本年利润",贷记该科目,结转后该科目无余额。

2. 其他业务成本

其他业务成本是指企业确认的除主营业务活动以外的其他经营活动所发生的支出。

其他业务成本包括销售材料的成本、出租固定资产的折旧额、出租无形资产的摊销额、出租包装物的成本或摊销额等。采用成本模式计量投资性房地产的,其投资性房地产计提的折旧额或摊销额,也构成其他业务成本。

企业应当设置"其他业务成本"科目。核算企业确认的除主营业务活动以外的其他经营活动所发生的支出,包括销售材料的成本、出租固定资产的折旧额、出租无形资产的摊销额、出租包装物的成本或摊销额等。

企业发生的其他业务成本,借记"其他业务成本"科目,贷记"原材料""周转材料""累计折旧""累计摊销""应付职工薪酬""银行存款"等科目。本科目按其他业务成本的种类进行明细核算。

期末,本科目余额转入"本年利润"科目,结转后本科目无余额。

演练 4　主营业务成本的核算

2012 年甲公司向乙公司销售一批产品,开出的增值税专用发票上注明价款为 200 000 元,增值税税额为 34 000 元;甲公司已经收到乙公司支付的款项 234 000 元,并把提货单送交了乙公司。这批产品的成本是 190 000 元。

甲公司编制如下会计分录:

(1) 销售实现时

借:银行存款　　　　　　　　　　　　　234 000
　　贷:主营业务收入　　　　　　　　　　　200 000
　　　　应交税费——应交增值税(销项税额)　34 000

以及确认实际成本:

借:主营业务成本
　　　　贷:库存商品
(2)期末,将主营业务成本结转到本年利润
　　借:本年利润
　　　　贷:主营业务成本

知识点3

营业税金及附加

　　营业税金及附加是指企业经营活动应负担的相关税费,包括营业税、消费税、城市维护建设税、教育费附加和资源税等。

　　房产税、车船税、城镇土地使用税、印花税在"管理费用"科目核算,但与投资性房地产相关的房产税、土地使用税在"营业税金及附加"科目核算。

　　企业应当设置"营业税金及附加"科目,核算企业经营活动发生的营业税、消费税、城市维护建设税、资源税和教育费附加等相关税费。

　　按规定计算确定的与经营活动相关的税费,企业应借记本科目,贷记"应交税费"科目。

　　期末,应将"营业税金及附加"科目余额转入"本年利润"科目,结转后本科目无余额。

知识点4

期 间 费 用

1. 期间费用是什么

　　期间费用是指企业日常活动发生的不能计入特定核算对象的成本,而应该计入发生当期损益的费用。

　　期间费用是企业日常活动中所发生的经济利益的流出。之所以不计入特定的成本核算对象,主要是因为期间费用是企业为组织和管理整个经营活动所发生的费用,与可以确定特定成本核算对象的材料采购、产成品生产等没有直接关系,因

而期间费用不计入有关核算对象的成本,而是直接计入当期损益。

期间费用包含以下两种情况:一是企业发生的支出不产生经济利益,或者即使产生经济利益但不符合资产确认条件的,应当在发生时确认为费用,计入当期损益。二是企业发生的交易或者事项导致其承担了一项负债而又不确认为一项资产的,应当在发生时确认为费用,计入当期损益。

期间费用包括销售费用、管理费用和财务费用。

2. 三大期间费用的账务处理

(1) 销售费用

销售费用是指企业销售商品和材料、提供劳务的过程中发生的各种费用,包括保险费、包装费、展览费、广告费、商品维修费、预计产品质量保证损失、运输费、装卸费等,以及为了销售企业的商品而专门设置的销售机构(含销售网点、售后服务网点等)的职工薪酬、业务费、折旧费等经营费用。企业发生的与专设销售机构相关的固定资产修理费用等后续支出也属于销售费用。

企业应通过"销售费用"科目,核算销售费用的发生和结转情况。借方登记企业所发生的各项费用,贷方登记期末转入"本年利润"科目的销售费用,结转后该科目应该没有余额。该科目应该按照销售费用的费用项目进行明细核算。

(2) 管理费用

管理费用是指企业为了组织和管理企业生产经营所发生的各种费用,包括企业在筹建期间内发生的开办费、董事会和行政管理部门在企业的经营管理中发生的,以及应该由企业统一负担的公司经费(包括行政管理部门职工工资以及福利费、物料消耗、低值易耗品摊销、办公费和差旅费等)、行政管理部门负担的工会经费、董事会费(包括董事会成员津贴、会议费和差旅费等)、聘请中介机构费、咨询费(含顾问费)、诉讼费、业务招待费、房产税、车船税、城镇土地使用税、印花税、技术转让费、矿产资源补偿费、研究费用、排污费等。企业生产车间(部门)和行政管理部门发生的固定资产修理费用等后续支出,也作为管理费用核算。

企业应该设置"管理费用"科目,核算管理费用的发生和结转情况。借方登记企业发生的各项管理费用,贷方登记期末转入"本年利润"科目的管理费用,结转后本科目应该无余额。该科目按管理费用的费用项目进行明细核算。商品流通企业管理费用不多的,可以不设置本科目,相关核算内容可以并入"销售费用"科目核算。

(3) 财务费用

财务费用是指企业为筹集生产经营所需资金等而发生的筹资费用,包括利息支出(扣减利息收入)、汇兑损益以及相关的手续费、企业发生的现金折扣等。

企业应通过"财务费用"科目,核算财务费用的发生和结转情况。该科目借方登记企业发生的各项财务费用,贷方登记期末转入"本年利润"科目的财务费用。结转后该科目将无余额。该科目应按财务费用的费用项目进行明细核算。

任务三 利润=收入-费用

知识点1

利润的核算

利润是指企业在一定会计期间的经营成果。

利润包括收入减去费用后的净额、直接计入当期利润的利得和损失等。

未计入当期利润的利得和损失扣除所得税影响后的净额计入其他综合收益项目。

净利润与其他综合收益的合计金额为综合收益总额。

利得是指由企业非日常活动所形成的、会导致所有者权益增加的、与所有者投入资本无关的经济利益的流入。

损失是指由企业非日常活动所发生的、会导致所有者权益减少的、与向所有者分配利润无关的经济利益的流出。

与利润相关的计算公式主要如下。

1. 营业利润

营业利润 = 营业收入 - 营业成本 - 营业税金及附加 - 销售费用
- 管理费用 - 财务费用 - 资产减值损失
+ 公允价值变动收益(- 公允价值变动损失)
+ 投资收益(- 投资损失)

其中:

营业收入是指企业经营业务所确认的收入总额,包括主营业务收入和其他业务收入;

营业成本是指企业经营业务所发生的实际成本总额,包括主营业务成本和其他业务成本；

资产减值损失是指企业计提各项资产减值准备所形成的损失；

公允价值变动收益（-损失）是指企业交易性金融资产等公允价值变动形成的应计入当期损益的利得（-损失）；

投资收益（-损失）是指企业以各种方式对外投资所取得的收益（-发生的损失）。

2. 利润总额

$$利润总额 = 营业利润 + 营业外收入 - 营业外支出$$

其中：

营业外收入是指企业发生的与其日常活动无直接关系的各项利得；

营业外支出是指企业发生的与其日常活动无直接关系的各项损失。

3. 净利润

$$净利润 = 利润总额 - 所得税费用$$

其中：所得税费用是指企业确认的应从当期利润总额中扣除的所得税费用。

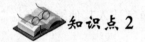知识点 2

营业外收支

1. 营业外收入

营业外收入是指企业确认的与其日常活动无直接关系的各项利得。营业外收入并不是企业经营资金耗费所产生的，实际上是经济利益的净流入，不需要与有关的费用进行配比。营业外收入主要包括非流动资产处置利得、政府补助、盘盈利得、捐赠利得、非货币性资产交换利得、债务重组利得等。

企业应通过"营业外收入"科目，核算营业外收入的取得以及结转情况。该科目可以按营业外收入项目进行明细核算。

期末，应将"营业外收入"科目余额转入"本年利润"科目，借记"营业外收入"科目，贷记"本年利润"科目。结转后本科目应无余额。

2. 营业外支出

营业外支出是指企业发生的与其日常活动无直接关系的各项损失，主要包括非流动资产处置损失、公益性捐赠支出、盘亏损失、罚款支出、非货币性资产交换损失、债务重组损失等。

企业应通过"营业外支出"科目，核算营业外支出的取得以及结转情况。该科目可以按营业外支出项目进行明细核算。

期末,应将"营业外支出"科目余额转入"本年利润"科目,借记"营业外支出"科目,贷记"本年利润"科目。结转后本科目应无余额。

知识点3

所得税费用

企业的所得税费用包括当期所得税和递延所得税两个部分。

其中,当期所得税是指当期应交所得税。递延所得税包括递延所得税资产和递延所得税负债。递延所得税资产是指以未来期间很可能取得用来抵扣可抵扣暂时性差异的应纳税所得额为限确认的一项资产。递延所得税负债是指根据应税暂时性差异计算的未来期间应付所得税的金额。

1. 当期应交所得税

应交所得税是指企业按照税法规定计算确定的针对当期发生的交易和事项,应交纳给税务部门的所得税金额,即当期应交所得税。应纳税所得额是在企业税前会计利润(即利润总额)的基础上调整确定的,计算公式为:

$$应纳税所得额 = 税前会计利润 + 纳税调整增加额 - 纳税调整减少额$$

(1) 纳税调整增加额主要包括税法规定允许扣除项目中,企业已计入当期费用但超过税法规定扣除标准的金额(如超过税法规定标准的职工福利费、工会经费、职工教育经费、业务招待费、公益性捐赠支出、广告费和业务宣传费等),以及企业已计入当期损失但税法规定不允许扣除项目的金额(如税收滞纳金、罚金、罚款)。

(2) 纳税调整减少额主要包括按税法规定允许弥补的亏损和准予免税的项目,如前五年内未弥补亏损和国债利息收入等。

企业当期所得税的计算公式为:

$$应交所得税 = 应纳税所得额 \times 所得税税率$$

2. 所得税费用

企业根据会计准则的规定,计算确定的当期所得税和递延所得税之和,即为应从当期利润总额中扣除的所得税费用,即:

$$所得税费用 = 当期所得税 + 递延所得税$$

企业应通过"所得税费用"科目核算企业所得税费用的确认及其结转情况。期末,应将"所得税费用"科目的余额转入"本年利润"科目,借记"本年利润"科目,贷记"所得税费用"科目,结转后本科目应无余额。

演练 5　所得税费用的核算

甲公司递延所得税负债年初数为 400 000 元,年末数为 500 000 元,递延所得税资产年初数为 250 000 元,年末数为 200 000 元。甲公司应该如何编制会计分录呢?

首先,计算所得税费用:

　　递延所得税 =(500 000 - 400 000)+(250 000 - 200 000)
　　　　　　　= 150 000(元)
　　所得税费用 = 当期所得税 + 递延所得税
　　　　　　　= 5 000 000 + 150 000 = 5 150 000(元)

据此,编制如下会计分录:
借:所得税费用
　　贷:应交税费——应交所得税
　　　　递延所得税
　　　　递延所得税资产

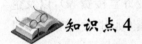

知识点 4

结转本年利润的方法

会计期末结转本年利润的方法有表结法和账结法两种。

1. 表结法

表结法下,各损益类科目每月末只需结计出本月发生额和月末累计余额,不结转入"本年利润"科目,只有在年末时才将全年累计余额结转入"本年利润"科目。但每月末要将损益类科目的本月发生额合计数填入利润表的本月数栏,同时将本月末累计余额填入利润表的本年累计数栏,通过利润表计算反映各期的利润(或亏损)。

表结法下,年中损益类科目无需结转入"本年利润"科目,从而减少了转账环节和工作量,同时并不影响利润表的编制及有关损益指标的利用。

2. 账结法

账结法下,每月末均需编制转账凭证,将在账上结计出的各损益类科目的余额结转入"本年利润"科目。结转后,"本年利润"科目的本月余额反映当月实现的利润或发生的亏损,"本年利润"科目的本年余额反映本年累计实现的利润或发生的亏损。账结法在各月均可通过"本年利润"科目提供当月及本年累计的利润(或亏损)额,但增加了转账环节和工作量。

知识点 5

结转本年利润的账务处理

企业应设置"本年利润"科目,核算企业本年度实现的净利润(或发生的净亏损)。

会计期末,企业应将"主营业务收入""其他业务收入""营业外收入"等科目的余额分别转入"本年利润"科目的贷方,将"主营业务成本""其他业务成本""营业税金及附加""销售费用""管理费用""财务费用""资产减值损失""营业外支出""所得税费用"等科目的余额分别转入"本年利润"科目的借方。企业还应将"公允价值变动损益""投资收益"科目的净收益转入"本年利润"科目的贷方,将"公允价值变动损益""投资收益"科目的净损失转入"本年利润"科目的借方。结转后"本年利润"科目如为贷方余额,表示当年实现的净利润;如为借方余额,表示当年发生的净亏损。

年度终了,企业还应将"本年利润"科目的本年累计余额转入"利润分配——未分配利润"科目,如"本年利润"为贷方余额,贷记"利润分配——未分配利润"科目;如为借方余额,做相反的会计分录。转后"本年利润"科目应无余额。

> **演练 6　结转本年利润的账务处理**
>
> 　　乙公司 2012 年有关损益类科目的年末余额如表 11.1 所示。乙公司采用表结法年末一次结转损益类科目,所得税税率为 25%。

表 11.1　乙公司损益类科目账户余额　　　　　　　单位:元

科目名称	借或贷	结账前余额
主营业务收入	贷	6 000 000
其他业务收入	贷	700 000
公允价值变动损益	贷	150 000
投资收益	贷	600 000
营业外收入	贷	50 000
主营业务成本	借	4 000 000
其他业务成本	借	400 000
营业税金及附加	借	80 000
销售费用	借	500 000
管理费用	借	770 000
财务费用	借	200 000
资产减值损失	借	100 000
营业外支出	借	250 000

乙公司 2012 年年末结转本年利润应编制如下会计分录：

(1) 将各损益类科目年末余额结转入"本年利润"科目：

结转各项收入、利得类科目：

借：	
贷:本年利润	7 500 000

结转各项费用、损失类科目：

借：本年利润　　　　　　　　　　　　　　6 300 000
　　贷：

(2) 经过上述结转后，"本年利润"科目的贷方发生额合计 7 500 000 元减去借方发生额 6 300 000 元即为税前会计利润 1 200 000 元。

(3) 假设乙公司 2012 年度不存在所得税纳税调整因素。

(4) 应交所得税＝1 200 000 ×25%＝300 000(元)。

确认所得税费用：

借：所得税费用　　　　　　　　　　　　　300 000
　　贷：应交税费——应交所得税　　　　　　　　300 000

将所得税费用结转入"本年利润"科目：

借：本年利润
　　贷：所得税费用

(5) 将"本年利润"科目年末余额 900 000(1 200 000－300 000)元转入"利润分配——未分配利润"科目：

借：本年利润
　　贷：利润分配——未分配利润

思考

学长：说到万福生科造假案，学长忍不住想起师傅说的看透会计做假账的二十一招！假账当然不可以做，因为迟早会被揭发，但我们还是得懂是不？

1. 成本费用互化

操作方法：将属于成本项目的支出账务处理变为费用，以达到当期税前扣除的目的，或将属于费用项目的支出成本化以达到控制税前扣除比例及夸大当期利润的目的。

原因：因为成本由直接人工、直接材料、制造费用组成，而直接人工、制造费用和销售费用、管理费用等容易混淆，另外，直接材料中包含的运费及人工搬运等费用也与管理费用较容易整合。

2. 费用资本(产)互化

操作方法：将属于费用项目的账务处理变为资产，从折旧中递延税前扣除，或将属于资产类科目的支出直接确认为费用，当期税前扣除。

原因：部分资产价值本身就包含费用，故可将其他费用整合进入资产价值，反之亦然。另外资产修理、借款费用等本身确认边界比较容易被人工虚拟，进行操纵。

3. 费用名目转化

操作方法：将部分税前扣除有比率限制的费用超额部分转变为其他限制较宽松的或没限制的费用名目入账，以达到全额税前扣除的目的或减少相关税费等目的。

原因：费用确认以发票为依据，发票容易虚拟。

4. 费用预提/递延/选择性分摊

操作方法：为控制当期税前利润大小，预提费用，以推迟纳税，或为其他目的（如股权转让价，当期业绩）夸大当期利润选择递延确认。另有选择性地将费用分摊，如在各费用支出项目上分摊比例进行调节，控制因该项目造成的税费（如调节土地增值税）。

原因：同第3点。

5. 成本名目转化

操作方法：将属于本期可结转成本的项目转变为其他不能结转成本的项目，或反行之。

6. 成本提前、推迟确认/选择性分摊

操作方法：将本期结转成本时多结转，或本期少结转，下期补齐，或选择成本分摊方法达到上述两个目的。

原因：成本结转规定较模糊。

7. 收入提前、推迟确认/选择性分摊

操作方法:将本期结转收入多结转或少结转,下期补齐,或选择收入分摊方法达到上述两个目的。

原因:收入确认规定较模糊。

8. 收入名目转化

操作方法:将收入总额在多种收入项目间进行调节,如把主营收入变为其他业务收入或营业外收入,以达到控制流转税或突出主业业绩的目的。

9. 收入负债化/支出资产化

操作方法:将收入暂时挂账为其他应付款,或将支出暂时挂为其他应收款,达到推迟纳税或不纳税的目的。

10. 收入、成本、费用虚增/减

操作方法:人为虚增或虚减收入、成本、费用,或虚减收入,造成进行差错调整的依据,达到纳税期拖延或其他目的。

11. 转移定价

操作方法:与外部交易方进行人为价格处理,达到转移定价的目的,将价格降低或提高,以其他费用的方式互相弥补进入各自小金库,以达到避税的目的。

12. 资产、负债名目转化

操作方法:将固定资产中的资产类别名目转变,改变其折旧年限;将应收账款挂其他应收款,或预收账款挂其他应付款等手法避税。

13. 虚假交易法

操作方法:以不存在的交易合同入账,造成资金流出,增加本期费用,达到减少所得税的目的。

14. 费用直抵收入法

操作方法:收入因涉及流转税,在收入确认前即彼此以费用直接抵消,达到控制流转税的目的。如将商业折扣变为后续期间降低售价。

15. 重组转让法

操作方法:利用股权转让、资产转让、债务重组等进行资金或收入转移达到避税的目的。如将公司的资金转移,达到破产赖账等目的。

16. 私人费用公司化

操作方法:将私人的费用转变为公司的费用,即达到降低私人收入个税应纳税额的目的又增加企业所得税前扣除费用的目的。如:将个人车油费在公司处理,将个人房租费在公司处理。

17. 收入/成本/费用转移法

操作方法：分立合同，将收入或成本或费用转移至其他公司或个人，达到差异税率处理的目的。或将各公司的费用进行填充报销，小金库补偿，达到各自平衡有限制的费用。

18. 虚增流转过程

操作方法：在流转过程上下工夫，多一道流转过程，收入额多一道，各有比率限制的费用可扣除范围增大。或可虚拟出部分费用，如将资产由公司借款给个人买下，由公司租赁个人资产，无形增加租赁费用。或利用委托收付款等方式。

19. 利用金融工具法

操作方法：利用股票、期货、外汇等金融工具进行难以控制未来价格的交易。将交易时价格控制在低水平，交易后成为金融工具的投资收益，避免部分流转税。

20. 集团化操作

操作方法：利用集团化操作，达到国家批准的部分集团化统一纳税公司的操作模式的目的。将集团内各公司的费用平衡分配，达到统筹纳税的目的。

21. 其他

如借款变成收到其他公司的定金处理，将利息产生的税金避掉等等，不一而足。

亲爱的同学们，上面 21 种方法你们能真正理解吗？扎实学好基础才是关键哦！

（资料来源：http://www.dongao.com/kjzx/zkj/201404/154872.shtml）

项目十二 亲,这是您的体检表——财务报告

 任务书

任务名称	亲,这是您的体检表——财务报告	任务编号	012	时间要求	6课时
要 求	1.掌握资产负债表的编制; 2.掌握利润表的编制; 3.掌握现金流量表的编制; 4.熟悉所有者权益变动表的编制; 5.熟悉附注的主要披露项目				
培养目标	让学生能够完成企业四张基本财务报表的编制				
教学地点	教室				
教学设备	投影设备、投影幕布、电脑				
训练内容					
1.资产负债表的编制; 2.利润表的编制; 3.现金流量表的编制; 4.所有者权益变动表的编制; 5.附注的主要披露项目					
训练要求					
1.能够编制资产负债表; 2.能够编制利润表; 3.能够编制现金流量表; 4.能够编制所有者权益变动表; 5.熟悉附注的主要披露项目					

续表

成果要求及评价标准				
1. 能够编制资产负债表(25分)				
2. 能够编制利润表(25分)				
3. 能够编制现金流量表(25分)				
4. 能够编制所有者权益变动表(20分)				
5. 熟悉附注的主要披露项目(5分)				

任务产出一	成员姓名与分工	组长	学号	分工
		成员1	学号	
		成员2	学号	
		成员3	学号	
		成员4	学号	
		成员5	学号	
		成员6	学号	

任务产出二	1. 资产负债表的编制(25分)	
	2. 利润表的编制(25分)	
	3. 现金流量表的编制(25分)	
	4. 所有者权益变动表的编制(20分)	
	5. 熟悉附注的主要披露项目(5分)	

项目组评价		总分
教师评价		

案例导入

巴菲特的"会计哲学"

传奇般的投资生涯将沃伦·巴菲特塑造成了一个偶像级人物。

相比全球其他资产超百亿美元的富豪,他的赚钱方式不是专注于创新性的技术开发或者投资实业产生利润,而是运用自己的投资哲学使钱生钱,因此,说他是"全球最伟大的投资人"一点都不为过。

几十年间在飘忽不定的股票市场中能保持常胜不能说没有秘诀,巴菲特从不

对这一秘诀保密,相反乐于和所有追随他的人分享投资哲学。而会计,是他一再"传教"的核心元素。

有记者问过巴菲特,选股有什么诀窍?巴菲特说,第一是去学会计,做一个聪明的投资人,而不要做一个冲动的投资人。因为通过会计财务报表,聪明的投资人会发现企业的内部价值,而冲动的投资人看重的只是股票的外部价格。第二是阅读技能,只投资自己看得明白的公司,如果一个公司的年报让你看不明白,很自然就会怀疑这家公司的诚信度,或者该公司在刻意掩藏什么信息,故意不让投资者明白。第三是耐心等待,一个人一生中真正应投资的股票也就四五只,一旦发现了,就要大量买入。可见,其中两招都跟会计有关。

巴菲特1930年出生于美国内布拉斯加州的奥马哈市,如今他的众多外号中的一个就是"奥马哈的奇迹"。从小他就极具投资意识,1941年,11岁的他购买了平生第一只股票,1947年进入宾夕法尼亚大学攻读财务和商业管理。

在大学期间,巴菲特最重视的课程正是"财务会计"。在会计课上,他还遇到了一位出色的老师雷·戴恩。巴菲特本来学习财务会计就特别用功,良师的指点让他更加精通此门课程。

课余之时,男生最喜欢看的是《花花公子》杂志,女生最喜欢看的是时装杂志,巴菲特最喜欢看的却是公司年度财务报告。

"我阅读我所关注的公司年报,同时我也阅读它的竞争对手的年报,这些是我最主要的阅读材料。"巴菲特认为分析企业会计报表是进行价值评估的基本功,"你必须了解财务会计,并且要懂得其微妙之处。它是企业与外界交流的语言,一种完美无瑕的语言。你必须花时间去学习它——学习如何分析财务报表,才能够独立地选择投资目标。"他甚至认为,你如果不能辨别会计报表的细微差别,那么你就不必在资产管理行业中混下去了。"因为当一家公司想要向你解释清楚其实际情况时,可以通过会计报表的规定来进行。但不幸的是,当他们想弄虚作假时,起码在一些行业,同样也能通过报表的规定来进行。"事实证明,几十年来,巴菲特把会计"玩转"了,会计也为他的财富增长立下了汗马功劳。

一是用在做生意上。无论做什么生意,巴菲特都会认认真真记账,用他学到的会计知识,仔细分析多赚了钱是多在哪里,少赚了钱是少在哪里。许多人自己创业做生意,很有创意,很有毅力,却并不赚钱,一个重要原因是不懂财务会计。

二是用在股票投资上。只有 19 岁的他,开始用他学习的财务会计知识,来分析上市公司的财务报表,判断公司未来发展前景,在此基础上作出投资决策。

在生活中,富可敌国的巴菲特过着简单的平民生活,他住的房子是老家几十年前盖的老房子,就连汽车也是普通的美国车,用了 10 年之后才交给秘书继续使用。他也经常吃快餐店汉堡包,喝可乐,几乎没有任何奢侈消费。他的慷慨则体现在对慈善事业的热情投入,到目前为止,他是全球慈善捐款最多的人之一。

(资料来源:凤凰财经,http://finance.ifeng.com/stock/roll/20110225/3500648.shtml)

背景知识

学长:沃伦·巴菲特,"股神",世界首富……啊,偶像啊偶像!

小贵:学长、学长,教我怎么读财务报告吧!这样我也有希望了!

小美:学长,巴菲特说他最喜欢读财务报告,那财务报告好看吗?

学长:哈哈,对于我们大多数人来说,财务报告肯定没有时装杂志好看。它由四张财务报表、附注等组成,充满了数字和会计术语。大企业的财务报告都非常厚,贵州茅台 2013 年的财务报告有一百多页。要读懂它,可不是一件简单的事情!

小美:那应该怎么样有效地阅读和利用财务报告呢?

学长:企业的财务报告就好像企业的体检报告一样,记录了一年来的成长情况,反映企业的健康状况。财务报告的作用具体来说有好几个层次。

首先,财务报告可以告诉企业自己过去的经营成果怎么样,企业发展得健康不健康。老板自己心里有数,也好为将来做打算。

其次,投资者、债权人也要看企业的财务报告。投资者要看自己的钱又生钱了没有,生了多少钱;债权人要看自己借的钱还拿不拿的回来,利息收入可靠不可靠。

当然,还有税务、工商、财政、审计等政府部门也要看企业的财务报告,确定企业该交多少税,企业有没有遵守法律法规等等。

再说大一点,国家要了解一个地区、一个行业的发展情况,也是通过每一个企业的情况才汇总出地区的情况、行业的情况;而企业的这些情况,在财务报告里就有充分的反映。

了解了这些,接下来就是要下苦工学习好基础了。想想看,如果你都能编写财务报告了,还怕读不懂它吗?

任务一　认识财务报告

财务报告的目标

财务报告是指企业对外提供的反映企业某一特定日期的财务状况和某一会计期间的经营成果、现金流量等会计信息的文件。财务报告包括财务报表和其他应当在财务报告中披露的相关信息和资料。

财务报告的目标，是向财务报告使用者提供与企业财务状况、经营成果和现金流量等有关的会计信息，反映企业管理层受托责任履行情况，有助于财务报告使用者作出经济决策。财务报告使用者通常包括投资者、债权人、政府及其有关部门和社会公众等（图12.1）。

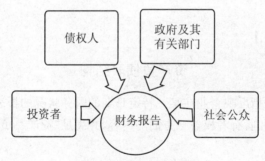

图 12.1　财务报告使用者

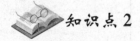

财务报表的组成

财务报表是对企业财务状况、经营成果和现金流量的结构性表述。

一套完整的财务报表至少应当包括资产负债表、利润表、现金流量表、所有者权益（或股东权益）变动表以及附注。资产负债表、利润表和现金流量表分别从不同角度反映企业的财务状况、经营成果和现金流量。

（1）资产负债表反映企业特定日期所拥有的资产、需偿还的债务以及股东（投资者)拥有的净资产情况。

(2) 利润表反映企业一定期间的经营成果即利润或亏损的情况,表明企业运用所拥有的资产的获利能力。

(3) 现金流量表反映企业在一定会计期间现金和现金等价物流入和流出的情况。

(4) 所有者权益变动表反映构成所有者权益的各组成部分当期的增减变动情况。企业的净利润及其分配情况是所有者权益变动的组成部分,相关信息已经在所有者权益变动表及其附注中反映,企业不需要再单独编制利润分配表。

(5) 附注是财务报表不可或缺的组成部分,是对在资产负债表、利润表、现金流量表和所有者权益变动表等报表中列示项目的文字描述或明细资料以及对未能在这些报表中列示项目的说明等。

任务二 资产负债表:时点上的财务状况

资产负债表结构

资产负债表是指反映企业在某一特定日期的财务状况的报表。资产负债表主要反映资产、负债和所有者权益三方面的内容,并满足"资产=负债+所有者权益"平衡式(图12.2)。

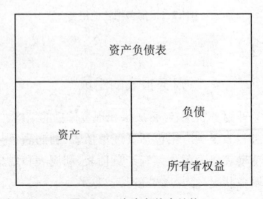

图12.2 资产负债表结构

(1) 资产，反映由过去的交易或事项形成并由企业在某一特定日期所拥有或控制的，预期会给企业带来经济利益的资源。资产应当按照流动资产和非流动资产两大类别在资产负债表中列示，在流动资产和非流动资产类别下进一步按性质分项列示。

(2) 负债，反映在某一特定日期企业所承担的、预期会导致经济利益流出企业的现实义务。负债应当按照流动负债和非流动负债在资产负债表中列示，在流动负债和非流动负债类别下再进一步按性质分项列示。

(3) 所有者权益，是企业资产扣除负债后的剩余权益，反映企业在某一特定日期股东(投资者)拥有的净资产的总额。所有者权益一般按照实收资本、资本公积、盈余公积和未分配利润分项列示。

我国企业的资产负债表采用账户式结构。账户式资产负债表分左右两方，左方为资产项目，大体按资产的流动性大小排列，流动性大的资产如"货币资金""交易性金融资产"等排在前面，流动性小的资产如"长期股权投资""固定资产"等排在后面。

右方为负债及所有者权益项目，一般按要求清偿时间的先后顺序排列，"短期借款""应付票据""应付账款"等需要在一年以内或者长于一年的一个正常营业周期内偿还的流动负债排在前面，"长期借款"等在一年以上才需偿还的非流动负债排在中间，在企业清算之前不需要偿还的所有者权益项目排在后面。

账户式资产负债表中的资产各项目的合计等于负债和所有者权益各项目的合计，即资产负债表左方和右方平衡，"资产＝负债＋所有者权益"。我国企业资产负债表格式如表12.1所示。

表12.1　资产负债表

企业01表

编制单位：　　　　　　　　　　年　月　日　　　　　　　　　　单位:元

资　　产	期末余额	年初余额	负债和所有者权益	期末余额	年初余额
流动资产：			流动负债：		
货币资金			短期借款		
交易性金融资产			交易性金融负债		
应收票据			应付票据		
应收账款			应付账款		
预付款项			预收款项		
应收利息			应付职工薪酬		

续表

资产	期末余额	年初余额	负债和所有者权益	期末余额	年初余额
应收股利			应交税费		
其他应收款			应付利息		
存货			应付股利		
一年内到期的非流动资产			其他应付款		
其他流动资产			一年内到期的非流动负债		
流动资产合计			其他流动负债		
非流动资产：			流动负债合计		
可供出售金融资产			非流动负债：		
持有至到期投资			长期借款		
长期应收款			应付债券		
长期股权投资			长期应付款		
投资性房地产			专项应付款		
固定资产			预计负债		
在建工程			递延所得税负债		
工程物资			其他非流动负债		
固定资产清理			非流动负债合计		
生产性生物资产			负债合计		
油气资产			所有者权益(或股东权益)：		
无形资产			实收资本(股本)		
开发支出			资本公积		
商誉			减：库存股		
长期待摊费用			盈余公积		
递延所得税资产			未分配利润		
其他非流动资产			所有者权益合计		
非流动资产合计					
资产总计			负债和所有者权益(或股东权益)总计		

 知识点 2

资产负债表编制方法

资产负债表各项目都要填列"年初余额"和"期末余额"两栏。其中"年初余额"栏内各项数字,根据上年年末资产负债表的"期末余额"栏内所列数字填列。"期末余额"栏主要有以下几种填列方法。

1. 根据总账科目的余额填列

资产负债表中的有些项目,可直接根据有关总账科目的余额填列,如"交易性金融资产""短期借款""应付票据""应付职工薪酬"等项目;有些项目则需根据几个总账科目的余额计算填列,如"货币资金"项目,需根据"库存现金""银行存款""其他货币资金"三个总账科目余额合计填列。

2. 根据有关明细科目的余额计算填列

资产负债表中的有些项目,需要根据明细科目余额填列,如"应付账款"项目,需要分别根据"应付账款"和"预付账款"两科目所属明细科目的期末贷方余额计算填列。

3. 根据总账科目和明细科目的余额分析计算填列

资产负债表的有些项目,需要依据总账科目和明细科目两者的余额分析填列,如"长期借款"项目,应根据"长期借款"总账科目余额扣除"长期借款"科目所属的明细科目中将在资产负债表日起一年内到期且企业不能自主地将清偿义务展期的长期借款后的金额填列。

4. 根据有关科目余额减去其备抵科目余额后的净额填列

如资产负债表中的"应收账款""长期股权投资"等项目,应根据"应收账款""长期股权投资"等科目的期末余额减去"坏账准备""长期股权投资减值准备"等科目余额后的净额填列;"固定资产"项目,应根据"固定资产"科目期末余额减去"累计折旧""固定资产减值准备"科目余额后的净额填列;"无形资产"项目,应根据"无形资产"科目期末余额减去"累计摊销""无形资产减值准备"科目余额后的净额填列。

5. 综合运用上述填列方法分析填列

如资产负债表中的"存货"项目,需根据"原材料""库存商品""委托加工物资""周转材料""材料采购""在途物资""发出商品""材料成本差异"等总账科目期末余额的分析汇总数,再减去"存货跌价准备"备抵科目余额后的金额填列。

例如,乙企业2012年12月31日结账后的有关账户余额如表12.2所示。

表12.2 乙企业有关账户年末余额　　　　　　　　单位:元

账户名称	借方余额	贷方余额
应收账款	800 000	70 000
预付账款	400 000	60 000
应付账款	200 000	900 000
预收账款	300 000	750 000
坏账准备		100 000

通过运用以上填列方法,资产负债表中的有关项目:

应收账款 = 800 000 + 300 000 − 100 000 = 1 000 000(元)

预付账款 = 400 000 + 200 000 = 600 000(元)

应付账款 = 60 000 + 900 000 = 960 000(元)

预收账款 = 750 000 + 70 000 = 820 000(元)

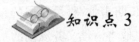

知识点3

资产负债表项目的填列说明

1. 资产项目的填列说明

(1)货币资金,根据"库存现金""银行存款""其他货币资金"科目期末余额的合计数填列。

(2)交易性金融资产,根据"交易性金融资产"科目期末余额填列。

(3)应收票据,根据"应收票据"科目的期末余额,减去"坏账准备"科目中有关应收票据计提的坏账准备期末余额后的净额填列。

(4)应收账款,根据"应收账款"和"预收账款"科目所属各明细科目的期末借方余额合计数,减去"坏账准备"科目中的有关应收账款计提的坏账准备期末余额后的净额填列。如果"应收账款"科目所属明细科目期末有贷方余额的,应该在资产负债表"预收账款"项目内填列。

(5) 应收利息,根据"应收利息"科目的期末余额,减去"坏账准备"科目中有关应收利息计提的坏账准备期末余额后的净额填列。

(6) 应收股利,根据"应收股利"科目的期末余额,减去"坏账准备"科目中有关应收股利计提的坏账准备期末余额后的净额填列。

(7) 其他应收款,根据"其他应收款"科目的期末余额,减去"坏账准备"科目中有关其他应收款计提的坏账准备期末余额后的净额填列。

(8) 存货,根据"材料采购""原材料""低值易耗品""库存商品""周转材料""委托加工物资""委托代销商品""生产成本"等科目的期末余额合计数,减去"代销商品款""存货跌价准备"科目期末余额后的净额填列。材料采用计划成本核算,以及库存商品采用计划成本核算或者售价核算的企业,还应该按加或减材料成本差异、商品进销差价后的金额填列。

(9) 一年内到期的非流动资产,根据有关科目的期末余额分析填列。

(10) 长期股权投资,根据"长期股权投资"科目的期末余额,减去"长期股权投资减值准备"科目的期末余额后的净额填列。

(11) 固定资产,根据"固定资产"科目的期末余额,减去"累计折旧"和"固定资产减值准备"科目期末余额后的净额填列。

(12) 在建工程,根据"在建工程"科目的期末余额,减去"在建工程减值准备"科目期末余额后的净额填列。

(13) 工程物资,根据"工程物资"科目的期末余额填列。

(14) 固定资产清理,根据"固定资产清理"科目的期末借方余额填列,如果"固定资产清理"科目期末为贷方余额,以"-"号填列。

(15) 长期待摊费用,根据"长期待摊费用"科目的期末余额减去将于一年内(含一年)摊销的数额后的金额分析填列。

(16) 其他非流动资产,反映企业除了长期股权投资、固定资产、在建工程、工程物资、无形资产等意外的其他非流动资产。根据有关科目的期末余额填列。

2. 负债项目的填列说明

(1) 短期借款,根据"短期借款"科目的期末余额填列。

(2) 应付票据，根据"应付票据"科目的期末余额填列。

(3) 应付账款，根据"应付账款"和"预付账款"科目所属各明细科目的期末贷方余额合计数填列。如果"应付账款"科目所属的明细科目期末有借方余额的，应该在资产负债表"预付账款"项目内填列。

(4) 应付职工薪酬，反映企业根据有关规定应付给职工的工资、职工福利、社会保险费、住房公积金、工会经费、职工教育经费、非货币性福利、辞退福利等各种薪酬。外商投资企业按规定从净利润中提取的职工奖励及福利基金，也在本项目列示。

(5) 应交税费，根据"应交税费"科目的期末贷方余额填列，如果"应交税费"期末余额为借方余额，应以"－"号填列。

(6) 应付利息，根据"应付利息"科目的期末余额填列。

(7) 应付股利，根据"应付股利"科目的期末余额填列。

(8) 其他应付款，根据"其他应付款"科目的期末余额填列。

(9) 一年内到期的非流动负债，反映企业非流动负债中将于资产负债表日后一年内到期部分的金额，例如将于一年内偿还的长期借款，应根据有关科目的期末余额分析填列。

(10) 长期借款，根据"长期借款"科目的期末余额填列。

(11) 应付债券，根据"应付债券"科目的期末余额填列。

(12) 其他非流动负债，根据有关科目期末余额减去将于一年内(含一年)到期偿还数后的余额分析填列。非流动负债各项目中将于一年内(含一年)到期的非流动负债，应该在"一年内到期的非流动负债"项目内反映。

3. 所有者权益项目的填列说明

(1) 实收资本(或股本)，根据"实收资本(股本)"科目的期末余额填列。

(2) 资本公积，根据"资本公积"科目的期末余额填列。

(3) 盈余公积，根据"盈余公积"科目的期末余额填列。

(4) 未分配利润，根据"本年利润"科目和"利润分配"科目的余额计算填列。未弥补的亏损在本项目内以"－"号填列。

演练1 编制资产负债表

乙公司2012年11月30日有关总账和明细账的余额如表12.3所示。资产负债表如表12.4所示。

表12.3 乙公司年末账目余额　　　　　单位：元

账　户	借或贷	余　额	负债和所有者权益账户	借或贷	余　额
库存现金	借	1 500	短期借款	贷	250 000
银行存款	借	800 000	应付票据	贷	25 500
其他货币资金	借	90000	应付账款	贷	71 000
交易性金融资产	借	115 000	——丙企业	贷	91 000
应收票据	借	20 000	——丁企业	借	20 000
应收账款	借	75 000	预收账款	贷	14 700
——甲公司	借	80 000	——C公司	贷	14 700
——乙公司	贷	5 000	其他应付款	贷	12 000
坏账准备	贷	2 000	应交税费	贷	28 000
预付账款	借	36 100	长期借款	贷	506 000
——A公司	借	31 000	应付债券	贷	563 700
——B公司	借	5 100	其中一年内到期的应付债券	贷	23 000
其他应收款	借	8 500	实收资本	贷	4 040 000
原材料	借	816 600	盈余公积	贷	158 100
生产成本	借	265 400	利润分配	贷	1 900
库存商品	借	193 200	未分配利润	贷	1 900
材料成本差异	贷	42 200	本年利润	贷	36 700
固定资产	借	2 888 000			
累计折旧	贷	4 900			
在建工程	借	447 400			
资产合计		5 707 600	负债和所有者权益合计		5 707 600

请帮助乙公司完成以下11月30日资产负债表的编制(年初数略)。

表 12.4 资产负债表(简表)

制表单位:乙公司 2012年11月30日 单位:元

资产	年初数	年末数	负债和所有者权益	年初数	年末数
流动资产:			流动负债:		
货币资金		(1)	短期借款		250 000
交易性金融资产		115 000	应付票据		25 500
应收票据		20 000	应付账款		(9)
应收账款		(2)	预收款项		(10)
预付款项		(3)	应交税费		28 000
其他应收款		8 500	其他应付款		12 000
存货		(4)	一年内到期的非流动负债		23 000
流动资产合计		(5)	流动负债合计		(11)
非流动资产:			非流动负债:		
固定资产		(6)	长期借款		506 000
在建工程		447 400	应付债券		(12)
非流动资产合计		(7)	非流动负债合计		1 046 700
			负债合计		(13)
			所有者权益:		
			实收资本		4 040 000
			盈余公积		158 100
			未分配利润		(14)
			所有者权益合计		(15)
资产总计		(8)	负债和所有者权益合计		5 732 600

任务三 利润表:时期内的经营成果

利润表结构

利润表是指反映企业在一定会计期间的经营成果的报表。

通过利润表,可以反映企业在一定会计期间收入、费用、利润(或亏损)的数额和构成情况,帮助财务报表使用者全面了解企业的经营成果,分析企业的获利能力及盈利增长趋势,从而为其作出经济决策提供依据。

我国企业的利润表采用多步式格式,如表12.5所示。

表 12.5 利润表

编制单位: 　　　　　年　月　日 　　　　　　　　　　　会企02表
　　　　　　　　　　　　　　　　　　　　　　　　　　　　　单位:元

项　　目	本期金额	上期金额
一、营业收入		
减:营业成本		
营业税金及附加		
销售费用		
管理费用		
财务费用		
资产减值损失		
加:公允价值变动收益(损失以"-"号填列)		
投资收益(损失以"-"号填列)		
其中:对联营企业和合营企业的投资收益		
二、营业利润(亏损以"-"号填列)		
加:营业外收入		

续表

项　　目	本期金额	上期金额
其中:非流动资产处置损失		
三、利润总额(亏损总额以"－"号填列)		
减:所得税费用		
四、净利润(净亏损以"－"号填列)		
五、每股收益:		
(一)基本每股收益		
(二)稀释每股收益		
六、其他综合收益		
七、综合收益总额		

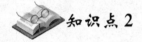

利润表编制方法

利润表各项目均需填列"本期金额"和"上期金额"两栏。其中"上期金额"栏内各项数字,应根据上年该期利润表的"本期金额"栏内所列数字填列。

"本期金额"栏内各期数字,除"基本每股收益"和"稀释每股收益"项目外,应当按照相关科目的发生额分析填列。如"营业收入"项目根据"主营业务收入""其他业务收入"科目的发生额分析填列;"营业成本"项目根据"主营业务成本""其他业务成本"科目的发生额分析计算填列。

我国企业利润表的主要编制步骤和内容:

第一步,以营业收入为基础,减去营业成本、营业税金及附加、销售费用、管理费用、财务费用、资产减值损失,加上公允价值变动收益(减去公允价值变动损失)和投资收益(减去投资损失),计算出营业利润;

第二步,以营业利润为基础,加上营业外收入,减去营业外支出,计算出利润总额;

第三步,以利润总额为基础,减去所得税费用,计算出净利润(或者净亏损);

第四步,以净利润(或净亏损)为基础,计算每股收益;

第五步,以净利润(或净亏损)和其他综合收益为基础,计算综合收益总额。

知识点3
利润表项目的填列说明

(1)"营业收入"项目,反映企业经营主要业务和其他业务所确认的收入总额。本项目应根据"主营业务收入"和"其他业务收入"科目的发生额分析填列。

(2)"营业成本"项目,反映企业经营主要业务和其他业务所发生的成本总额。本项目根据"主营业务成本"和"其他业务成本"科目的发生额分析填列。

(3)"营业税金及附加"项目,反映企业经营业务应负担的消费税、营业税、城市维护建设税、资源税、土地增值税和教育费附加等。本项目根据"营业税金及附加"科目的发生额分析填列。

(4)"销售费用"项目,反映企业在销售商品过程中发生的包装费、广告费等费用和为销售本企业商品而专设的销售机构的职工薪酬、业务费等经营费用。本项目应根据"销售费用"科目的发生额分析填列。

(5)"管理费用"项目,反映企业为组织和管理生产经营发生的管理费用。本项目应根据"管理费用"科目的发生额分析填列。

(6)"财务费用"项目,反映企业为筹集生产经营所需资金等而发生的筹资费用。本项目应根据"财务费用"科目的发生额分析填列。

(7)"资产减值损失"项目,反映企业各项资产发生的减值损失。本项目应根据"资产减值损失"科目的发生额分析填列。

(8)"公允价值变动收益"项目,反映企业应当计入当期损益的资产或负债公允价值变动收益。本项目应根据"公允价值变动收益"科目的发生额分析填列。如为净损失本项目,以"-"号填列。

(9)"投资收益"项目,反映企业以各种方式对外投资所取得的收益。本项目应根据"投资收益"科目的发生额分析填列。如为投资损失,本项目以"-"号填列。

(10)"营业利润"项目,反映企业实现的营业利润。如为亏损,本项目以"-"号填列。

(11)"营业外收入"项目,反映企业发生的与经营业务无直接关系的各项收入。本项目应根据"营业外收入"科目的发生额分析填列。

(12)"营业外支出"项目,反映企业发生的与经营业务无直接关系的各项支出。本项目应根据"营业外支出"科目的发生额分析填列。

(13)"利润总额"项目,反映企业实现的利润。如为亏损,本项目以"-"号填列。

(14)"所得税费用"项目,反映企业应从当期利润总额中扣除的所得税费用。本项目应根据"所得税费用"科目的发生额分析填列。

(15)"净利润"项目,反映企业实现的净利润。如为亏损,本项目以"-"号填列。

(16)"每股收益"项目,包括基本每股收益和稀释每股收益两项指标,反映普通股或潜在普通股已公开交易的企业,以及正处在公开发行普通股或潜在普通股过程中的企业的每股收益信息。

(17)"其他综合收益"项目,反映企业根据企业会计准则规定未在损益中确认的各项利得和损失扣除所得税影响后的净额。

(18)"综合收益总额"项目,反映企业净利润与其他综合收益的合计金额。

演练2 编制利润表

乙公司所得税税率为25%,公司2012年11月份的利润表如表12.6所示。

表 12.6 利润表(简表)

编制单位:乙公司　　　　　　2012年11月　　　　　　单位:元

项目	本期金额	本年累计金额
一、营业收入	略	1 289 600
减:营业成本		885 400
营业税金及附加		21 700
销售费用		18 500
管理费用		40 900
财务费用		2 000

续表

项　　目	本期金额	本年累计金额
资产减值准备		3 500
二、营业利润（损失以"－"号填列）		317 600
加：营业外收入		1 400
减：营业外支出		3 000
三、利润总额（损失以"－"号填列）		316 000
减：所得税费用		79 000
四、净利润（亏损以"－"号填列）		237 000

乙公司12月份发生以下经济业务：

(1) 对外销售甲商品1 000件，单价135元，增值税税率为17%，收到对方开来的一张金额为157 950元的商业汇票。

(2) 经批准处理财产清查中的账外设备一台，估计原价10 000元，七成新。

(3) 计算分配本月应付职工工资共计45 000元，其中管理部门30 000元，专设销售机构人员工资15 000元。

(4) 计提本月办公用固定资产折旧1 200元。

(5) 结转已销售的1 000件甲商品的销售成本87 000元。

(6) 将本月实现的损益结转至"本年利润"账户。

请协助乙公司编制2012年度的利润表（简表）（表12.7）。

表12.7　2012年度利润表

编制单位：乙公司　　　　　　　　　　　　　　　　　　　　　　单位：元

项　　目	本期金额	上年金额
一、营业收入	(1)	略
减：营业成本	(2)	
营业税金及附加	21 700	
销售费用	(3)	

续表

项　　目	本期金额	上年金额
管理费用	(4)	
财务费用	2 000	
资产减值准备	3 500	
二、营业利润（损失以"－"号填列）	(5)	
加：营业外收入	(6)	
减：营业外支出	3 000	
三、利润总额（损失以"－"号填列）	(7)	
减：所得税费用	(8)	
四、净利润（亏损以"－"号填列）	243 600	

任务四　现金流量表：资金运动的足迹

知识点 1

现金流量表结构

现金流量表是反映企业在一定会计期间现金和现金等价物流入和流出的报表。通过现金流量表，可以为报表使用者提供企业一定会计期间内现金和现金等价物流入和流出的信息，便于使用者了解和评价企业获取现金和现金等价物的能力，据以预测企业未来现金流量。

现金流量是指一定会计期间内企业现金和现金等价物的流入和流出。企业从银行提取现金、用现金购买短期到期的国债等现金和现金等价物之间的转换不属于现金流量。

现金是指企业库存现金以及可以随时用于支付的存款，包括库存现金、银行存款和其他货币资金（如外埠存款、银行汇票存款、银行本票存款等）等。不能随时用于支付的存款不属于现金。现金等价物是指企业持有的期限短、流动性强、易于转换为已知金额现金、价值变动风险很小的投资。期限短,一般是指从购买日起三个月内到期。现金等价物通常包括三个月内到期的债券投资等。权益性变现的金额通常不确定,因而不属于现金等价物。企业应该根据具体情况确定现金等价物的范围,一经确定后不能随意再变更。

企业产生的现金流量分为三类:

1. 经营活动产生的现金流量

经营活动是指企业投资活动和筹资活动以外的所有交易和事项。经营活动主要包括销售商品、提供劳务、购买商品、接受劳务、支付工资和交纳税费等流入和流出现金和现金等价物的活动或事项。

2. 投资活动产生的现金流量

投资活动是指企业长期资产的购建和不包括在现金等价物范围内的投资及其处置活动。投资活动主要包括购建固定资产、处置子公司及其他营业单位等流入和流出现金和现金等价物的活动或事项。

3. 筹资活动产生的现金流量

筹资活动是指导致企业资本及债务规模和构成发生变化的活动。筹资活动主要包括吸收投资、发行股票、分配利润、发行债券、偿还债务等流入和流出现金和现金等价物的活动或事项。偿付应付账款、应付票据等商业应付款属于经营活动,不属于筹资活动。

我国企业现金流量表采用报告式结构,分类反映经营活动产生的现金流量、投资活动产生的现金流量和筹资活动产生的现金流量,最后汇总反映企业某一期间现金和现金等价物的净增加额。

我国企业现金流量表的格式如表12.8所示。

表12.8 现金流量表

会企03表

编制单位: 　　　　　　　年　月　日　　　　　　　单位:元

项　目	本期金额	上期金额
一、经营活动产生的现金流量:		
销售商品、提供劳务收到的现金		
收到的税费返还		

续表

项　　目	本期金额	上期金额
收到其他与经营活动有关的现金		
经营活动现金流入小计		
购买商品、接受劳务支付的现金		
支付给职工以及为职工支付的现金		
支付的各项税费		
支付其他与经营活动有关的现金		
经营活动现金流出小计		
经营活动产生的现金流量净额		
二、投资活动产生的现金流量：		
收回投资收到的现金		
取得投资收益收到的现金		
处置固定资产、无形资产和其他长期资产所收回的现金净额		
处置子公司及其他营业单位收回的现金净额		
收到其他与投资活动有关的现金		
投资活动现金流入小计		
购建固定资产、无形资产和其他长期资产所支付的现金		
投资支付的现金		
取得子公司及其他营业单位支付的现金净额		
支付其他与投资活动有关的现金		
投资活动现金流出小计		
投资活动产生的现金流量净额		
三、筹资活动产生的现金流量：		
吸收投资收到的现金		
取得借款所收到的现金		
收到其他与筹资活动有关的现金		
筹资活动现金流入小计		
偿还债务所支付的现金		
分配股利、利润或偿付利息所支付的现金		

续表

项　　目	本期金额	上期金额
支付其他与筹资活动有关的现金		
筹资活动现金流出小计		
筹资活动产生的现金流量净额		
四、汇率变动对现金及现金等价物的影响		
五、现金及现金等价物净增加额		
加：期初现金及现金等价物余额		
六、期末现金及现金等价物余额		

现金流量表编制方法

1. 现金流量表的编制方法

企业一定期间的现金流量可分为三部分，即经营活动现金流量、投资活动现金流量和筹资活动现金流量。编制现金流量表时，经营活动现金流量的方法有两种：一是直接法，二是间接法。这两种方法通常也称为编制现金流量表的直接法和间接法。直接法和间接法各有特点。

在直接法下，一般是以利润表中的营业收入为起算点，调节与经营活动有关项目的增减变动，然后计算出经营活动产生的现金流量。在间接法下，则是以净利润为起算点，调整不涉及现金的收入、费用、营业外收支等有关项目，剔除投资活动、筹资活动对现金流量的影响，据此计算出经营活动产生的现金流量。

相对而言，采用直接法编制的现金流量表，便于分析企业经营活动产生的现金流量的来源和用途，预测企业现金流量的未来前景。而采用间接法不易做到这一点。

2. 直接法的操作步骤

企业会计准则规定，企业应当采用直接法列示经营活动产生的现金流量。采用直接法具体编制现金流量表时，可以采用工作底稿法或T形账户法，也可以根据有关科目记录分析填列。

工作底稿法是以工作底稿为手段，以利润表和资产负债表数据为基础，结合有关科目的记录,对现金流量表的每一项目进行分析并编制调整分录,从而编制出现金流量表的一种方法。

第一步,将资产负债表项目的年初余额和期末金额过入工作底稿中与之对应项目期初数栏和期末数栏。

第二步,对当期业务进行分析并编制调整分录。在调整分录中,有关现金及现金等价物的事项分别记入"经营活动产生的现金流量""投资活动产生的现金流量""筹资活动产生的现金流量"等项目。借记表明现金流入,贷记表明现金流出。

第三步,将调整分录过入工作底稿中的相应部分。

第四步,核对调整分录,借贷合计应当相等,资产负债表项目期初数加减调整分录中的借贷金额以后,应当等于期末数。

现金流量表各项目均需填列"本期金额"和"上期金额"两栏。现金流量表"上期金额"栏内各项数字,应根据上一期间现金流量表"本期金额"栏内所列数字填列。

知识点 3

现金流量表项目的填列说明

1. 经营活动产生的现金流量

(1) 销售商品、提供劳务收到的现金,反映本企业销售商品、提供劳务收到的现金,以及前期销售商品、提供劳务本期收到的现金(包括应向购买者收取的增值税销项税额)和本期预收的款项,减去本期销售本期退回商品和前期销售本期退回商品支付的现金。企业销售材料和代购代销业务收到的现金,也在本项目内反映。

(2) 收到的税费返还,反映企业收到返还的所得税、增值税、营业税、消费税、关税和教育费附加等各种税费返还款。

(3) 收到其他与经营活动有关的现金,反映企业经营租赁收到的租金等其他与经营活动有关的现金流入,金额较大的应当单独列示。

(4) 购买商品、接受劳务支付的现金,反映企业本期购买商品、接受劳务实际支付的现金(包括增值税进项税额),以及本期支付前期购买商品、接受劳务的未付款项和本期预付款项,减去本期发生的购货退回收到的现金。企业购买材料和代购代销业务支付的现金,也在本项目内反映。

(5) 支付给职工以及为职工支付的现金,反映企业实际支付给职工的工资、奖金、各种津贴和补贴等职工薪酬(包括代扣代缴的职工个人所得税)。

(6) 支付的各项税费,反映企业发生并支付、前期发生本期支付以及预交的各项税费,包括所得税、增值税、营业税、消费税、印花税、房产税、土地增值税、车船税、教育费附加等。

(7) 支付其他与经营活动有关的现金,反映企业经营租赁支付的租金、支付的差旅费、业务招待费、保险费、罚款支出等其他与经营活动有关的现金流出,金额较大的应当单独列示。

思考

学长:假设乙企业本期发生下列有关业务:
(1) 销售产品价款为10 000元,销项税额为1 700元,货款已收到;
(2) 销售产品价款为20 000元,销项税额为3 400元,货款未收到;
(3) 当期收到前期的应收账款5 000元(含税);
(4) 当期收到预收账款7 000元(含税);
(5) 当期收到到期不带息的应收票据,到期值为9 000元(含税);
(6) 将未到期的应收票据向银行贴现,面值为6 000元,贴现利息200元,贴现收入为5 800元。
那么本期经营活动产生的现金流入该怎么计算呢?

小美:第(2)项没有构成本期的现金流入!

小贵:小美说得对。其他几项都构成了本期的现金流入,并且都和销售商品有关,收到的票据都是不带利息的票据。

我会这样计算:销售商品、提供劳务收到的现金 = (1)11 700 + (3)5 000 + (4)7 000 + (5)9 000 + (6)5 800 = 38 500(元)。

学长:你们真厉害啊!

那么,再假设乙企业发生如下业务:
(1) 购买材料价款为20 000元,进项税额为3 400元,货款已支付;
(2) 购买材料价款为30 000元,进项税额为5 100元,货款未支付;
(3) 当期支付前期的应付账款52 000元(含税);

(4)当期预付购料账款 35 000 元(含税);

(5)当期支付到期不带息的应付票据,到期值为 68 500 元(含税)。

此时的现金流出是多少呢?

小贵:这次主要是购买商品、接受劳务支付现金,不过,第二项是赊购,并没有形成现金流出。

小美:是的,所以该这样计算:购买商品、接受劳务支付的现金 =(1)23 400 +(3)52 000 +(4)35 000 +(5)68 500 = 178 900(元)。

学长:很好,所以对于乙企业,不考虑其他项目的话,经营活动产生的现金流量净额是 38 500 - 178 900 = - 140 400(元)。

2. 投资活动产生的现金流量

(1)收回投资收到的现金,反映企业出售、转让或到期收回除现金等价物以外的对其他企业长期股权投资等收到的现金,但处置子公司及其他营业单位收到的现金净额除外。

(2)取得投资收益到的现金,反映企业除现金等价物以外的对其他企业的长期股权投资等分回的现金股利和利息等。

(3)处置固定资产、无形资产和其他长期资产收回的现金净额,反映企业出售、报废固定资产、无形资产和其他长期资产所取得的现金(包括因资产毁损而收到的保险赔偿收入),减去为处置这些资产而支付的有关费用后的净额。

(4)处置子公司及其他营业单位收到的现金净额,反映企业处置子公司以及其他营业单位所取得的现金,减去相关处置费用以及子公司及其他营业单位持有的现金和现金等价物后的净额。

(5)购建固定资产、无形资产和其他长期资产支付的现金,反映企业购买、建造固定资产、取得无形资产和其他长期资产负担的职工薪酬。

(6)投资支付的现金,反映企业取得除现金等价物以外的对其他企业的长期股权投资等所支付的现金以及支付的佣金、手续费等附加费用,但取得子公司及其他营业单位支付的现金净额除外。

(7)取得子公司以及其他营业单位支付的现金净额,反映企业购买子公司及其他营业单位购买出价中以现金支付的部分,减去子公司及其他营业单位持有的现金和现金等价物后的净额。

(8)收到其他与投资活动有关的现金、支付其他与投资活动有关的现金,反映企业除了上面(1)~(7)项目外收到的与投资活动有关的现金,金额较大的应当单独列示。

3. 筹资活动产生的现金流量

(1) 吸收投资收到的现金,反映企业以发行股票、债券等方式筹集资金实际收到的款项(发行收入减去支付的佣金等发行费用后的净额)。

(2) 取得借款收到的现金,反映企业举借各种短期、长期借款而收到的现金。

(3) 偿还债务支付的现金,反映企业为偿还债务本金而支付的现金。

(4) 分配股利、利润或偿付利息支付的现金,反映企业实际支付的现金股利、支付给其他投资单位的利润或用现金支付的借款利息、债券利息。

(5) 收到其他与筹资活动有关的现金、支付其他与筹资活动有关的现金,反映企业除了上面(1)~(4)项目外收到或者支付的其他与筹资活动有关的现金,金额较大的应该单独列示。

讨论

学长:小贵、小美,你们这么聪明,学长想再考考你们!编制现金流量表之前,我们首先要对一笔现金流是属于经营活动、投资活动还是筹资活动作出判断。这次简单点,你们来帮我做几个判断题就成!

小贵:学长,判断题还不简单!

小美:好呀,学长,你说吧!

学长:好,第一问,企业购买一台电脑办公,支付的现金是经营活动还是投资活动现金流呢?

小贵:经营活动呀!这不是做买卖吗?

小美:我觉得是投资活动,你看,企业的这个电脑是用来办公的,应该入账为固定资产,是企业的一种投资……

学长:哈哈,谁对谁错呢?我给你们分别积分了哈。答完这几个题,再给你们看分数。

第二问,取得债券利息收入所收到的现金属于哪一类的现金流?偿付债券利息所支付的现金又属于哪一类的现金流?

小贵:两项都不是经营活动的现金流……

小美：前一个属于投资活动产生的现金流，后一个属于筹资活动产生的现金流！亲爱的同学们，你们怎么看呢？你们觉得小美能得满分吗？

演练 3　编制现金流量表

乙公司所得税税率为25%，公司2012年发生如下经济事项：

（1）本期主营业务收入为 1 250 000 元，本期销售产品以现金收取销项税额 212 500 元；

应收账款期初余额为 300 000 元，期末余额为 600 000 元；

应收票据期初余额为 246 000 元，期末余额为 46 000 元。

（2）本期主营业务成本为 750 000 元，本期以现金支付能抵扣的增值税 100 000 元；

应付账款期初余额为 953 800 元，期末余额为 900 000 元；

应付票据期初余额为 200 000 元，期末余额为 300 000 元；

存货期初余额为 2 580 000 元，期末余额为 2 574 700 元。

（3）本期上交增值税 200 000 元；本期发生所得税 99 000 元，已交纳。

期初未交所得税 50 000 元，期末未交所得税 20 000 元。

（4）本期实际支付的消费税 25 000 元；

城市维护建设税 1 750 元；

教育费附加 700 元。

（5）本期实际以现金支付工人的工资（不含在建工程人员工资）300 000 元；

支付养老保险金 50 000 元。

（6）现金支付有关管理费用 30 000 元。

（7）转让权益性投资本金 150 000 元，实收现金 180 000 元；转让债券投资收回现金 55 000 元，其中本金 50 000 元。

（8）分得现金股利 8 000 元。

（9）出售不需用旧设备一台，收到现金 10 000 元，支付拆卸费 3 000 元。

(10) 购一台设备价款 200 000 元,增值税 34 000 元,存款支付,另支付安装费 6 000 元。

(11) 委托证券公司代为发行面值为 3 000 000 元的长期债券,证券公司收取 1% 的手续费,并代为支付印刷费 20 000 元。余款已存入银行。在发行前,本企业支付咨询费等 3 000 元。

(12) 银行存款偿还长期借款本金 100 000 元,利息 30 000 元,其中前两年已计提 20 000 元。

(13) 支付上年和本年融资租赁费 40 000 元。

乙公司应该如何编制 2012 年现金流量表呢？请参见表 12.9。

表 12.9　现金流量表

编制单位：　　　　　　　　　　年　月　　　　　　　　　　单位：元

项　目	本期金额	上期金额
一、经营活动产生的现金流量：		
销售商品、提供劳务收到的现金		
收到的税费返还		
收到其他与经营活动有关的现金		
经营活动现金流入小计		
购买商品、接受劳务支付的现金		
支付给职工以及为职工支付的现金		
支付的各项税费		
支付其他与经营活动有关的现金		
经营活动现金流出小计		
经营活动产生的现金流量净额		
二、投资活动产生的现金流量：		
收回投资收到的现金		
取得投资收益收到的现金		
处置固定资产、无形资产和其他长期资产所收回的现金净额		

续表

项　　目	本期金额	上期金额
处置子公司及其他营业单位收回的现金净额		
收到其他与投资活动有关的现金		
投资活动现金流入小计		
购建固定资产、无形资产和其他长期资产所支付的现金		
投资支付的现金		
取得子公司及其他营业单位支付的现金净额		
支付其他与投资活动有关的现金		
投资活动现金流出小计		
投资活动产生的现金流量净额		
三、筹资活动产生的现金流量：		
吸收投资收到的现金		
取得借款所收到的现金		
收到其他与筹资活动有关的现金		
筹资活动现金流入小计		
偿还债务所支付的现金		
分配股利、利润或偿付利息所支付的现金		
支付其他与筹资活动有关的现金		
筹资活动现金流出小计		
筹资活动产生的现金流量净额		
四、汇率变动对现金及现金等价物的影响		
五、现金及现金等价物净增加额		
加:期初现金及现金等价物余额		
六、期末现金及现金等价物余额		

任务五　所有者权益变动表：仔细你的"老底"

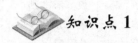

所有者权益变动表结构

所有者权益变动表是指反映构成所有者权益各组成部分当期增减变动情况的报表。

通过所有者权益变动表，既可以为报表使用者提供所有者权益总量增减变动的信息，也能为其提供所有者权益增减变动的结构性信息，特别是能够让报表使用者理解所有者权益增减变动的根源。

在所有者权益变动表上，企业至少应当单独列示反映下列信息的项目：

(1) 净利润；

(2) 其他综合收益；

(3) 会计政策变更和差错更正的累积影响金额；

(4) 所有者投入资本和向所有者分配利润等；

(5) 提取的盈余公积；

(6) 实收资本或资本公积、盈余公积、未分配利润的期初和期末余额及其调节情况。

所有者权益变动表以矩阵的形式列示：

一方面，列示导致所有者权益变动的交易或事项，即所有者权益变动的来源，对一定时期所有者权益的变动情况进行全面反映；

另一方面，按照所有者权益各组成部分（即实收资本、资本公积、盈余公积、未分配利润和库存股）列示交易或事项对所有者权益各部分的影响。

我国企业所有者权益变动表的格式如表12.10所示。

表 12.10 所有者权益变动表

会企 04 表

编制单位：　　　　　　　　　　　　年度　　　　　　　　　　　　单位：元

项　目	本年金额						上年金额					
	实收资本（或股本）	资本公积	减：库存股	盈余公积	未分配利润	所有者权益合计	实收资本（或股本）	资本公积	减：库存股	盈余公积	未分配利润	所有者权益合计
一、上年年末余额												
加：会计政策变更												
前期差错更正												
二、本年年初余额												
三、本年增减变动额（减少以"－"号列示）												
（一）净利润												
（二）其他综合收益												
上述（一）和（二）小计												
（三）所有者投入和减少资本												
1. 所有者投入资本												
2. 股份支付计入所有者权益的金额												
3. 其他												
（四）利润分配												
1. 提取盈余公积												
2. 对所有者（或股东）的分配												
3. 其他												

续表

项目	本年金额						上年金额					
	实收资本（或股本）	资本公积	减：库存股	盈余公积	未分配利润	所有者权益合计	实收资本（或股本）	资本公积	减：库存股	盈余公积	未分配利润	所有者权益合计
（五）所有者权益内部结转												
1.资本公积转增资本（或股本）												
2.盈余公积转增资本（或股本）												
3.盈余公积弥补亏损												
4.其他												
四、本年年末余额												

知识点 2

所有者权益变动表编制方法

所有者权益变动表各项目均需填列"本年金额"和"上年金额"两栏。

所有者权益变动表"上年金额"栏内各项数字，应根据上年度所有者权益变动表"本年金额"栏内所列数字填列。

上年度所有者权益变动表规定的各个项目的名称和内容同本年度不一致的，应对上年度所有者权益变动表各项目的名称和数字按照本年度的规定进行调整，填入所有者权益变动表的"上年金额"栏内。

所有者权益变动表"本年金额"栏内各项数字，一般应根据"实收资本（或股本）""资本公积""盈余公积""利润分配""库存股""以前年度调整"科目的发生额分析填列。

企业的净利润及其分配情况作为所有者权益变动组成部分，不需要单独编制利润分配表列示。

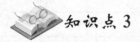

知识点 3

所有者权益变动表主要项目填列说明

(1)"上年年末金额",反映企业上年资产负债表中实收资本(或股本)、资本公积、库存股、盈余公积、未分配利润的年末金额。

(2)"会计政策变更""前期差错更正"项目,分别反映企业采用追溯调整法处理的会计政策变更的累计影响金额和采用追溯重述法处理的会计差错更正的累计影响金额。

(3)"本年增减变动金额"项目:

净利润项目,反映企业当年实现净利润(或净亏损)金额。

其他综合收益项目,反映企业当年发生的其他综合收益的增减变动金额。

所有者投入和减少资本项目,反映企业当年所有者投入形成的实收资本(或股本)和资本溢价或者股本溢价。

股份支付计入当期所有者权益的金额,反映企业处于等待期中的权益结算的股份支付当年计入资本公积的金额。

(4)"利润分配"项目,反映企业当年的利润分配金额。

(5)"所有者权益内部结转"项目,反映企业构成所有者权益的组成部分之间的增减变动情况。

"资本公积转增资本(或股本)"项目,反映企业以资本公积转增资本或者股本的金额。

"盈余公积转增资本(或股本)"项目,反映企业以盈余公积转增资本或者股本的金额。

"盈余公积弥补亏损"项目,反映企业以盈余公积弥补亏损的金额。

任务六 "附注"中有黄金屋

附注是什么

附注是对资产负债表、利润表、现金流量表和所有者权益变动表等报表中列示

项目的文字描述或明细资料,以及对未能在这些报表中列示项目的说明等。附注主要起到两方面的作用:

第一,附注的披露,是对资产负债表、利润表、现金流量表和所有者权益变动表列示项目的含义的补充说明,帮助使用者更准确地把握其含义。例如,通过阅读附注中披露的固定资产折旧政策的说明,使用者可以掌握报告企业与其他企业在固定资产折旧政策上的异同,以便进行更准确的比较。

第二,附注提供了对资产负债表、利润表、现金流量表和所有者权益变动表中未列示项目的详细或明细说明。例如,通过阅读附注中披露的存货增减变动情况,使用者可以了解资产负债表中未单列的存货分类信息。

通过附注与资产负债表、利润表、现金流量表和所有者权益变动表列示项目的相互参照关系,以及对未能在报表中列示项目的说明,可以使报表使用者全面了解企业的财务状况、经营成果和现金流量。

知识点 2

附注中有什么

附注是财务报表的重要组成部分。企业应该按照下列顺序披露附注的内容:

1. 企业的基本情况

(1) 企业注册地、组织形式和总部地址。
(2) 企业的业务性质和主要经营活动。
(3) 母公司以及集团最终母公司的名称。
(4) 财务报告的批准报出者和财务报告批准报出日。

2. 财务报表的编制基础

财务报表的编制基础是指财务报表是在持续经营基础上还是在非持续经营基础上编制的。企业一般是在持续经营基础上编制财务报表的,清算、破产属于非持续经营基础。

3. 遵循企业会计准则的声明

企业应当声明编制的财务报表符合企业会计准则的要求,真实、完整地反映了企业的财务状况、经营成果和现金流量等有关信息,以此明确企业编制财务报表所依据的制度基础。

4. 重要会计政策和会计估计

企业应当披露采用的重要会计政策和会计估计,不重要的会计政策和会计估计可以不披露。在披露重要会计政策和会计估计时,企业应当披露重要会计政策的确定依据和财务报表项目的计量基础,以及会计估计中所采用的关键假设和不确定因素。

会计政策的确定依据,主要是指企业在运用会计政策过程中所作的对报表中确认的项目金额最具影响的判断,有助于使用者理解企业选择和运用会计政策的背景,增加财务报表的可理解性。财务报表项目的计量基础,是指企业计量该项目采用的是历史成本、重置成本、可变现净值、现值还是公允价值,这直接影响使用者对财务报表的理解和分析。

在确定报表中确认的资产和负债的账面价值过程中,企业有时需要对不确定的未来事项在资产负债表日对这些资产和负债的影响加以估计,如企业预计持有至到期投资未来现金流量采用的折现率和假设。这类假设的变动对这些资产和负债项目金额的确定影响很大,有可能会在下一个会计年度内作出重大调整,因此,强调这一披露要求,有助于提高财务报表的可理解性。

5. 会计政策和会计估计变更以及差错更正的说明

企业应当按照会计政策、会计估计变更和差错更正会计准则的规定,披露会计政策和会计估计变更以及差错更正的有关情况。

6. 报表重要项目的说明

企业对报表重要项目的说明,应当按照资产负债表、利润表、现金流量表、所有者权益变动表及其项目列示的顺序,采用文字和数字描述相结合的方式进行披露。报表重要项目的明细金额合计应当与报表项目金额相衔接,主要包括以下重要项目:

(1) 交易性金融资产。企业应当披露交易性金融资产的构成及期初、期末公允价值等信息。

(2) 应收款项。企业应当披露应收款项的账龄结构和客户类别以及期初、期末账面余额等信息。

(3) 存货。企业应当披露下列信息:

① 各类存货的期初和期末账面价值;

② 确定发出存货成本所采用的方法;

③ 存货可变现净值的确定依据,存货跌价准备的计提方法,当期计提的存货跌价准备的金额,当期转回的存货跌价准备的金额,以及计提和转回的有关情况;

④ 用于担保的存货账面价值。

(4) 长期股权投资。企业应当披露下列信息:

① 子公司、合营企业和联营企业清单，包括企业名称、注册地、业务性质、投资企业的持股比例和表决权比例；

② 合营企业和联营企业当期的主要财务信息，包括资产、负债、收入、费用等合计金额；

③ 被投资单位向投资企业转移资金的能力受到限制的情况；

④ 当期及累计未确认的投资损失金额；

⑤ 与对子公司、合营企业及联营企业投资相关的或有负债。

(5) 投资性房地产。企业应当披露下列信息：

① 投资性房地产的种类、金额和计量模式；

② 采用成本模式的，投资性房地产的折旧或摊销，以及减值准备的计提情况；

③ 采用公允价值模式的，公允价值的确定依据和方法，以及公允价值变动对损益的影响；

④ 房地产转换情况、理由，以及对损益或所有者权益的影响；

⑤ 当期处置的投资性房地产及其对损益的影响。

(6) 固定资产。企业应当披露下列信息：

① 固定资产的确认条件、分类、计量基础和折旧方法；

② 各类固定资产的使用寿命、预计净残值和折旧率；

③ 各类固定资产的期初和期末原价、累计折旧额及固定资产减值准备累计金额；

④ 当期确认的折旧费用；

⑤ 对固定资产所有权的限制及金额和用于担保的固定资产账面价值；

⑥ 准备处置的固定资产名称、账面价值、公允价值、预计处置费用和预计处置时间等。

(7) 无形资产。企业应当披露下列信息：

① 无形资产的期初和期末余额、累计摊销额及减值准备累计金额。

② 使用寿命有限的无形资产，其使用寿命的估计情况；使用寿命不确定的无形资产，其使用寿命不确定的判断依据。

③ 无形资产的摊销方法。

④ 用于担保的无形资产账面价值、当期摊销额等情况。

⑤ 计入当期损益和确认为无形资产的研究开发支出金额。

(8) 职工薪酬。企业应当披露下列信息：

① 应当支付给职工的工资、奖金、津贴和补贴，及其期末应付未付金额；

②应当为职工缴纳的医疗保险费、养老保险费、失业保险费、工伤保险费和生育保险费等社会保险费及其期末应付未付金额；

③应当为职工缴存的住房公积金及其期末应付未付金额；

④为职工提供的非货币性福利及其计算依据；

⑤应当支付的因解除劳务关系给予的补偿及其期末应付未付金额；

⑥其他职工薪酬。

(9) 应交税费。企业应当披露应交税费的构成及期初、期末账面余额等信息。

(10) 短期借款和长期借款。企业应当披露短期借款、长期借款的构成及期初、期末账面余额等信息。对于期末逾期借款，应分别以贷款单位、借款金额、逾期时间、年利率、逾期未偿还原因和预期还款期等进行披露。

(11) 应付债券。企业应当披露应付债券的构成及期初、期末账面余额等信息。

(12) 长期应付款。企业应当披露长期应付款的构成及期初、期末账面余额等信息。

(13) 营业收入。企业应当披露营业收入的构成及本期、上期发生额等信息。

(14) 公允价值变动收益。企业应当披露公允价值变动收益的来源及本期、上期发生额等信息。

(15) 投资收益。企业应当披露投资收益的来源及本期、上期发生额等信息。

(16) 资产减值损失。企业应当披露各项资产的减值损失及本期、上期发生额等信息。

(17) 营业外收入。企业应当披露营业外收入的构成及本期、上期发生额等信息。

(18) 营业外支出。企业应当披露营业外支出的构成及本期、上期发生额等信息。

(19) 所得税费用。企业应当披露下列信息：

① 所得税费用(收益)的主要组成部分；

② 所得税费用(收益)与会计利润关系的说明。

(20) 其他综合收益。企业应当披露下列信息：

① 可供出售金融资产产生的利得(损失)金额；

② 按照权益法核算的在被投资单位其他综合收益中所享有的份额；

③ 现金流量套期工具产生的利得(或损失)金额；

④ 外币财务报表折算差额；

⑤ 其他。

(21) 政府补助。企业应当披露下列信息：

① 政府补助的种类及金额；

② 计入当期损益的政府补助金额；

③ 本期返还的政府补助金额及原因。

(22) 借款费用。企业应当披露下列信息：

① 当期资本化的借款费用金额；

② 当期用于计算确定借款费用资本化金额的资本化率。

7. 其他需要说明的重要事项

这些重要事项主要包括或有事项、资产负债表日后非调整事项、关联方关系及其交易等。

思考

学长：小贵、小美，我们的"财务会计"课程就上到这里了。对财务会计你们有什么想法？

小美：财务会计比我想象的有意思多啦！

小贵：就像巴菲特说的那样，财务会计很有用！

小美：但是也很不容易，既要耐心细致，又要灵活大胆。

学长：好，你们都有自己的收获，你们要是觉得开心，学长也开心！不过，课上完了不代表我们的"财务会计"学习就结束了，还有广大的空白，等着你们以后走上岗位进行实务操作的时候慢慢体会、慢慢补充。

"学海无涯苦作舟"，在这里学长最后和大家分享一个过来人"在财政部会计司激情燃烧的岁月"，以帮助大家在学海遨游，希望大家往后在会计行业也工作得"激情燃烧"！

"相信读书时老师都说过，基础最关键。我之所以可以从心所欲地玩起会计，其实很重要的原因就在于我的基础。我将会计知识烂熟于心，倒背如流，那就跟和尚念经一样，简直就是信手拈来，不假思索。会计是门规范的学问，不存在像语文一样，有诸多表达的方式，会计知识再怎么变，会计考试再怎么难，追根溯源，考查的都是会计知识，这点离不开我们夯实的会计基础。

就这样，我在胶州市财政局锻炼的这一年，在基层日常工作之余，主要的工作就是背这十几本会计制度。会计制度在一般人眼里是枯燥无比的，当时在我眼里也不另外,所有会计制度书的内容都是会计科目、借贷分录以及会计报表,将这些背下来无疑是一场折磨人的活动。我当时主要是为了未来能够更好地开展工作,背不下时,就想想冯淑萍的谆谆教诲,于是又有了背下去的动力。就这样,我又在基层实践以及背诵会计制度中度过了一年。

再说回到财政部会计司时,已是1992年10月6日,在下面待了整整一年。回到会计司,立即就感受到了会计改革的紧张气氛,会计司制度二处当年承担了十三个行业会计制度中的九个制度,任务非常繁重。当时会计司二处是全司最大的一个处,有十一个人,他(她)们分别是:冯淑萍处长、刘玉廷副处长、肖书胜副处长,其他的成员分别为:应唯、赵雯、李玉环、狄恺、李尊农、部进兴、穆培林、马靖昊。我当时是全司最年轻的一位新人。

会计司二处在冯淑萍女士的领导下,有条不紊地推进着"二则二制"的改革,当时大家几乎每一天都在加班,我与穆培林作为刚加入的新人,一开始主要是协助大家改稿、修订以及打印工作,每天过得都很充实,因为不但在讨论会中学到了大量的会计知识,而且还有机会接触到当时会计司的名家大腕,比如杨纪琬、莫启欧、裔保生等,从老一辈会计大师的身上学到了治学的严谨以及会计的智慧,从新一代会计大师的身上学到了专业的精神以及会计的思维。

记得当年我回老家过春节都是在大年三十搭上最晚的一班飞机回去的,等到家时,已经是初一了。在家就待了不到一个星期,又赶回北京投入这场现在已经载入史册的会计改革中。

当时定下的新会计制度要赶在1993年7月1日执行,按照一般的规律,通常应该在年初执行,但当时会计改革的任务非常紧迫,在时间上也就不循常规了。当时主管会计改革的张汉兴司长几乎三天两头召集各处处长开会,全司的业务讨论会也开得非常频繁,大家心中都在鼓着劲头赶时间,让广大会计人员能够用上国际通行的商业语言,让外国投资者能够看懂中国的报表。

大约在1993年3月份,赵雯调至财政部外财司,赵雯留下来的旅游饮食服务企业的会计管理工作就转交到我手中了,这是我在财政部会计司接手的第一份会计管理工作。当时,旅游饮食服务企业在当年7月1日执行新制度后将面临着繁重的账务衔接工作,也就是从执行老的"资金占用=资金来源"下的制度转换为执行"资产=负债+所有者权益"的新制度。这些旅游饮食服务企业对于如何衔接可谓一筹莫展,财政部会计司必须尽早拿出可操作的办法。这样,这个重任就不可避免地落到我的头上。为此,我调研了当时的燕京饭店以及神州旅行社,经过一个多月的刻苦攻关,终于写成了《旅游、饮食服务企业新旧会计制度衔接办法》,最终由财政部主管会计司的张佑才副部长签发。

发布新会计制度以及各行业新旧会计制度衔接办法后，财政部会计司面临着一个更大的任务，即大规模的培训。由于此次改革可以说是颠覆性的，从苏联模式的会计制度全面转换成以欧美为代表的适合市场经济的会计制度，大部分会计人员都是第一次接触，必须从头开始学起，我也参与到这次全国最大规模的会计培训活动中去了。

记得我第一次给大家培训是在北京气象学院的一个礼堂中，当时坐了黑压压的几百号人。我当时还很年轻，那是1993年，我才24岁，根本就没有讲课的经验，而且第一次讲会计改革就遇到了这么多人来听。那次培训的情形，我至今还记得一清二楚。进去主持人介绍完后，我发现第一排学生竟然与我的距离只有一米左右，我观察了一下，差不多全是老同志，也就是年龄都比我大很多，当时我大脑一片空白，真想地面马上裂开一条缝让我好逃跑，这个念头至少持续了两分钟，但我最终冷静下来了。好在当时准备得很充分，照着稿子讲了约两个钟头，可能由于是新东西的缘故，大家听得聚精会神，最后还报给我热烈的掌声，我差一点感动得流下眼泪了。有了这一次的经验，以后讲什么课时，就显得从容多了。实际上，人是需要锻炼的，没有不会的人，只有从不去做的人。年轻，就要勇于尝试，失败没有什么大不了的，尝试体验过了，可能会失败，会遗憾，但绝对不会让自己后悔。"

亲爱的同学们，在我们的学习中，不论是理论学习，还是实务操作，基础都是最关键的！有时间记得多回来看看财务会计的基础知识哦。

（资料来源：http://blog.sina.com.cn/s/blog_5411bc3b0101e7e6.html）